大连理工大学管理论丛

工程项目治理与组织韧性

朱方伟　王琳卓　著

本书由大连理工大学经济管理学院资助

科学出版社

北　京

内 容 简 介

在工程项目领域，通过治理机制设计构建和完善组织预警危机、应对危机以及从危机中恢复的能力，实现利用制度安排提升组织韧性，是工程项目在内外部不利因素环境下维持生存与持续发展的关键。本书从资源和认知两种研究视角，深入探究工程项目在应对内外部不利因素情况下，项目利益相关者之间的契约治理与关系治理对组织韧性影响的内在机理。

本书适合工程项目管理与治理领域的相关学者、硕士生和博士生参考阅读。

图书在版编目(CIP)数据

工程项目治理与组织韧性/朱方伟，王琳卓著. —北京：科学出版社，2024.1

（大连理工大学管理论丛）

ISBN 978-7-03-071745-0

Ⅰ. ①工… Ⅱ. ①朱… ②王… Ⅲ. ①工程项目管理 Ⅳ. ①F284

中国版本图书馆 CIP 数据核字（2022）第 037297 号

责任编辑：邓 娴 / 责任校对：张亚丹
责任印制：张 伟 / 封面设计：无极书装

科 学 出 版 社 出版
北京东黄城根北街 16 号
邮政编码：100717
http://www.sciencep.com

北京中科印刷有限公司 印刷
科学出版社发行 各地新华书店经销

*

2024 年 1 月第 一 版 开本：720×1000 1/16
2024 年 1 月第一次印刷 印张：11 1/2
字数：230 000

定价：126.00 元
（如有印装质量问题，我社负责调换）

丛书编委会

编委会名誉主任　王众托
编委会主任　　　朱方伟
编委会副主任　　叶　鑫　孙玉涛
编委会委员
党延忠　刘晓冰　成力为　王延章　张米尔
叶　鑫　曲　英　朱方伟　刘凤朝　孙玉涛
孙晓华　苏敬勤　李文立　李延喜　杨光飞
宋金波　迟国泰　陈艳莹　胡祥培　秦学志
郭崇慧

总　序

编写一批能够反映大连理工大学经济管理学科科学研究成果的专著，是近些年一直在推动的事情。这是因为大连理工大学作为国内最早开展现代管理教育的高校，早在1980年就在国内率先开展了引进西方现代管理教育的工作，被学界誉为"中国现代管理教育的摇篮，中国MBA教育的发祥地，中国管理案例教学法的先锋"。

大连理工大学管理教育不仅在人才培养方面取得了丰硕的成果，在科学研究方面同样也取得了令同行瞩目的成绩。在教育部第二轮学科评估中，大连理工大学的管理科学与工程一级学科获得全国第三名的成绩；在教育部第三轮学科评估中，大连理工大学的工商管理一级学科获得全国第八名的成绩；在教育部第四轮学科评估中，大连理工大学工商管理学科和管理科学与工程学科分别获得A-的成绩，是中国国内拥有两个A级管理学科的6所商学院之一。

2020年经济管理学院获得的科研经费已达到4345万元，2015年至2020年期间获得的国家级重点重大项目达到27项，同时发表在国家自然科学基金委员会管理科学部认定核心期刊的论文达到1000篇以上，国际SCI、SSCI论文发表超800篇。近年来，虽然学院的科研成果产出量在国内高校中处于领先地位，但是在学科领域内具有广泛性影响力的学术专著仍然不多。

在许多的管理学家看来，论文才是科学研究成果最直接、最有显示度的体现，而且论文时效性更强、含金量也更高，因此出现了不重视专著也不重视获奖的现象。无疑，论文是科学研究成果的重要载体，甚至是最主要的载体，但是，管理作为自然科学与社会科学的交叉成果，其成果载体存在的方式一定会呈现出多元化的特点，其自然科学部分更多地会以论文等成果形态出现，而社会科学部分则既可以以论文的形态呈现，也可以以专著、获奖、咨政建议等形态出现，并且同样会呈现出生机和活力。

2010年，大连理工大学决定组建管理与经济学部，将原管理学院、经济系合并，重组后的管理与经济学部以学科群的方式组建下属单位，设立了管理科学与工程学院、工商管理学院、经济学院以及MBA/EMBA教育中心。2019年，大连理工大学管理与经济学部更名为大连理工大学经济管理学院。目前，学院拥有10个研究所、5个教育教学实验中心和9个行政办公室，建设有两个国家级工程研究中心和实验室，六个省部级工程研究中心和实验室，以及国内最大的管理案例共享平台。

经济管理学院秉承"笃行厚学"的理念,以"扎根实践培养卓越管理人才、凝练商学新知、推动社会进步"为使命,努力建设成扎根中国的世界一流商学院,并为中国的经济管理教育做出新的、更大的贡献。因此,全面体现学院研究成果的重要载体形式—专著的出版就变得更加必要和紧迫。本套论丛就是在这个背景下产生的。

本套论丛的出版主要考虑了以下几个因素:第一是先进性。要将经济管理学院教师的最新科学研究成果反映在专著中,目的是更好地传播教师最新的科学研究成果,为推进经济管理学科的学术繁荣做贡献。第二是广泛性。经济管理学院下设的10个研究所分布在与国际主流接轨的各个领域,所以专著的选题具有广泛性。第三是选题的自由探索性。我们认为,经济管理学科在中国得到了迅速的发展,各种具有中国情境的理论与现实问题众多,可以研究和解决的现实问题也非常多,在这个方面,重要的是发扬科学家进行自由探索的精神,自己寻找选题,自己开展科学研究并进而形成科学研究的成果,这样一种机制会使得广大教师遵循科学探索精神,撰写出一批对于推动中国经济社会发展起到积极促进作用的专著。第四是将其纳入学术成果考评之中。我们认为,既然学术专著是科研成果的展示,本身就具有很强的学术性,属于科学研究成果,那么就有必要将其纳入科学研究成果的考评之中,而这本身也必然会调动广大教师的积极性。

本套论丛的出版得到了科学出版社的大力支持和帮助。马跃社长作为论丛的负责人,在选题的确定和出版发行等方面给予了极大的支持,帮助经济管理学院解决出版过程中遇到的困难和问题。同时特别感谢经济管理学院的同行在论丛出版过程中表现出的极大热情,没有大家的支持,这套论丛的出版不可能如此顺利。

大连理工大学经济管理学院
2021 年 12 月

前　言

近年来，全球经济社会不断动荡变化，各类自然灾害事件频发，工程项目作为解决国计民生问题的主要实现形式，正面临着前所未有的危机与挑战。由于工程项目日渐复杂化、大型化、长期化、多主体化的特征，项目的利益相关者如何通过契约治理和关系治理手段协调分工协作，以共同应对危机，提升工程项目组织韧性成为亟待解决的关键现实问题。而传统项目绩效导向的项目治理思想，主要提倡成本、质量、工期的评价体系，难以适应内部环境动态复杂、外部环境风险与不确定性逐渐增加的新环境与新常态。合同、环境、技术、经济等不确定性导致工程项目延期、超概、退库、合同纠纷以及提前终止等情况频发，甚至造成重大社会和经济影响。通过工程项目的治理机制设计构建和完善组织预警危机、应对危机以及从危机中恢复的能力，实现利用制度安排提升组织韧性，是工程项目在内外部不利因素环境下维持生存与持续发展的关键。

工程项目的危机应对以及韧性表现研究越来越受到国内外学者的关注。然而，在当前研究中，从组织视角全面系统地分析项目治理对组织韧性的影响的研究较少，对项目利益相关者之间的契约治理与关系治理对组织韧性影响的内在机理的探讨相对有限。同时，在资源、认知等不同视角下对项目治理与组织韧性之间的关系机制、效应强度和实现路径的系统识别与深入剖析尚不充分。

在此背景下，本书基于制度理论的分析框架，结合注意力理论、资源基础观和交易成本理论的核心观点，围绕"项目治理对组织韧性有何影响""项目治理如何影响组织韧性"等核心问题，通过资源和认知两种研究视角，深入探究工程项目在应对内外部不利因素情况下，项目治理机制对组织韧性的影响。本书主要通过理论与实证相互验证、归纳与演绎交互并行、定性与定量相结合的逻辑分析思路与研究策略，开展以下几部分研究。

（1）文献综述与理论梳理。本书采用文献研读法，对制度理论、注意力理论、资源基础观和交易成本理论进行回顾，对以往关于项目治理与组织韧性的概念本质、构成要素以及项目治理和组织韧性间关联要素进行全面梳理，综述现有研究的关键理论成果和研究不足，为本书提供理论分析框架，为后续研究做足理论铺垫。

（2）项目治理对组织韧性的影响机理研究。本书采用多案例探索性研究方法，结合工程项目实践情境，依据"项目治理—资源要素/认知要素—组织韧性"的分析框架，就三个工程项目的九个嵌入式案例，深入剖析了本书核心构念之间的作用原理，并识别了关键路径机制。

（3）工程项目治理与组织韧性的概念模型构建研究。本书采用系统综述方法，基于跨组织项目基本理论和资源基础观、注意力理论研究视角，深入分析工程项目临时性组织特征属性以及工程项目的组织韧性特征，并结合现有理论基础与案例识别的路径机制，提出契约治理、关系治理、资源重构、团队正念及组织韧性之间的关系假设，构建工程项目治理与组织韧性的概念模型。

（4）工程项目治理对组织韧性的影响关系研究。基于工程项目治理与组织韧性的概念模型，采用定量实证检验的分析策略，通过确定变量测量、问卷设计与数据收集等手段，针对754份样本数据，运用偏最小二乘法结构方程模型（partial least squares structural equation modeling，PLS-SEM）和Bootstrap检验技术，对研究假设和影响路径进行实证检验，并对结果进行讨论和分析。

基于以上研究以及论证工作，本书得出以下主要结论。

（1）项目契约治理和关系治理分别通过构建角色系统和协调角色间关系影响组织韧性；在资源视角下，项目契约治理和关系治理分别通过构建资源调动结构和激励资源协调动机来影响资源重构，且资源重构通过构建资源应变能力影响组织韧性；在认知视角下，项目契约治理和关系治理分别通过构建稳定认知结构和营造团队共识氛围影响团队正念，且团队正念通过构建认知适应能力影响组织韧性。

（2）工程项目临时性组织具有跨组织和制度逻辑复杂性特征，需要利益相关者通过契约治理和关系治理机制，提升资源重构能力，为组织韧性构建被动反应式能力；以及提升团队正念，为组织韧性构建主动式适应能力。相应地，形成"项目契约治理和关系治理—组织韧性""项目契约治理和关系治理—资源重构—组织韧性""项目契约治理和关系治理—团队正念—组织韧性"三条路径，并据此提出了概念间的关系假设和工程项目治理与组织韧性关系的概念模型。

（3）项目契约治理和关系治理对于组织韧性、资源重构以及团队正念都有着正向影响。具体来看，资源重构在项目契约治理和关系治理对组织韧性的影响中起部分中介作用；团队正念在项目契约治理和关系治理对组织韧性的影响中起部分中介作用；同时，与资源视角下资源重构的中介效应相比，认知视角下团队正念在项目契约治理和关系治理对组织韧性的影响中的中介效应更强。

在工程项目内外部不利因素复杂变化的背景下，本书的研究结论和相关成果不仅丰富了项目治理对组织韧性影响的理论研究，深化了资源与认知视角下工程项目治理与组织韧性的内在联系，而且阐明了如何更好地运用治理机制安排提升组织韧性，为工程项目的危机应对和可持续运营提供有效的理论指导。

希望本书能够为项目治理与组织韧性领域研究的不断深化提供帮助,并为我国工程项目的管理提供一定的理论参考。由于作者能力有限,本书可能存在不足之处,希望同行与读者能够提出宝贵意见,以促进未来的深入研究与学术交流。

目 录

第一章 绪论：组织韧性是工程项目危机应对的良方秘诀 ······1
- 第一节 组织韧性与工程项目中的危机应对 ······1
- 第二节 国内外学界的相关研究进展 ······6
- 第三节 基础理论 ······23
- 第四节 破解工程项目治理与组织韧性关系的研究思路 ······28

第二章 工程项目治理与组织韧性的研究视角：资源与认知双视角 ······32
- 第一节 组织韧性理论 ······32
- 第二节 项目治理的内涵与分类 ······40
- 第三节 资源与认知视角下的工程项目治理与组织韧性研究框架 ······47

第三章 工程项目治理如何影响组织韧性：多案例研究 ······52
- 第一节 案例研究设计 ······52
- 第二节 案例描述与分析：海底隧道 A 项目 ······59
- 第三节 案例描述与分析：城际铁路 B 项目 ······68
- 第四节 案例描述与分析：地铁交通 C 项目 ······76
- 第五节 跨案例分析 ······85
- 第六节 本章小结 ······91

第四章 工程项目治理与组织韧性的概念模型构建研究 ······92
- 第一节 基于资源和认知视角的工程项目组织韧性分析框架 ······92
- 第二节 研究假设 ······96
- 第三节 研究假设汇总与模型构建 ······105
- 第四节 本章小结 ······106

第五章 工程项目治理对组织韧性的影响关系研究 ······108
- 第一节 实证研究设计 ······108
- 第二节 假设检验 ······118
- 第三节 结果分析与讨论 ······132
- 第四节 本章小结 ······139

第六章 结论与展望 ······141
- 第一节 研究结论与建议 ······141
- 第二节 研究局限与展望 ······146

参考文献 …………………………………………………………………… 148
附录 A 案例研究开放式访谈提纲 …………………………………………… 164
附录 B 工程项目治理对组织韧性影响调查问卷 …………………………… 166

第一章　绪论：组织韧性是工程项目危机应对的良方秘诀

第一节　组织韧性与工程项目中的危机应对

一、工程项目中的危机与多主体参与的治理

在全球经济社会自然环境动荡变化的背景下，组织始终处于危机四伏、动态变化的复杂环境之中，诸如全球经济危机、恶劣天气、自然灾害、工程事故、工业事件、产品召回等一系列风险事件已经逐渐转变为影响组织正常运行的重要因素，对组织提出了更高的危机应对要求，包括识别危机、响应危机、处理危机以及从危机中恢复的能力，即组织韧性[1]。工程项目作为协调组织间专业分工的重要经济组织形式，已成为包括企业、各级政府乃至世界各国的各类组织实现价值创造的重要实施方式。因此，工程项目的复杂化、大型化、长期化趋势，使得围绕项目目标的多利益相关者形成的临时性项目组织也同时需要具备组织韧性，以应对内外部的风险、不确定性、危机等多种不利因素。

工程项目中广泛存在的乐观偏见、风险配置缺陷（ineffective risk allocation）以及缺乏对于失败的总结与反馈使得项目，尤其是大型工程项目，成为项目失败的重灾区［美国项目管理协会（Project Management Institute，PMI）研究显示，大型项目的失败率约为65%］[2]。工程项目所面临的这一新常态也在行业、全国乃至全球范围内得到了广泛认可，尤其是在国家层面，对于上述各类危机的关注正在逐年加强。2018年3月根据第十三届全国人民代表大会第一次会议批准的国务院机构改革方案，确认设立中华人民共和国应急管理部，首次将应急管理提升到国家战略高度，并制定了诸如工程重大安全事故罪、工程应急风险预案等一系列应对危机的措施，其核心目的是防范化解工程项目等组织运营中可能引发的重特大安全风险，减少可能对居民、企业、社会产生的潜在影响。因此，面对内外部危机与破坏性因素，提升危机应对能力，维持安全、稳定、可持续的运营已成为工程项目中的关键议题。

我国工程项目虽然起步较晚，但近年来发展十分迅速，大型工程、复杂工程与日俱增，在工程技术方面我国已步入领先行列，但在利益相关者治理和制度规则安排方面仍有待提升。工程项目作为依靠多方协作，创造独特产品、服务或结果的临时性工作形式，其不仅具有工程技术系统特征，同时还具有社会和生态系

统的特征属性。因此，在危机情况下，工程项目中的韧性表现也不仅仅取决于工程技术层面设备参数、工程质量方面的鲁棒性表现，同时还受到工程项目临时性组织中利益相关者的权责利分配、分工协作、团队文化、相互信任等项目治理要素的影响。然而随着工程项目的实施周期、投资规模以及复杂程度的不断增加，工程项目涉及的利益相关者也显著增加，这也对项目治理提出了更高要求。工程项目不再是由单一个体交付的建设任务，而逐渐呈现出多主体围绕同一工程建设目标相互配合、相互协作的临时性组织特征，构成了工程项目临时性组织[3]。项目所面临的内外部危机及破坏性因素成为威胁项目利益相关者共同利益的关键因素，需要项目利益相关者，通过治理机制设计和制度安排的手段，以及协调和激励机制共同应对危机。因此，从利益相关者之间治理手段和制度安排的视角探究工程项目组织韧性的提升机制，成为补充与完善现有危机管理策略的重要方式。

我国工程项目的现有危机应对机制在实施对象、实施条件、措施安排以及参与范围方面具有较大的局限性。工程项目危机应对的实施对象主要针对质量危机，轻视甚至忽略社会风险、政策风险、法律风险、技术风险、舆论风险等问题；实施条件受制于管理成本的考量以及管理水平的约束；措施安排受制于现有人力、物力、财力资源；参与范围仅限项目中总承包商、施工团队等实施阶段的少数利益相关者；此外，随着工程项目参与方的专业分工不断深化，紧缩的资源储备策略以及各方分散的注意力配置也成为工程项目应对危机、保持稳定与持续运转的关键难题。因此，静态的资源应对策略和分散的注意力分配方式已不再适应复杂运转、多方协作、频繁演变的工程项目内外部环境，需要寻求更加灵活的利益相关者资源能力以及认知能力。相应地，利益相关者之间通过契约与关系机制的构建与运用，相互制约、协调、激励、配合形成合力，降低机会主义行为倾向，提升工程项目中各方的资源调动能力与认知水平，提升应对项目危机的能力。因此，面对危机时，项目利益相关者的资源能力与认知能力，成为项目中治理手段与危机应对表现之间的内在运行规则和实现原理中的关键因素。

二、组织韧性：工程项目领域研究的新焦点

近年来，学界对于组织韧性的关注显著增加[1]，尤其是工程项目领域的组织韧性成为学界关注的新焦点[4]。组织韧性的本质是企业在复杂竞争环境中，为了能够动态地重新建立战略和业务模式，而所具备的应对不可避免的变化的能力[5]。也就是说，韧性是组织所具备的一种克服外界危机的能力。随着现有研究中风险管理、危机管理相关研究的不断发展，越来越多的学者注意到在大型的、复杂的组织中，任意的、小的、随机的危机乃至风险事件都可能由于一系列演变或者突变，最终对组织的功能和绩效产生影响。对于处于内外部复杂动态环境的工程项

目而言，由于不可能对所有的风险以及潜在的危机制订防御方案，因此学界逐渐转向在系统层面考虑提升组织韧性并将其作为组织的关键目标[4]。在工程项目领域，制度逻辑复杂性[6]、环境不确定性[7]以及动态关联性导致组织所面临的环境日益复杂，这要求组织需要具备抵抗风险与危机的能力，以避免项目失败、中断甚至对利益相关者产生不良影响[8]。韧性研究最早被广泛用于解释供应链企业合作网络的风险抵御能力，而围绕项目所形成的多利益相关者构成的临时性组织与供应链企业具有相近似的组织特征，因此近年来许多学者将组织韧性的思想引入项目管理领域，用来解释组织的风险与危机的抵御和应对能力[9]。

从治理的视角探究工程项目组织韧性机理的探索仍然有限。对于工程项目而言，现有研究在肯定韧性重要性的基础之上[10]，主要采用启发式[11]以及指标式[12]的方式对韧性进行工程机理模拟，探索工程业务流程以及风险危机管理参数对工程韧性的影响机理。组织面临危机的应对能力也常需要组织中的一系列项目运行环节和利益相关者或多个部门之间的协调[13]。随着工程项目韧性研究的不断发展，工程视角、系统视角、参数量化视角的研究仍旧停留在理论层面，不能解释工程项目作为一个临时性项目组织的应对危机的功能表现[4]。越来越多的学者提倡从跨学科的视角，如组织、社会、文化等，尤其是从制度设计的视角，研究治理机制与组织韧性的内在影响机理[4]。

随着近年来项目管理领域对于项目治理研究的日益重视，项目治理的目标与内容研究也在不断演变，项目治理目标由最初的实现项目绩效提升，逐渐转向满足多利益相关者需求，以及维持项目稳定可持续运营[14]。工程项目本身存在着多利益相关主体（政府、承包商、施工单位等），以及长期合同［长周期项目：政府与社会资本合作（public-private partnership，PPP）项目、重大工程项目］的特征属性，因此随之增加的不确定性与多利益相关者耦合，对工程项目的组织韧性提出了严峻的挑战[15]。针对这些组织层面的复杂性议题，需要从制度安排的角度分析项目治理与工程项目系统功能的交互作用。现有研究对于制度安排如何影响工程项目组织韧性的分析尚为不足[4, 13]，尤其缺乏对于治理手段和治理机制的分析。因此，探索项目治理对于工程项目组织韧性的提升机制成为现有研究亟须解答的关键问题[8]。

在工程项目情境下，资源与认知视角是揭示治理与组织韧性内在关系的着力点。项目治理可以从利益相关者理论、制度理论、交易成本理论以及代理人理论等多个理论视角展开解释。而其理论视角的多样性也决定了其内在机制的复杂性，其中制度理论与交易成本理论视角一直在治理机制研究中占据着关键的地位。从交易成本的视角来看，项目治理的直接目标是降低交易成本，项目治理机制的配置取决于项目中资产专用性、不确定性以及交易的频率等核心因素[16]。在项目中，利益相关者的自身利益、相互之间关系、资产专用性、不确定性会随着蔓延的危机或者突发事件而受到影响，项目临时组织如何通过正式或者非正式的手段，维系一种能动态适应危机的利益相关者关系，成为提升工程项目组织韧性的关键。但组织韧性作为一个描述系统功能的概念，其内涵是基于组织内部功能单元的运行、协调与配合，体现在资源、认知等多个层面。单从交易成本理论、制度理论等理论视角，仍然无法系统解释项目治理与组织韧性之间的内在关系，也不能分析制度框架与工程项目系统功能之间的交互作用。因此，前人建议采用跨学科视角[4]，从组织中资源与认知出发，以资源基础观和注意力理论的核心观点为基础，结合现有治理相关理论才能进一步解释组织韧性的内在机理[17, 18]。

三、从治理到韧性的关系研究：为理论与实践提供新见解

在工程项目逐渐复杂化、大型化、动态化的情境下，探究工程项目治理与组织韧性的关系和内在作用机理，在拓展理论与指导实践方面都有着至关重要的意义。

（一）理论方面

首先，从组织视角丰富了工程项目情境下的韧性影响研究。

工程项目韧性研究主要聚焦于系统中工程和技术特征对项目韧性的影响，通常采用启发式的研究视角[19]，或者采用指标测量的方式量化组织韧性[20]。然而对于启发式和指标式的韧性提升策略仍旧停留于理论探讨阶段[4]。因此，工程项目中社会和组织因素如何影响工程项目的韧性表现成为弥补项目韧性能力，提升危机应对能力的关键。同时，如技术危机、政策危机、舆论危机、关系危机等多种类、复杂化的危机因素对工程项目韧性提出了差异化、系统化、动态化的韧性能力需求。差异化特征要求针对不同危机事件需要不同层次、不同专业的利益相关者参与韧性能力构建，系统化特征要求工程项目利益相关者相互协作、共同应对组织危机，动态化特征要求工程项目利益相关者构建常态化、适应性的韧性机制。但是现有工程项目韧性研究忽视了制度要素、组织要素、社会要素对项目应对危机的影响，尤其是多方参与相互协调配合对工程项目临时性组织韧性的影响。

现有工程项目韧性研究强调风险量化和危机预案，其内隐假设为项目中的利益相关者存在理想化的配合机制和共识氛围。而这一假设并不适用于工程项目情境，尤其是工程项目体量日渐增大，参与方逐渐多元化的中国情境。在政府、社会资本的双主体制度背景下，工程项目韧性研究存在组织视角的明显不足。因此，本书从组织视角出发，讨论工程项目临时性组织的特征情境中，制度安排和治理手段对组织韧性的影响，进一步丰富了已有的工程项目韧性研究视角，拓展了工程项目危机应对适用范围。

其次，从治理视角丰富了组织韧性的提升机制研究。

组织韧性起源于战略管理领域[21]，其核心观点为组织不可能对每一特定不利因素都制订完善的应对方案，因此需要从系统层面全面构建组织应对危机能力[4]。组织韧性研究关注组织中的认知、情感、关系和结构要素如何通过动态化过程构建组织韧性[1]。现有研究主要关注冗余资产、组织学习等资源储备以及组织行为层面的韧性影响因素。基于工程项目临时性组织情境，本书将治理机制视为跨组织项目中利益相关者的制度安排，明确了契约和关系两种项目治理机制对组织韧性的内在作用机理。

研究项目治理对组织韧性的影响，实际上是从制度层分析规则设计、氛围构建等治理手段对组织韧性的影响，厘清"制度–行为–绩效"在治理机制和组织韧性之间的行为要素以及概念间的路径关系。由于组织韧性的相关研究发展较新，学界对于组织韧性的影响因素的研究还处在初期探索阶段，且多数研究以理论研究为主，缺乏机理解构和实证检验[21]。因此，本书通过案例研究探索性地阐述项目治理与组织韧性的内在关系，在一定程度上丰富了组织韧性的相关研究。同时，实证验证机理关系，对于理论适用性也有一定的拓展。

最后，从资源和认知的对比视角丰富了项目治理与组织韧性的关系研究。

现有针对组织韧性的影响因素及路径研究存在多种视角，其中主要从资源视角、认知视角等展开，包括组织资源视角下资源重构[17]、资源冗余[22]；组织认知视角下的正念[18]、组织即兴[23]。视角间相互独立，因此单一视角对于组织韧性的分析与解释存在一定的局限性，难以形成对于组织应对危机的系统认识。现有研究没有聚焦于将不同视角整合或者对比，缺乏对组织韧性的构建机制的多维探讨。本书同时选取了资源视角下的资源基础观以及认知视角下的注意力理论作为分析治理机制对组织韧性影响的双元视角，同时构建了资源与认知两种能力作为研究的切入点。

整合资源视角和认知视角实际上对比了两种不同理论背景下的研究视角，阐明了两种视角下核心要素的作用机制、彼此差异。本书通过探索性案例研究，识别在资源基础观视角和认知视角下，项目治理通过资源要素以及认知要素影响组织韧性的内在机制，打开了项目治理对组织韧性的内在作用机理的"黑箱"，丰富了组织韧性的影响因素及影响路径研究，对于资源基础观和注意力理论也具有一定的启示作用。

此外，当前对于项目治理、资源要素、认知要素与组织韧性之间的关系尚处于概念理解与理论探索阶段，基于大样本的统计实证研究为数较少。本书在探索"项目治理—资源要素/认知要素—组织韧性"的基础上，构建了概念间的关系模型，并通过大样本实证检验了多个变量之间的逻辑关系和作用路径，验证了工程项目情境中，项目治理对组织韧性的内在作用路径，明确了路径中资源和认知要素以及其在路径中的作用机制，从资源与认知视角，丰富了组织韧性的机理研究，深化了项目治理、资源要素、认知要素与组织韧性之间的内在关系。

（二）实践方面

本书为提升工程项目组织韧性提供理论指导。本书对组织韧性与项目利益相关者之间的关系进行了研究，有助于项目利益相关者通过权责利的分配机制来影响共同应对内外部危机的能力，确保项目能够克服风险与危机。工程项目在实施过程中会遇到多种风险以及不可预料的危机情况，本书为项目组织提升预警、响应、处理危机的能力提供了理论指导，强化了工程项目作为一个多主体临时项目的整体适应能力。同时，对于组织韧性提升机制的深入认识，能够进一步提升项目经理对组织层面应对危机能力的关注度，为合理应对工程项目危机提供理论支撑。

为工程项目治理手段的运用提供理论指导。在本书中，工程项目治理的目标由单纯面向组织绩效，扩展并纳入了组织应对危机的能力。对于工程项目而言，面向组织韧性的治理是实现项目成功的前提，也是维护利益相关者利益的重要手段。对于项目治理的深入认识，能够强化多项目利益相关者之间关系约束的动机，促进多方对项目实施过程中的内外部危机进行充分和积极的关注，以合作、共赢、互利、互惠的基本原则和态度围绕项目目标开展业务工作，构建能够响应项目不确定性、应对风险或者意外事件的互动约束机制，确保各方目标和利益的保障和实现。

为工程项目中资源与认知的管理提供理论借鉴。本书采用资源和认知双视角，对工程项目治理、资源要素、认知要素以及组织韧性之间的关系进行深入探究，构建了整体的概念模型，能够为项目的利益相关者提供一个组织韧性的从制度到行为，从行为到绩效的实现路径。明确面向组织韧性提升的项目治理工作中的关键和核心要素，从而提升各利益相关者在面对危机和风险时，对共同认知、资源调配策略的认同和理解，激励利益相关者在资源和认识上对项目功能给予充分的支持，并持续改善项目应对危机的能力。

第二节 国内外学界的相关研究进展

为深入解读本书的核心研究问题，本节采用文献计量学的基本方法，对国内外相关研究领域的相关研究成果进行系统的梳理与回顾。针对工程项目、组织韧性以及项目治理的研究情况进行了基本趋势的总结、研究成果的可视化以及主题词关联性分析，对相关研究成果发展状态进行了系统描述。

一、工程项目研究情况

工程项目作为本书的关键情境，是项目治理与组织韧性实现与表征的关键载体。广义的工程项目包含建设项目、基本建设项目、投资建设项目或者工程建设项目等，项目流程包括策划、勘察、设计、采购、施工等多个环节，是一种类别特殊但又广泛存在的项目形式。因此，工程项目既具有一般项目的一次性、独特性、目标明确性特征，又包含工程行业特有的实施条件的约束性特征，投资与实施的风险性特征，以及目标、交易与环境的复杂性特征等。

现有工程项目在多个学科得到广泛关注，本书聚焦于项目治理与项目管理领域，因此，对于相关核心概念，主要从管理学的视角开展分析。对于工程项目研究的文献分析主要从国外和国内两个分类展开，区分中文文献和英文文献，分别分析文献发展趋势和分布特征。

（一）国外研究情况

国外研究主要由英文文献构成，因此检索库为Clarivate Analytics（科睿唯安）的Web of Science（WoS）数据库。本书以"construction project"或"engineering project"为核心检索词，在WoS数据库的核心合集中筛选主题词。内容涵盖1945年到2019年的所有相关文献，经过核心关键词、文献类别以及WoS类别筛选得到以下4222篇文献（表1.1）。

表1.1 工程项目国外相关文献筛选步骤

步骤	结果
筛选核心合集中的关键词： （1）"construction project" OR （2）"engineering project"	6839
筛选文献类别： （1）会议文章 （2）期刊文章	6711
筛选WoS类别： （1）Engineering civil （2）Engineering industrial （3）Management （4）Operations research management science （5）Engineering multidisciplinary （6）Economics （7）Business （8）Social sciences interdisciplinary	4222

从文献领域分布上来看（图 1.1），文献主要集中在 Engineering civil（2073 篇，49.1%），Construction building technology（1381 篇，32.7%），Engineering industrial（1054 篇，25.0%）和 Management（1051 篇，24.9%）几个领域，它们是与工程管理重点相关的领域，并占据了绝大多数的比例（文献领域有交叉）。这一特征表明，国外学者对于工程管理的研究呈现出跨学科、多视角的特征，同时研究成果也较为丰硕。

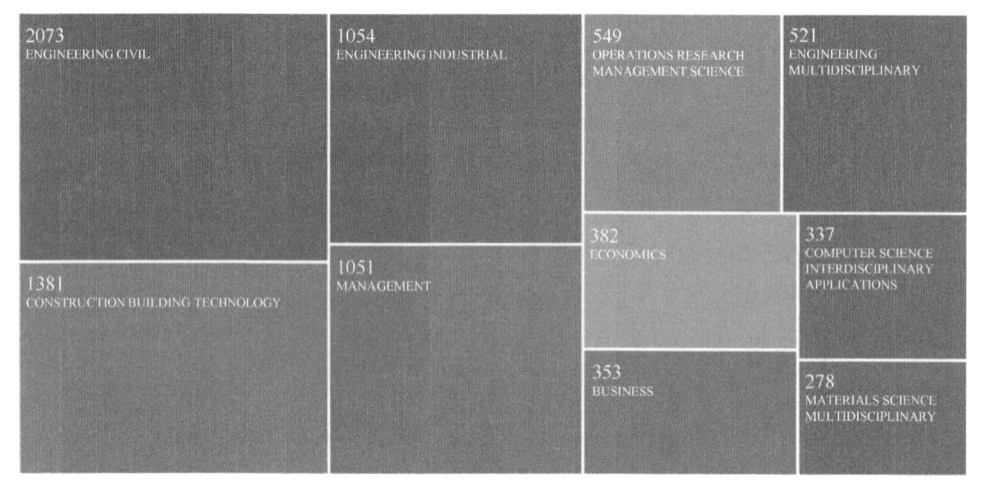

图 1.1　工程项目国外文献领域分布图

从文献时间分布上来看（图 1.2），工程项目的文献最早可以追溯到 1960 年，随后于 1995 年（12 篇）、2005 年（103 篇）和 2015 年（340 篇）形成三段式的波浪陡增，文献数量在 2003 年以后一直保持高速增长的态势，于 2009 年开始稳定在 250 篇之上，并在区间内保持波动。由此表明，工程管理的相关研究已经成为学者关注的重要话题，并且研究成果和数量逐步成熟稳定。

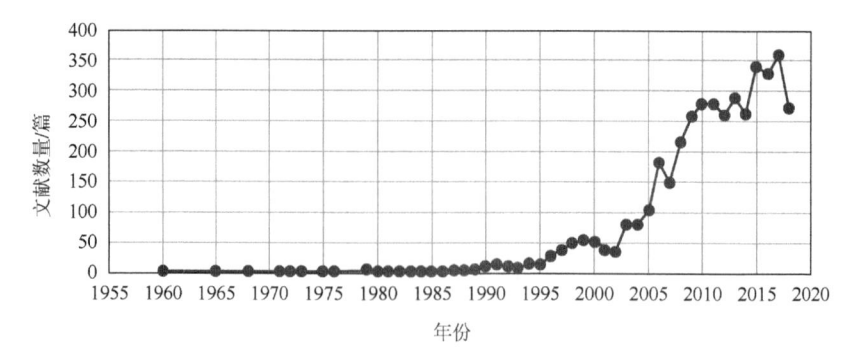

图 1.2　工程项目国外文献时间分布图

为了进一步了解工程管理相关研究的关联性和宏观趋势，本书同时运用CiteSpace（V5.5R2）软件对收集到的4222篇英文文献数据进行了针对关键词的聚类分析[24]。CiteSpace是一款用于计量和分析科学文献数据的可视化软件，可以用来描述和绘制科学以及技术领域发展的知识图谱，使得科学知识领域的信息全景得到全面而直观的展示，并能够有效地识别某一领域内关键文献、热点研究和前沿领域[25]。

从聚类的结果来看（图1.3），一共得到了七组聚类结果，分别为：#0 construction management、#1 construction project、#2 4d cad、#3 performance、#4 construction safety、#5 cost analysis、#6 ahp，分别对应三组不同的主题：工程情境研究（#0工程管理与#1工程项目）、工程情境方法（#2 三维模型加施工进度、#5 成本分析和#6 层次分析法），以及工程绩效（#3 绩效，#4 工程安全）。

图1.3 工程项目国外研究关键词共现聚类图谱

其中第一大类主题主要关注工程项目的情境特征属性。项目管理的重要期刊《国际项目管理学报》（*International Journal of Project Management*）从2011年起至2019年的1772篇论文中有599篇（34%）涉及工程项目情境，体现了工程管理情境的独特性和重要性。工程项目，尤其是大型工程项目，其特征属性主要体现在复杂性上[26]，主要包括差异性和关联性。对于工程项目而言，其复杂的特征属性来自组织要素与子任务之间的互动关系[27]，其影响因素包括经验、组织成员能力、组织架构、利益相关者互动关系、项目流程、项目环境以及项目文化等。这些因素源自工程项目的结构性、不确定性、动态性以及社会性[28]。工程项目的特征属性使得其对研究内容的理论贡献具有独特性，因此工程项目情境中对于情境特征的特别关注显得尤为突出。

第二大类主题主要关注工程情境新技术手段及分析方法，以及相关工程问题的解决和实现。从聚类得到的层次分析法、成本分析法以及模拟技术来看，工程领域通过技术手段解决问题是重要研究趋势。现有研究认为建筑信息模型（building information modelling，BIM）等科技已经对项目的管理产生了重要影响，并提高了成本收益分析、管理意识、教育和培训等给项目带来的价值[29]。现有研究对于技术的过分关注也在一定程度上体现出现有文献忽略了工程管理中社会因素、认知因素、心理因素等给工程项目带来的影响。随着工程项目变得复杂化、大型化、动态化，工程项目中的问题往往需要利益相关者共同努力才能得到有效识别、处理和解决[30]。尤其对于大型工程项目而言，构建一个风险管理系统，提高对于工程项目影响的认识，加强利益相关者之间的合作，以及推进第三方的评估机制成了项目提升应对风险和危机的关键措施[7]。

第三类主题主要关注项目绩效，尤其体现为对于工程安全相关问题的关注。国外研究对于项目绩效的研究成果颇丰，多个学者都对项目中的关键成功要素（critical success factors）进行了系统识别。早期研究对项目绩效进行了深入系统的探索，其中有学者提出"围绕项目周期构建关键成功要素"的观点[31]。这一核心观点在1996年被第一版的《项目管理知识体系》（*A Guide to the Project Management Body of Knowledge*）收录，并被进一步明确到项目的绩效需要满足成本、工期、质量的要求，利益相关者差异化的需求及期望，以及识别到的要求和未能识别的要求[32]。早期研究形成了对于工程项目成本、工期与质量的普遍关注，但随后的研究强调了项目管理与项目运行的差异性，并将项目绩效与项目管理绩效分开，重申并明确了项目管理绩效的重要性[33]。近年来随着工程项目情境特征的复杂化，对于工程项目绩效的关注也逐渐多元化。工程项目是否创造和捕获价值[34, 35]，以及项目可持续发展[36, 37]成为项目绩效相关研究的新焦点，最终形成了针对项目绩效内涵"先宽泛，后具体，再拓展"的研究演进趋势。同时，对于项目绩效的相关研究也逐渐细化，开始关注制度、组织、关系层面对项目绩效的影响[6, 7]，突出了对于项目复杂性、不确定性、动态性的认识，构成了更加完整的项目绩效研究视角。

（二）国内研究情况

工程项目中文文献分析的数据库来源是中国知网。本书按步骤（表1.2）对文献进行筛选，最终得到443篇相关文献。考虑到相关文献的质量与代表性，本书设置了较为严格的文献筛选规则，精炼了高质量的文献，因此得到数量较少的文献检索结果，但依旧具有理论代表性。

表 1.2 工程项目国内相关文献筛选步骤

步骤	结果
筛选中国知网高级搜索的关键词： （1）"工程项目"或 （2）"建设项目" （3）且"项目管理"	
筛选子文献数据库： （1）SCI （2）CSSCI 和 （3）EI	443
筛选年限： （1）1999～2019 年	

注：SCI 全称为 Science Citation Index，科学引文索引；CSSCI 全称为 Chinese Social Science Citation Information，中文社会科学引文索引，EI 全称为 Eingineering Index，工程索引

从文献时间分布上来看（图 1.4），工程项目的国内文献（圆点折线）经历过增长（1999～2003 年）、平稳（2004～2013 年）和逐渐减少（2014～2018 年）阶段式发展轨迹。虽然文献数量并不是很大，但其被引量较高。由此表明，工程管理的相关研究在国内发展逐步成熟，理论的影响力较大，形成的理论成果逐渐向其他学科延伸。

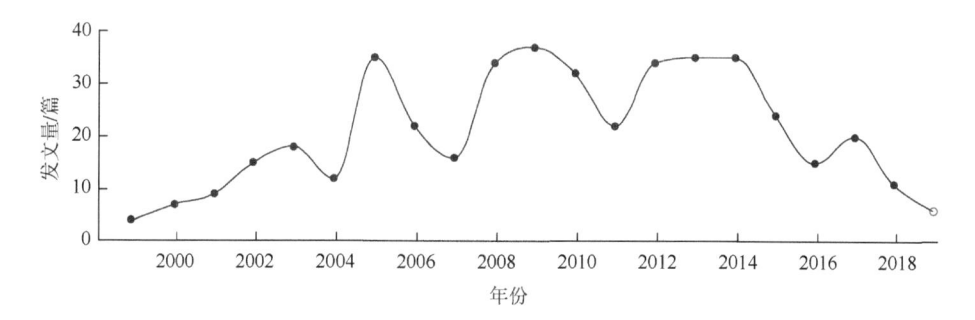

图 1.4 工程项目国内文献时间分布图

由于我国的工程以及建设项目发展迅速，国内工程项目领域的相关研究也较为丰富。以工程项目为主要情境的项目管理研究多以项目组织、项目目标、项目治理等主题为核心关键词，探讨管理模式、绩效评估、治理机制等相关具体研究问题。

对国内工程项目进行关键词共现聚类分析，共得到三大类关键词，结果如图1.5 所示。第一大类主题词为项目管理相关议题，包括"项目管理模式""利益相关者"。以尹贻林、杜亚灵、严玲、乌云娜、何清华、李永奎等为主要学者，在项目管理与工程管理交叉领域里，围绕 PPP 项目[38]、工程总承包情境[39]以及大型复杂项目[40]等项目情境做了深入的研究，主题涉及多个层面。在宏观层面的制度

与组织关系探索方面，乐云等[41]通过开展重大工程中组织模式分析，探讨制度情境下的"政府-市场"所处的二元关系，以及在此情境下工程组织模式的形成机理和演化过程。也有研究从中观维度分析项目利益相关者契约行为，严玲等[42]探究了建设项目承包人履约行为的概念化与测量。还有研究从微观层次的技术工作分解角度展开，尹贻林等[43]为应对工程总承包中里程碑节点支付困难问题而构建新的里程碑支付节点。研究话题的覆盖与变化呈现出围绕项目风险、不确定性以及复杂性展开，并逐渐深化到制度逻辑关系研究、利益相关者正式与非正式治理关系研究以及管理模式改进研究的特点。

第二大类主题词围绕信息技术展开。此类主题主要围绕进度管理系统、云计算、建筑信息模型、信息控制系统等信息技术如何应用与解决工程项目中的管理问题，以及实施条件和底层逻辑[44]。此主题研究趋势体现出工程项目相关研究对于实践与理论结合的关注，以及对于信息技术在项目中应用的偏好。

第三大类主题词围绕大型工程项目展开。此类主题凸显出随着项目规模的不断扩大，项目给社会、政治、经济带来的影响也呈数量级的增长。项目的绩效不再只影响项目直接利益相关者，而是在地域上、数额上、声誉上辐射更大的影响范围[45]。因为重大工程的复杂性不再是单一的，而是多维的，如信息复杂性、任务复杂性、技术复杂性、组织复杂性、环境复杂性、目标复杂性等[46]。何清华等[47]的研究探讨了重大工程的特殊性与组织模式对工程项目的绩效影响，强调了对于政府相关部门作为主要利益相关者的监管体系的构建作用。

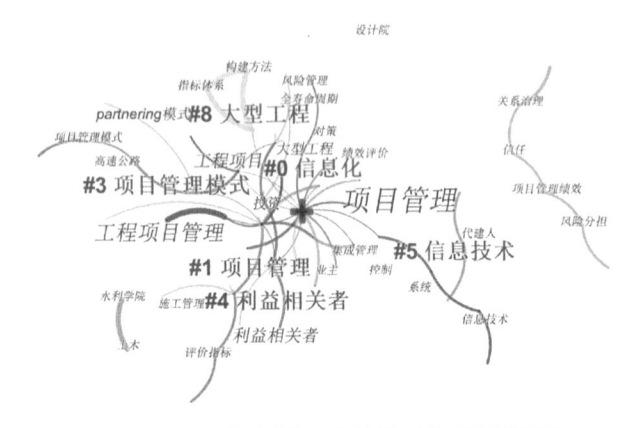

图 1.5　工程项目国内研究关键词共现聚类图谱

二、组织韧性研究情况

组织韧性作为一个较为前沿的概念，相较工程项目而言，其发展历史更为短暂。本书聚焦于组织视角的韧性研究，因此、管理学、社会学、心理学领域的相关研究与本书的视角更为契合。因此，本书以"organizational resilience"作为关键检索词在 WoS 数据库中进行文献检索，经过筛选，最终得到 1256 份英文文献样本。

（一）国外研究情况

组织韧性的概念出现较晚，其相关文献和理论发展尚不丰富，而且相关研究文献也分布在不同领域的期刊之中。针对上述几点因素，本书针对组织韧性的文献筛选没有剔除其他跨学科领域的文献，并通过如表 1.3 所示的简要筛选步骤最终得到 1256 份英文文献样本。

表 1.3 组织韧性相关国外文献筛选步骤

步骤	结果
筛选核心合集中的关键词： （1）organizational resilience	1386
筛选文献类别： （1）会议文章 （2）期刊文章	1256

从文献领域分布看（图 1.6），文献主要集中在 Management（334 篇，26.6%）、Business（151 篇，12.0%）、Psychology applied（121 篇，9.6%）、Environmental studies（112 篇，8.9%）与 Environmental sciences（99 篇，7.9%）。从领域分布中可以观察到，组织韧性在经管、环境和心理学领域要明显高于其他领域，这一特征也与组织韧性的跨学科发展特征相吻合。值得关注的是组织韧性在工程管理领

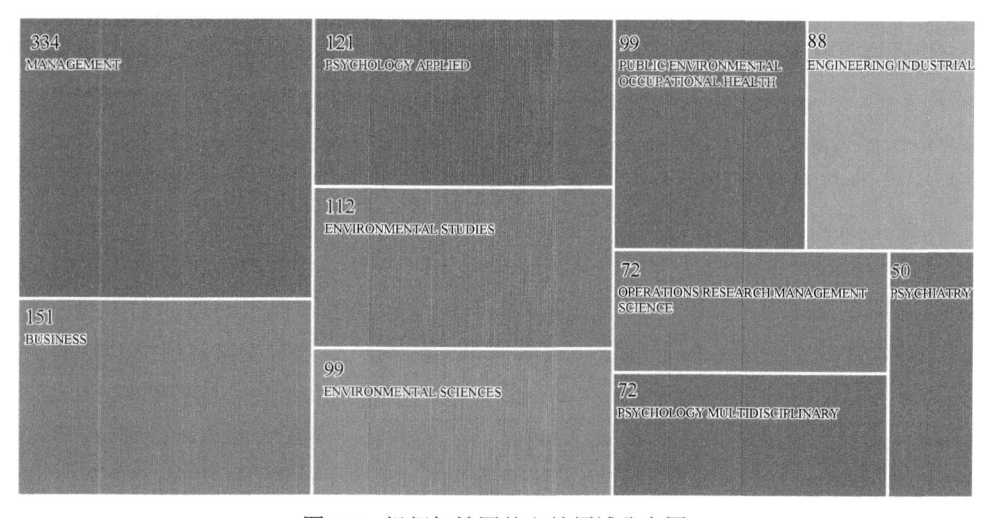

图 1.6 组织韧性国外文献领域分布图

域也有一定的分布［Engineering industrial（88 篇，6.4%）］，说明在工程管理领域对于组织韧性的关注也具有一定的理论发展。以上特征表明，国外学者对于组织韧性的研究呈现出跨学科、多视角的特征，但主要集中于心理学、管理学和工程相关视角，相关研究成果仍旧在发展，未形成围绕单一学科的集聚趋势，相关发展尚不充分。

从文献时间分布上来看（图 1.7），组织韧性的文献最早可以追溯到 1992 年，随后于 2006 年开始呈现出陡增趋势，并于 2010 年（40 篇）和 2016 年（160 篇）两次呈现出集中的文献量爆发趋势，并一直保持着高速的增长，于 2018 年首次超过 200 篇。可以预计，组织韧性的相关研究仍将继续保持高速增长的态势。

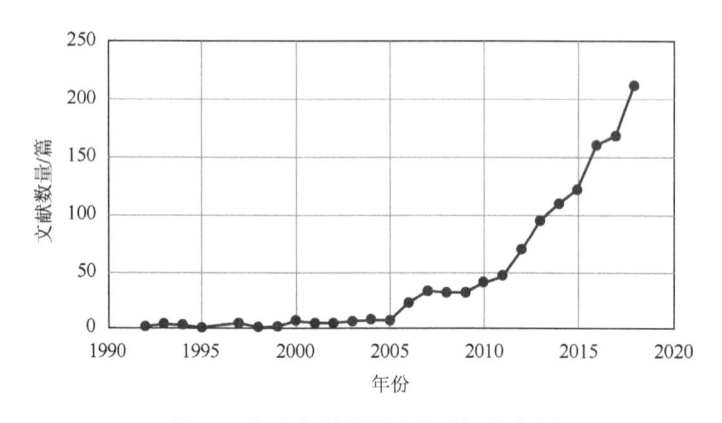

图 1.7　组织韧性国外文献时间分布图

本书运用 CiteSpace 软件对从 WoS 数据库中筛选的 1256 篇文献进行了针对关键词的聚类分析（图 1.8）。得到六个关键词："psychological capital"（心理资本）、"governance"（治理）、"knowledge management"（知识管理）、"violence"（暴力）、"resilience engineering"（工程韧性）以及"soft infrastructure system"（软基础设施系统）。六个关键词可以进一步划分为围绕组织韧性的三大类主题词。

第一大聚类主题词是围绕心理与认知理论产生的。心理与认知理论视角将组织韧性描述为对于压力的积极的反馈。这一类主题词也体现出心理学视角的相关理论对于管理学中的组织韧性概念有着深刻的影响。心理学视角将组织韧性的概念理解为包括权利结构（power structure）、关系（relationship）、现实感知（reality sense）、改变意愿（attitude to change）、差异化（differentiation）以及沟通（communication）六个子维度在内的多维概念[48]。Hind 等[49]在此基础之上，从心理契约的理论视角来研究管理学领域中组织韧性的内涵维度，通过问卷调研，

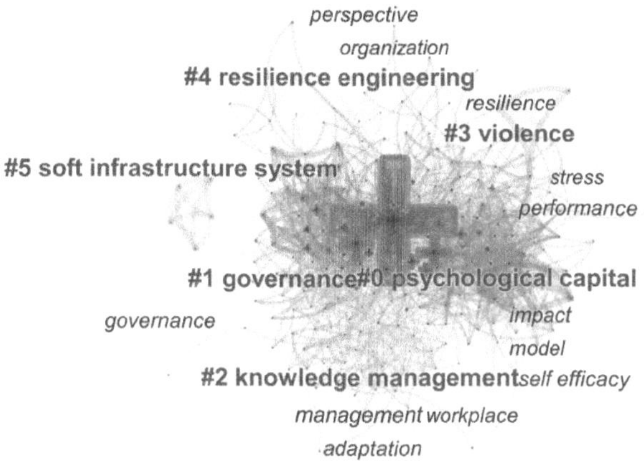

图 1.8　组织韧性国外研究关键词共现聚类图谱

识别了针对组织韧性的五个因子，分别为感知组织应变能力（perceived organizational capability for change）、组织依赖（organizational attachment）、关系矩阵（the relationship matrix）、团队凝聚力（team cohesion）、现实感知，并验证了五因子模型的信效度。前人研究还从心理与认知视角，识别了一系列组织韧性的前置影响因素，如正念[50]，并提出团队正念对组织韧性有显著的促进作用[51]，并揭示了集体正念（collective mindfulness）对高可靠性组织的影响过程[18]。

第二大聚类主题词主要围绕管理概念中组织韧性的前因变量展开，包括治理和知识管理两个重要概念，其中治理与组织韧性具有很强的相关性。现有研究认为治理是解决复杂性和不确定性问题的主要手段之一。因此，当从社会系统的视角研究韧性时，就不可避免地需要讨论权利、责任、利益的协调与配置，以实现治理的目标，并最终实现韧性目标。现有研究对于面向组织韧性的治理识别了一系列的社会系统特征，如变化（change）与稳定性（stability）、适应性（adaptation）和系统设计（design）、层级关系（hierarchy）和自组织（self-organization）等。这些因素构成了治理的多维系统，多种因素之间存在着相互协调的关系，有助于实现组织韧性的有效提升[52]。此外，资源视角也是解决组织韧性相关问题的主要切入点[17]。

第三大聚类主题词与工程相关，包括工程韧性和软基础设施系统。这一类主题词体现出工程情境由于受到风险、不确定性和复杂性等因素的影响，对于韧性的管理也有天然的需求。对于工程系统的韧性研究往往以经验主导的后见之明（hindsight）为主，现有研究多关注风险事件本身对组织产生的影响。而随着问题与风险逐渐多元化、复杂化和动态化，研究愈加倾向于防患于未然，止患于初然，愈患于既然的系统功能提升逻辑[19]。

现有工程领域的韧性研究多关注工程视角中的作业韧性，一部分通过开发启发式或者系统的特征来促进韧性[11,19,53,54]，另一部分通过定量方式测量韧性并预测潜在因素可能带来的影响[12,20,55]。前者通过经验反思的手段刻画影响系统韧性的特征属性，以及过往实践经验对组织韧性理解的促进。后者则关注模型以及计量手段模拟韧性可能产生的具体情境，探索影响组织韧性的参量特征。但由于组织韧性中不可忽视人的潜在影响，因此现有研究对于软基础设施系统的关注也逐渐增加。软基础设施系统被看作弥补硬基础设施系统，如设备、环境等条件要素的"润滑剂"，其是区住经济、健康、文化、社会要素的关键条件，也是促进组织韧性的关键要素。

（二）国内研究情况

虽然韧性概念本身已经被广泛应用于工程学、物理学、材料学、心理学、环境科学以及应急管理之中，但对于组织韧性的概念，国内的相关研究依旧较少，不足以形成文献计量分析的基础。总体上来说，国内针对组织韧性研究的相关的期刊、著作都不丰富，理论发展仍旧处于初级阶段，相关概念尚未形成统一的概念界定和维度认识，相关理论与概念发展仍旧关注概念本身与跨学科的概念内涵理解。韧性起源于物理学概念，用于描述物体的弹复性。而不同学科领域对于韧性的定义纷繁复杂，其内涵和构成要素难以获得统一。国内目前以韧性为核心概念的相关研究，主要探讨物体或者组织在受到外部冲击之后回弹的能力[56]，概念框架有相似之处，但具体的韧性主体、韧性触发条件、韧性机制的描述差异较大。现有针对韧性的研究主要关注以下三方面的能力：适应不利状况能力、资源调动能力、恢复与重构能力。其中，资源调动能力又与资源重构能力等基础资源能力[57]有概念内涵上的重叠，一定程度上也体现出国内部分研究关于韧性概念边界的界定并不清晰。上述三种能力存在结构上和功能上的互动关系，共同作用于组织韧性，而其内涵机理与韧性的形成机制仍待深入研究。

樊博和聂爽[56]针对韧性概念的特殊性，将其与"脆弱性"相比较，明确了其概念内涵与外延。王勇[58]在综述国内外跨学科领域的文献基础之上，形成了组织管理领域的韧性概念，总结基于自然科学韧性和基于动态能力两种视角。韧性作为一个跨学科的概念，其发展路径主要为"心理"与"系统"两种视角。心理路径视角主要关注员工韧性（个体层面）、团队韧性（团队层面）。系统路径视角主要关注组织韧性（组织层面）。现有研究认为，资源对于组织韧性有着重要的作用[59]，不同类型的资源对两种路径的内在影响机理不同。现有组织韧性研究主要从三个视角开展，过程视角、结果视角以及特质视角[58]。但由于概念内涵尚未获得统一，许多学者在研究组织韧性概念本身与其前因变量之间的关系时，也存在概念混淆和内涵要素重叠的问题[22]。相关内容将于本书的第二章第一节进行详尽阐述。

三、项目治理研究情况

（一）国外研究情况

近年来，随着项目规模的不断扩大、项目复杂性的不断提升以及项目中的利益相关者的不断增多，对于项目管理的要求也在不断提升，项目中新的问题需要组织级的管理行为介入。因此，项目治理最早从公司治理理论引入，形成了嵌入在基于项目的组织中的高于项目管理的分析层次。项目治理一经提出即引发了项目管理学界的广泛关注。本书以"project governance"为检索词，在 WoS 核心数据库中检索英文文献，并按表 1.4 所示步骤最终得到 222 份英文文献样本。

表 1.4 项目治理国外相关文献筛选步骤

步骤	结果
筛选核心合集中的关键词： （1）project governance	236
筛选文献类别： （1）会议文章 （2）期刊文章	222

从文献领域分布看（图 1.9），项目治理文献主要集中在 Management（105 篇，47.3%）、Business（32 篇，14.4%）、Engineering industrial（22 篇，9.9%）、Computer science information systems（20 篇，9.0%）与 Operations research management science（20 篇，9.0%）、Engineering civil（17 篇，7.7%）。从项目治理文献的领域分布中可以观察到，项目治理的聚焦领域非常集中，主要文献都分布在管理、工程、软件系统三大项目管理的重点覆盖领域，这也说明项目治理还是小领域概念，其研究进展尚不成熟，围绕项目治理研究的相关理论还没有发展到一般管理领域，而且对其他领域的理论发展的贡献也十分有限。

从文献时间分布上来看（图 1.10），项目治理的国外文献最早可以追溯到 2002 年，随后于 2008 年开始呈现出陡增趋势，并于 2009 年（17 篇）、2014 年（31 篇）和 2017（27 篇）三次呈现出集中的文献量陡增。但同时也可以看出，由于聚焦于项目治理的相关文献数量较少，文献的数量发展并不稳定，文献量波动比较明显，但总体趋势仍旧向上。

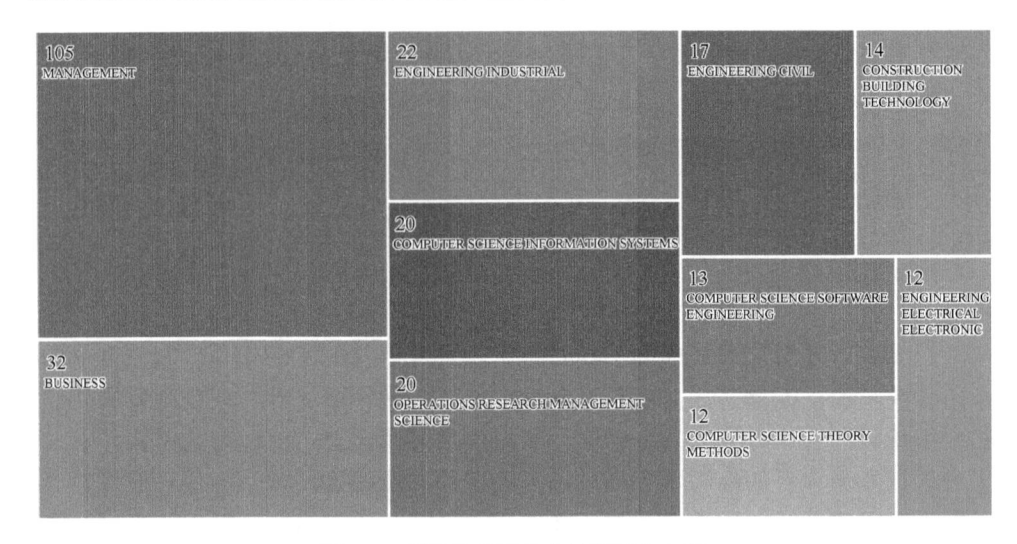

图1.9 项目治理国外文献领域分布图

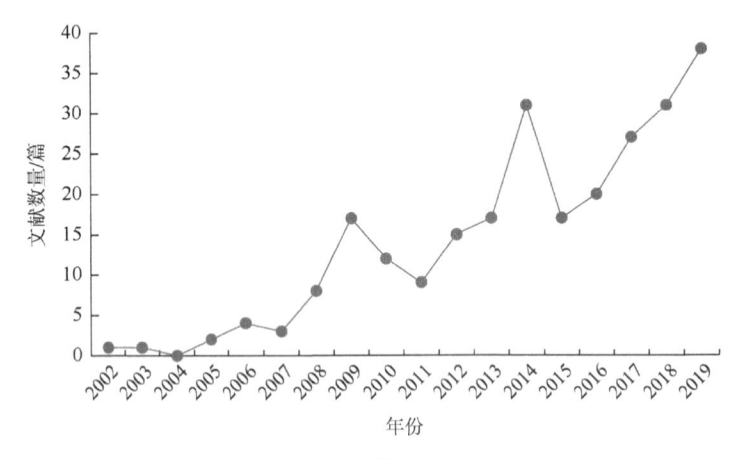

图1.10 项目治理国外文献时间分布图

本书运用 CiteSpace 软件对从 WoS 数据库中筛选的 222 篇文献进行了针对关键词的聚类分析（图 1.11）。除去项目本身作为情境要素的关键词之外，得到四个主题词："contractual governance"（契约治理）、"corporate governance"（公司治理）、"sustainability"（可持续性）、"public-private partnership"（政府和社会资本合作）。

第一组主题词契约治理和公司治理体现了项目治理研究的基本起源。项目治理在概念发展的初期就呈现出两种学术流派，一种是将项目治理看作基于项目的组织围绕多个项目开展的治理行为，另一种是将项目治理看作围绕单一项目开展且涉及多个利益相关者的治理行为[60]。两种不同的视角都产生于 2000 年前

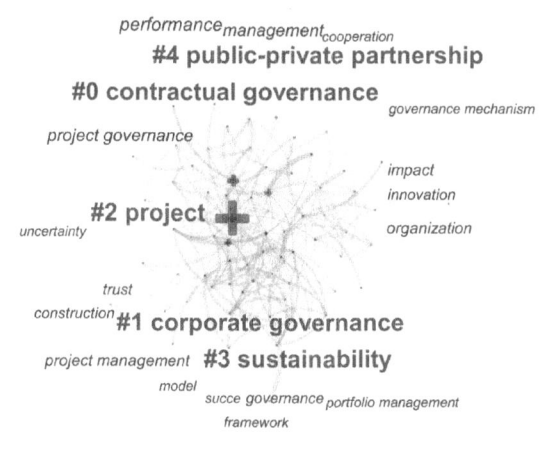

第一章　绪论：组织韧性是工程项目危机应对的良方秘诀

图 1.11　项目治理国外研究关键词共现聚类图谱

后，并对项目管理实践产生了重要影响，英国的项目管理协会（Association for Project Management，APM）在此基础上提出了项目治理的 11 条原则，形成了基于原则而非描述型的项目治理体系。美国项目管理协会[2]在理论与实践的不断演化基础之上，形成了描述型的、基于规则的治理体系，规范了项目中包括项目集、项目组合在内的治理体系，明确了项目治理中的治理要素、各方角色、实施主体、权责利分配和主要功能。

第二组主题词围绕可持续性展开，可持续性与项目中的组织韧性相关研究关系密切[61]，其概念发展源于项目逐渐长期化的特征以及社会发展逐步项目化（projectification）的趋势。项目情境之中的可持续性研究源于实践中对于风险、不确定性以及复杂性的忽视或者错误估计。全球准入伙伴（Global Access Partners，GAP）在 2011 年的项目管理报告中指出，对于风险的管理需要基于组织的决策框架，而风险的主观性本质特征决定了某种风险在某一特定情境之下，如若情境以及经验、偏好、知识、教育、文化以及既定流程发生变化，则可能不再被视为风险。因此，项目中可持续性战略也需要随之调整。现有可持续性研究文献存在两种学派，一种以项目临时性组织作为分析单元，分析项目绩效可能给利益相关者带来的长期影响；另一种以项目的主导企业作为分析单元，探究其在不同时间、地域、空间维度下开展多个项目的可持续性战略问题。

第三组主题词围绕 PPP 展开，该类主题的发展主要源自国内外数量呈指数级增加的 PPP 项目，此类项目以工程类项目为主。政府与社会资本天然的制度逻辑差异也导致了 PPP 项目可能存在制度层的复杂性、不确定性和动态性[62]。PPP 项目中的长期合同提升了项目中政府与社会资本的不确定关系，众多项目利益相关者参与给 PPP 项目的风险管理带来严峻挑战。PPP 项目现有研究不仅聚焦于风险的定量测量，也探究制度层的作用机理。Khallaf 等认为在大型 PPP

工程项目中情境规划能力能够有效分析项目中的风险动态平衡，并构建了面向多利益相关者的PPP工程项目的风险评估模型[15]。Biygautane等认为在大型PPP项目中存在着制度创新，多利益相关者围绕共同目标需要在多维制度场域中进行合作[62]。

（二）国内研究情况

从文献时间分布上来看（图1.12），关于项目治理的国内文献最早可以追溯到2004年，随后于2008年开始呈现出陡增趋势，并于2009年（13篇）、2016年（13篇）呈现出集中的文献量的顶峰。但同时也可以看出，由于国内聚焦于项目治理的相关文献数量较少，文献的数量发展也并不稳定，文献量波动比较明显。总体上来说，项目治理与国外文献相比变化趋势延后两年左右，考虑到期刊发表周期，国内文献与国外文献呈现出较为紧密的跟踪趋势。

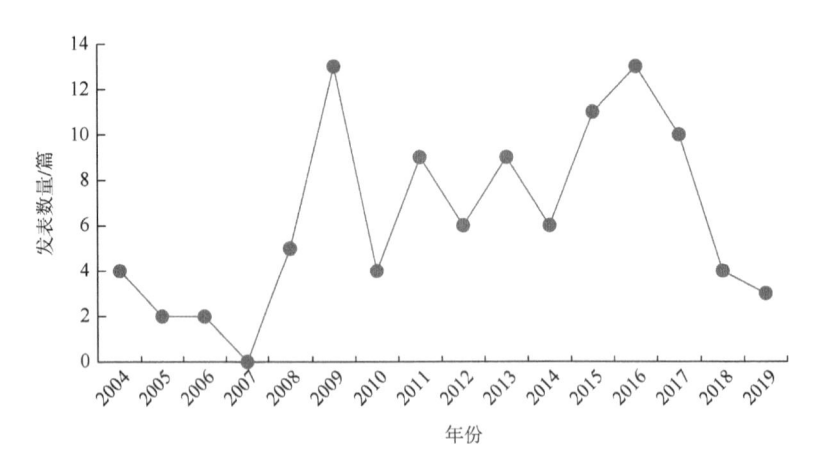

图1.12　项目治理国内文献时间分布图

本书运用中国知网嵌入的共被引分析系统对从中国知网数据库中筛选的101篇文献进行了针对关键词的聚类分析（图1.13）。除去项目本身作为情境要素的关键词之外，"项目目标""公共项目""代建人""关系治理""管理绩效"等成为关键的主题词。

针对项目治理的国内研究发展脉络较为清晰，早期是严玲等[63]在分析国外文献的基础之上，通过对公共项目与市场关系的分析以及公共项目多级委托代理链的分析，提出了公共项目治理的概念。杨飞雪等[64]从政府公共治理和公司治理结构分析入手，探讨了项目治理的结构。王华和尹贻林[65]基于委托代理理论探讨了项目治理结构的优化。三组文献分别从项目治理的三大基本要素，即公共与市场关系、公司治理结构与委托代理理论开展研究，确立早期项目治理相关概念的基础。

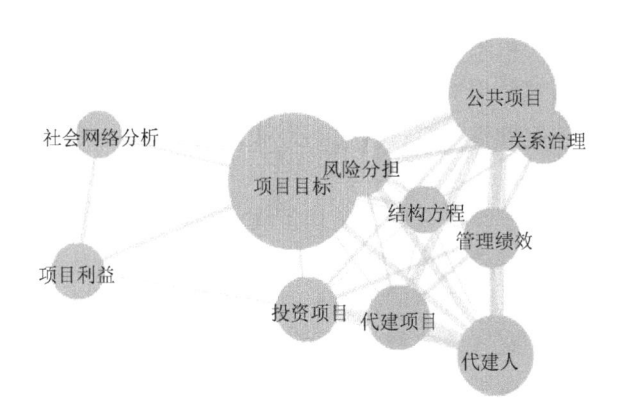

图 1.13 项目治理国内研究关键词共现聚类图谱

在经历过早期概念构建之后，国内项目治理相关研究逐渐转向"项目治理-项目绩效"的研究范式，探究治理机制对项目管理绩效的内在作用机理和提升路径，并形成了新的细分发展路径。严玲等[66]通过聚类分析和多维尺度分析，对2007年到2014年的文献进行了进一步综述，提出针对未来项目治理研究的展望，如从单一治理机制到契约与关系治理交互作用，从二元委托代理结构向社会网络结构拓展，从治理主体向治理对象行为研究转换等。在项目管理相关理论发展的进程中仍旧未能摆脱丁荣贵等[67]所描述的"丛林"状态，缺乏项目的独特性与治理共性的概念体系。

四、研究评述

本书通过上述相关文献的计量统计和量化回顾，从国内以及国外文献双视角，对工程项目、组织韧性以及项目治理的相关研究进行了系统梳理，并形成以下评述内容。

（1）现有工程项目相关研究多以启发式或指标式的方式量化模拟项目中的风险，从治理机制、组织行为视角等多维理论视角分析项目应对危机的机理尚有欠缺。

工程项目国内外相关研究表明，在项目逐渐长期化、动态化、大型化的新情境之下，项目面临更多的不确定性、风险与复杂性问题。学者对于如何应对风险以及不确定性的研究始终保持高度关注。国外相关研究更倾向于关注工程项目的情境特征属性、工程情境新技术手段及分析方法应用，以及项目绩效和相关工程安全议题。而国内研究更倾向于关注工程管理模式、信息技术以及大型工程项目情境。对于风险管理的相关研究，通常采用启发式或者指标式的方式量化模拟项目中的潜在风险[15]，普遍尝试通过技术手段或者管理手段来实现对不利因素的控制，从制度安排、治理机制、组织行为等视角对工程项目应对不利因素的相关研究较少[30]，使得现有风险研究仅限于对项目管理层次的理论探讨，缺乏对于制度层面的治理机制、制度安排的机理探讨，对实践的指导效力有限，不能系统应对内外部不利因素。

（2）组织韧性在管理领域方兴未艾，但对于组织韧性在项目多利益相关者的复杂情境下的提升机制需要进一步探究。

组织韧性国内外相关研究表明，在外部环境不断动荡变化的情况下，组织如何预料危机、应对危机以及从危机中恢复的能力是管理学日益关注的问题[1, 68]。组织韧性已经逐渐得到国外学者的广泛关注，并主要聚焦于心理学领域的韧性机理、组织韧性的影响因素以及工程韧性等议题。国内研究在韧性方面还处在理论研究的早期阶段，相关文献主要关注韧性的基础概念内涵、概念辨析以及相关测量维度等，对于管理学视角的组织韧性的形成机理研究不足，尤其对多利益相关者情境中的组织韧性的影响因素有待进一步深入研究。首先，现有工程项目相关研究普遍关注项目内外部危机以及其影响因素等[69]，但研究方法多采用模型预测和经验梳理的方式。现有研究缺乏对于项目情境中组织韧性形成机理的理论解释，尤其是从资源配置视角、心理认知视角等多视角的对比研究。其次，现有研究对如何系统提升工程项目临时性组织应对内外部危机的能力的关注较少[7]，多数研究未能解释工程项目中项目作为多利益相关者构成的临时性项目组织在应对危机中的功能表现，接下来需要进一步探究在复杂关系背景和多重制度逻辑下，如何共同应对突发危机或者积累的压力，并提升组织韧性。最后，现有研究容易混淆组织韧性的前因变量与组织韧性的内涵维度的边界，对于组织韧性的形成机理的探讨缺乏实证检验与统计数据支撑。

（3）"项目治理–项目绩效"研究范式发展受到关注，但面向不利因素的项目治理机制之间的互动影响以及提升组织韧性的内在作用机理有待深入研究。

国内外的相关研究表明，现有的项目治理相关研究发展迅速，尤其是"项目治理–项目绩效"范式下的理论逐渐丰富。国外项目治理相关研究主要关注契约治理机制、治理绩效以及PPP项目等，并呈现出对于可持续性发展的关注。项目治理的目标从短期绩效逐步转向长期绩效，并逐渐开始涉及多利益相关者的制度逻辑冲突等议题[6]。国内项目治理相关文献主要关注风险分担、利益相关者关系以及治理机制交互作用等。国内外文献围绕项目治理绩效展开了较为丰富的研究，但对于面向项目内外部不利因素的项目治理机制研究尚有不足，尤其是如何平衡利益相关者的权责利关系以实现共同解决问题的内在机理不清晰。此外，治理机制在危机情况下如何影响项目利益相关者行为,以及其内在作用机理不清。相应地,学者提倡从资源配置、心理认知等跨学科视角探究治理机制影响项目组织韧性的过程机理,有助于促进组织韧性的理论发展。

第三节 基础理论

本书的主体内容涉及多个基础理论,其中制度理论、注意力理论、资源基础观以及交易成本理论作为核心理论构建了本书的框架基础,为本书的分析思路提供了理论视角和机理解释。以下将对四种核心理论进行概念解析与讨论。

一、制度理论

工程项目可以被看作围绕项目的多个利益相关者构成的临时性组织[3],因此在工程项目临时性组织中,项目治理机制作为治理权责利关系的手段,成为项目临时性组织中面向各个利益相关者的制度安排。因此,本书引入新制度来解释治理机制在项目利益相关者之间的约束机制。

制度理论(institutional theory)的主要观点围绕解释为什么企业和组织在同一个场域之中,会看起来相似以及做出同样的行为举动[70]。因此,制度理论聚焦于解释组织结构和流程的特征:组织的结构和流程是用来构建意义和实现稳定的,而不是出于实现组织目标而进行的效率和效益方面的考量。这也解释了为什么在一开始存在各种形式的组织形式,而在一段时间以后组织的结构和流程却呈现出极大的相似度。制度约束组织内成员行为以及组织的构成形式,并影响组织的绩效。

制度被Scott[71]定义为"为社会行为提供稳定和有意义的调节的、规范的和认知的结构和活动"。制度包括法律、规范、习俗、行业惯例、道德等正式和非正式、书面与非书面的约束形式。因此,制度对组织也会产生约束力,这种约束力被称为同构(isomorphism),并包括竞争性同构(competitive isomorphism)与制度性同构(institutional isomorphism)[70]。而制度性同构对组织会存在三种同构机制:强制性同构(coercive isomorphism)、模仿性同构(mimetic isomorphism)和规范性同构(normative isomorphism)。强制性同构指的是有资源的组织会向依附于它的组织施压。模仿性同构指的是有的企业并不清楚自己应该采取什么样的行为,因此会模仿和抄袭其他成功的组织。而规范性同构指的是通过教育和培训方式、行业网络以及员工流动使得组织遵从行业标准和普遍实践[72]。

新的组织形式,如工程项目中的PPP模式,往往在被社会认为具有合法性的情况下才会出现[73]。合法性是指一个组织的行为在多大程度上被社会接受,并得到了内部和外部利益相关者的认可[74]。因此，工程项目临时性组织中利益相关者之间的以契约（正式）和关系（非正式）方式形成的约束，如范式、规则以及信念等，都服务于构建组织的合法性。

制度理论中制度化的活动并不局限于组织本身，制度的影响力涵盖微观、中观、宏观三个层次[75]，在微观领域，制度约束个人行为，例如，项目经理会遵从范式、行业惯例、公司文化、团队风格等因素的影响，而不一定是有意识地服从制度的安排。而在组织层面，例如，参与项目的利益相关者，政治的、经济的、社会的、文化的等各个方面都可能对组织的行为产生约束。而在跨组织领域，如项目临时性组织，来自政府的、产业联盟的、社会民主的期待会对跨组织活动的行为产生约束。

然而，在制度理论的发展进程中，制度逻辑理论的出现挑战并影响了传统新制度理论的相关观点。制度理论已经逐步从制度同构和扩散问题转向制度框架下的组织行为多样化与制度变迁过程问题[76]。因此也诞生了制度逻辑（institutional logics）和制度多元性（institutional pluralism）概念。Thornton 等[77]在制度理论的基础之上，强调了制度的多元性情境，强调在多元制度环境下多种差异化的制度逻辑会产生差异化的组织行为。而制度逻辑之间也存在着相互作用关系，以及有选择性地影响组织和个体的行为。在这一情境下，多元制度环境（包括市场、行业和组织群体）对于组织结构和行为的影响成为制度逻辑理论关注的主要议题[72]。在制度逻辑理论的视角下，组织所处的制度环境是存在制度复杂性的[6]，且存在制度逻辑冲突，制度环境也可能是不完整的，而场域内的组织也会形成差异化的行为。

随着项目的大型化、复杂化，为解决项目临时性组织中涉及多利益相关者的管理问题，制度逻辑理论常被引入并作为解释机制。制度逻辑理论能够解释在工程项目中不同的利益相关者可能存在不同的制度逻辑，而项目利益相关者的制度逻辑之间可能存在冲突并导致组织行为上的不一致，甚至异质性。制度逻辑对组织行为的影响通过以下几个机制实现：①通过组织与个体之间所形成的身份认同（social identity）；②通过将社会分成不同的参差和类别来影响个体的认知行为；③通过改变组织中领导者的注意力配置情况来影响组织和个人的行为；④通过改变权利与身份的配置[78]。Biygautane 等[62]将 PPP 工程项目情境与制度创新文献进行融合，识别出制度创新过程是项目临时性组织中各个利益相关者的共同合作的结果。在工程项目临时性组织情境下，需要讨论与扩展制度理论的适用性，以回答制度层要素如何影响组织行为，进而影响组织应对内外部不利因素。制度理论构建本书的整体分析框架，为研究项目契约治理和关系治理机制作为正式与非正式制度如何影响组织行为，并最终作用于组织在危机下的表现提供分析框架。但现有文献在项目管理领域内的理论适用性讨论，以及跨组织临时性项目的利益相关者形成的临时制度环境影响讨论较少。

二、注意力理论

注意力理论（attention-based theory）在诸多领域内都有涉及，其起源于战略管理相关理论，现有相关文献覆盖领域包括科技战略、并购、公司成长、创业以及国际战略等。注意力理论是一种行为视角的战略理论，自20世纪90年代开始，其发展已经经过三十多年的时间，但其发展并不充分，尤其是在国内的应用与发展非常稀少。然而，注意力理论对跨层次的组织行为有着很强的解释力。在工程项目临时性组织中，对于分析治理如何影响行为的内在机理有着借鉴作用。

注意力理论主要回答的核心研究问题是企业如何开展行为，也是战略管理中的核心议题之一[79]。注意力理论辩证地将企业所面临的环境特征与管理者的主观能动性相结合，分析其组合作用，给予战略管理理论分析强大的解释力和预测力。Simon[80]首次将注意力理论引入到管理领域，并认为管理的本质是决策，而对于决策者来说如何有效地进行注意力配置是关键问题。信息的冗余以及信息处理能力的缺失导致注意力需要被合理有效地配置，才能辅助管理者解决问题。

注意力理论源自企业行为理论，在以注意力为基础的观点中，企业被视为注意力结构化分布的系统，决策者受他们所感知和发现的情境变化因素所驱动[81-83]。Ocasio[81]将注意力分配定义为企业决策者将自己的时间与精力用来关注、编码、解释和聚焦于议题（对于情境的理解）及答案（应对议题的解决方案）的全过程。而这里的议题指的是对于情境的理解的概念化集合，如问题、机会以及威胁等。答案是指可以替代的行为集合，包括提议、惯例、项目、规划、流程等。

Ocasio认为，企业作为注意力配置系统，其注意力通过流程和沟通的渠道、注意力结构等要素，把管理者个人的理解认知与组织的结构连接起来，解释了个人、组织与环境的互动机制，为战略管理的宏观理论提供了微观基础[83]。Ocasio将注意力模型概念化，并构建了理论模型，其中包括：①决策环境；②议题和答案；③程序和沟通渠道；④注意力结构；⑤决策者。注意力理论在理论结构模型的基础上描述了三项主要的基本原则：①管理者需要做出什么样的决策取决于他们的注意力配置，即他们关注什么样的议题和答案；②注意力对于议题和答案集合的关注，以及应当做出何种决策取决于他们所感受和理解的情境；③管理者如何感受和理解自身情境，取决于企业如何配置注意力，如通过在特定的活动、流程以及沟通方式上进行资源和社会关系的配置。

注意理论强调注意力的配置结构和认知过程，它描述了个体信息处理和宏观组织决策之间的内在作用机制。具体而言，注意力理论提出具有多个利益相关者的复杂组织在配置有限注意力时，注意力的焦点不太可能是一致的，而是分散在对信号的不同理解和认识之中。也就是说，如工程项目这样拥有多利益相关者的临时性组织，各利益相关者可能存在因注意力配置不同而对相同信号产生不同理解和反应的情况[84]。

随着注意力理论的不断发展，注意力的质量也引发学者的关注。Weick和Sutcliffe[85]将注意力理论与正念概念建立起联系，通过解释正念作为一种组织注意力的高质量状态，从组织学习的视角，解释了正念机理所产生的开放的和有意识的聚焦状态。这种对差异化的细节的充分认识和采取行动的能力在高可靠性组织（high-reliability organizations）中普遍存在[18]。因此，对于工程项目临时性组织，当面临内外部的不利因素时，组织中的注意力分配以及注意力的质量（即正念）存在相互关联性。注意力理论为本书在认知视角下的路径分析提供分析子框架，为项目契约治理与关系治理机制作为约束利益相关者认知要素的影响，以及在危机过程中的认知表现提供分析视角。现有文献中，对于注意力理论的相关研究较少，尤其缺乏在项目情境中的对于多方共同参与注意力配置的分析与讨论。

三、资源基础观

资源基础观（resource-based view）一般将组织看作资源的集合体[86]。组织通过协调与控制资源配置方式来获得收益和租金[87]。资源基础观主要有两条前提假设，一是同样产业中的组织可能拥有不同的资源，二是这些资源不能充分在组织之间进行调动和整合，所以组织间的资源差异可能会持续很长时间。资源基础观关注组织在拥有不同资源的情况下如何表现出差异化的绩效[88]。这一理论关注效率差异所导致的组织可能拥有的差异化的表现，如市场能力、战略行为等。

资源基础观的核心观点是组织所拥有的资源和能力可以转化为战略竞争优势[89]。因此，在市场中的竞争对手是通过彼此是否拥有相似的资源、产品以及替代品而决定的。在资源基础观的视角下，组织会依据理性的判断、稀缺的资源来支撑组织的决策，资源对于决策的影响可能并不能完全被决策者掌握，存在一定的因果模糊性（causal ambiguity）。

资源基础观中的资源是指组织所拥有的，任何可触及的（tangible）和不可触及的（intangible）的较为稀缺的且有价值的组织资产，包括但不限于企业资产、人力资源、组织过程资产、声誉、金融资本等。值得注意的是，现有的资源基础观将抽象化的"能力"（capability）视为企业的非资源，原因是能力本身存在概念边界不清晰，涵盖范围过于广泛，且不可以被直接观察到，而且难以衡量且随着主体的变化而变化的特点。因此，能力概念本身也不能作为资源看待。现有研究中，有学者将资源配置看作组织韧性的构成维度之一[90]，可以见得在资源基础观视角下，这种划分方法过于扩大组织韧性的边界，混淆了韧性概念与其他前因变量直接的相互作用，不利于剖析组织韧性的前因变量，难以讨论组织韧性的形成机理。

资源基础观在管理领域由来已久，而在项目管理领域也并不例外。Peteraf[91]的研究认为对于组织来说，资源的异质性对组织发展至关重要。但对项目临时性组织而言，资源不仅来自工程项目利益相关者的持续性竞争优势，同时也来自临时性竞争优势。随着资源基础观相关研究的逐渐深入[57]，通过资源获取（resource acquisition）、资源整合、资源重组以及资源重构等资源优化方式来利用资源成为支撑工程项目绩效的研究方向。

项目临时性组织在资源异质性上天然具有优势，跨组织的资源协调能力显著促进企业间的合作行为，提升共同应对风险的能力[92]。但工程项目利益相关者之间的价值取向不同[93]、制度逻辑不同[6]、公平感知不同[94]，也给组织之间的资源协调和利用措施带来阻力。不恰当的权责利分配机制，以及不融洽的组织间关系都容易削弱跨组织的天然资源优势，甚至给项目带来沉重的管理负担，甚至是项目终止或者失败[69]。因此，前人研究提倡关注组织如何变化、适应以及演化以应对迅速变化的外部环境和威胁项目绩效的内外部不利因素[95]。资源基础观为本书分析资源要素如何影响组织韧性提供路径分析指导。在资源视角下，现有研究主要是分析静态资源对于核心竞争优势的作用，而对于危机引发的内外部动态变化，以及资源需要的动态调整相关研究较少。

四、交易成本理论

项目治理理论涉及多个理论视角，除了上述解释项目治理作为制度安排机制的制度理论之外，交易成本理论、代理理论、利益相关者理论以及管家理论都可以对治理的相关或者其中部分机制加以解释。但由于本书聚焦于项目治理机制如何平衡工程项目利益相关者的权责利关系，因此关注契约与关系的交易成本理论是本书探讨的重点之一，并将在必要处辅以其他相关理论解释。

交易成本理论（transaction cost theory）关注工程项目中的管理成本相关问题。交易成本指的是经济学角度的摩擦，在这里被视为类似于物理领域中的摩擦概念，这一概念源于市场中买卖双方关系的复杂性和它们之间契约的不完全性属性。交易成本理论与代理理论有一些共同点，它们都起源于经济学，目的是避免机会主义行为或偏离提前商定的条件。然而，交易成本理论的视角与代理理论的视角不同。虽然后者对委托代理问题采取了一种二元观点，但交易成本理论从谈判和可能重新谈判合同的总成本的角度切入问题，同时交易成本理论也关注契约的控制与实施。

根据Williamson[96]的观点，交易成本理论的核心是要回答企业是自己生产还是购买产品。因此，交易成本理论的核心分析单元是交易本身，如果选择了自己做某一件商品而不是购买这件商品，那么往往可以更好地控制这件商品本身的使用目的（fit for purpose）或者减少由不匹配导致的成本。然而这种行为可能存在更高的管理成本。因为规模化生产和价格竞争的因素，买这件商品可能更便宜，这一点可能需要企业进行权衡。

基于交易成本理论的基本分析原则，交易成本具有三个维度，分别是：①资产专用程度；②不确定性；③交易的频率。其中，资产专用程度指的是在一项交易中的某一特定对象（如项目的可交付结果）在只被用于这一交易（或项目）后被锁定，且很难再用作其他用途的资产，若改作他用则价值会降低，甚至可能变成毫无价值的资产。这是交易成本中最为核心的概念。不确定性描述的是在缺乏信息沟通或者存在错误信号时，交易主体行为的不确定性以及措施实施中存在的风险。交易的频率指的是不需要专门的治理结构的交易重复的过程，而特定的交易需要特定的治理结构。资产专用程度和不确定性越高，交易的频率越低，交易的成本就越高。相应地，如果资产专用性越高，不确定性越高，以及合同不完备性越高，则企业越容易选择自己做，而不是购买[97]。

因此依据交易成本理论，组织的目的是通过调整治理结构来减少交易成本，如开口合同与闭口合同的治理结构在本质上是有差异的[98]。项目领域的交易成本主要围绕约束利益相关者的治理机制展开。de Schepper等[99]针对工程项目的交易成本指出，由于合同前期的交易成本比传统的政府购买项目成本要高，因此社会资本可能不愿意参与到PPP项目中。在政府参与的工程项目中，前期准备工作阶段的透明度、工作效率对社会资本参与的交易成本有重要影响，交底的交易成本，也可以让竞标者迅速且容易地判断自己的成功概率，增强社会资本参与的意愿。工程项目临时性组织中，对于交易成本的分析需要进一步结合项目的动态性、复杂性特征以判断治理机制设置的合理性。交易成本理论为本书分析项目治理作为制度机制影响组织韧性的过程和路径提供指导，辅助上述三种理论针对项目治理对组织韧性的影响过程展开深入探索。

第四节　破解工程项目治理与组织韧性关系的研究思路

一、研究对象与拟解决的关键问题

本书将工程项目作为具体研究情境，并将围绕项目目标形成的项目临时性组织作为研究目标，探讨工程项目治理对组织韧性的影响关系。通过对这一核心研究问题的系统分析与深入探索，拟解决以下三个关键研究问题。

第一，结合工程项目的具体实践情境，剖析项目治理对于组织韧性的内在影响机理，揭示联结项目治理与组织韧性之间的资源要素和认知要素以及要素之间的作用关系。

第二，基于资源与认知相关理论视角，构建项目治理与组织韧性的关系概念模型，并提出概念间的关系假设。

第三，通过实证统计分析，验证关系概念模型中的理论假设，探索路径的实证普适性，讨论相关实证结论的理论解释和贡献。

二、主要研究内容

为全面系统回答上述三个关键研究问题，深入理解工程项目治理机制对组织韧性的影响研究，本书采用了理论（第二章）—实证（第三章）—理论（第四章）—实证（第五章）的研究逻辑，一共设计了六章的研究内容。

第一章为绪论。首先主要从现实和理论两个层面系统剖析研究问题的研究背景与理论和现实意义。其次，采用文献计量法通过分步分析工程项目、组织韧性、项目治理的国内外相关研究成果、主题词共现规律以及文献发展趋势，对相关理论发展进行宏观与微观相结合的回顾和总结，在此基础上，提出本书拟解决的关键研究问题、主要研究内容、具体研究方法以及关键技术路线。

第二章为研究视角与研究框架。在第一章文献计量分析、综述相关具体理论与确定研究内容的基础之上，依次系统综述项目组织韧性、项目治理以及项目治理理论与组织韧性的关联要素研究。系统剖析本书的相关核心构念的内涵、测量、前因及后置影响因素。在综述上述相关理论的基础上，通过基础理论视角，构建本书的理论研究框架，为后续研究夯实理论基础。

第三章为工程项目治理对组织韧性的影响机理的案例探索研究。采用归纳逻辑，在上述章节的相关理论分析基础之上，探索理论框架中的内在作用机理。通过多案例比较分析，剖析典型案例项目中的关键影响事件，并结合项目情境特征，探索案例临时性项目组织的治理机制、资源重构、团队正念以及组织韧性之间的具体表现，分析"项目治理-关联要素-组织韧性"的内在关联机理。

第四章为项目治理与组织韧性的理论模型构建研究。采用演绎逻辑，基于案例研究的结果，从交易成本理论、注意力理论以及资源基础观视角，结合现有相关文献基础，提出契约治理、关系治理、资源重构、团队正念、组织韧性概念间的关系假设，构建项目治理对组织韧性的关系假设模型。

第五章为工程项目治理对组织韧性影响的验证性研究。基于第四章构建的项目治理对组织韧性的关系假设模型，采用结构模型实证统计研究方法，并以大样本统计数据验证假设关系，将结果的理论意义与现有文献进行对比与分析，检验项目治理对组织韧性的影响作用机理，为项目治理的机制安排提供理论依据。

第六章为研究结论与展望。对研究的发现与结论进行逐步、全面、系统的分析与总结，进而形成本书的理论贡献与核心创新点，同时对本书的局限性进行阐述，并提出对于未来可能研究的展望。

三、研究方法与技术路线

为系统回答关键研究问题，本书采用了定性与定量相结合的研究方法，并形成了以下的具体实施方案和技术路线（图1.14）。

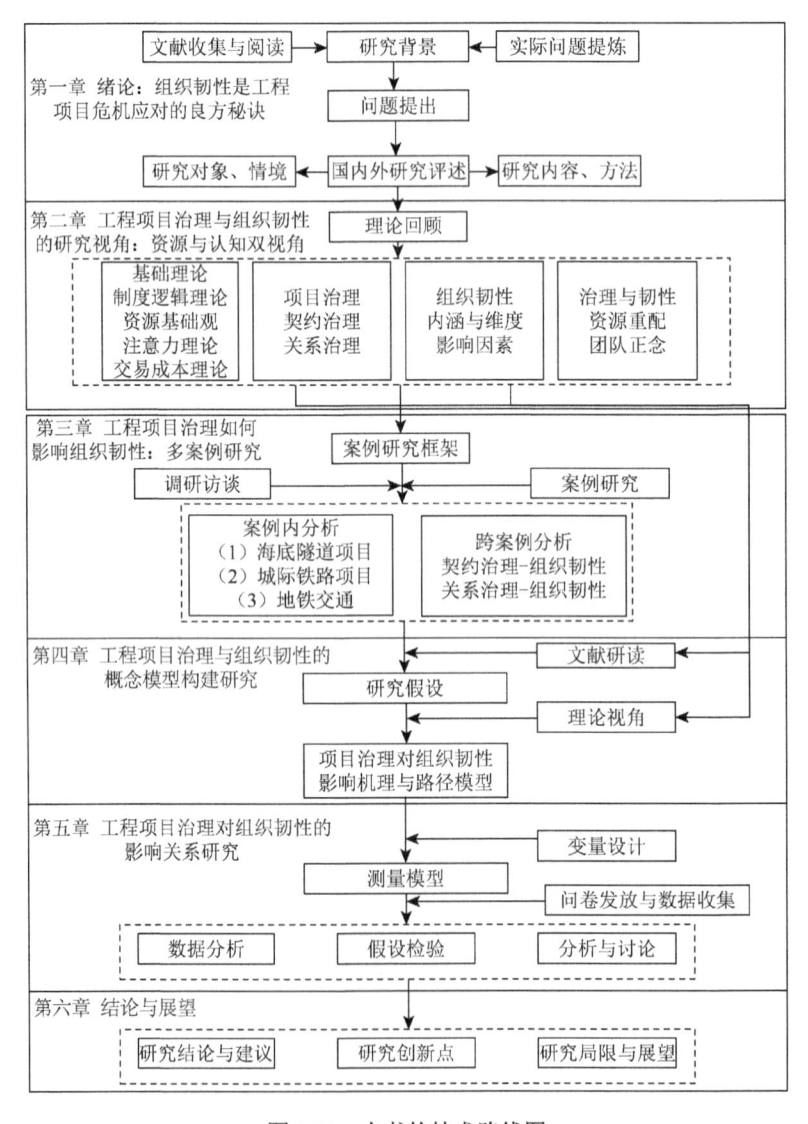

图 1.14 本书的技术路线图

(1) 采用文献计量法中的共词图谱分析与文献综述法。首先，本书筛选 WoS 和中国知网数据库，对工程项目、组织韧性与项目治理领域内的相关文献进行共词图谱分析，在宏观上梳理各自领域的文献分布趋势、研究脉络演进和近年研究热点。并进一步结合相关具体文献，对梳理结果进行解读，形成文献评述，最终提出关键研究问题，明确研究内容，同时设计出研究逻辑、研究方案和技术路线，并指导本书研究的具体开展和整体框架。

(2) 多案例对比研究方法。基于现有理论基础，选取典型工程项目，开展项目调研访谈和数据收集，围绕项目治理、资源重构、团队正念和组织韧性等相关分析要素，对项目中的关键事件以及相关概念表征进行数据整理、对比与分析，以期揭示每个典型项目中"项目治理–关联要素–组织韧性"的内在机制。并在识别项目中的概念间关系、情境特征属性以及作用机制的基础之上，进行跨案例对比分析，识别并概括出作用于要素之间的概念化机制。

(3) 系统综述研究方法。面向项目治理、资源重构、团队正念与组织韧性的概念间影响关系，按照系统综述的基本范式，基于相关理论基础与案例研究结论，系统搜索文献数据、选择与筛选文章、确定文章质量、系统梳理概念间关系、分析与对比文献结果并最终形成概念间的关系假设，结合理论视角构建项目治理、资源重构、团队正念的假设模型

(4) 实证统计分析方法。本书主要采用了实证检验的基本方法，如探索性因子分析、验证性因子分析、相关分析、结构方程模型以及模型检验等定量研究方法，对组织韧性概念进行量表适用性检验，并实证验证"项目治理–关联要素–组织韧性"的概念模型，验证关系概念模型的实践适用性以及理论普适性，形成客观有效的数据结论。

第二章 工程项目治理与组织韧性的研究视角：资源与认知双视角

第一节 组织韧性理论

一、危机：组织韧性的核心议题

组织韧性研究中的核心议题是组织如何在面临内外部不利因素时，能够预测危机、应对危机以及从危机中恢复。因此，对于危机（crisis，或者不利因素，adversity，将在本书中交替使用[1]）的认识是理解组织韧性的前提。任何组织都时刻面临着各种各样的不可避免的不利因素[100]，如经济衰退、气候变化、自然灾害、工业事故、产品召回、信息技术违约以及信息安全事件等。这些不利因素给组织带来不同程度的负面影响，从而迫使组织在面对不利因素时需要有准备、能应对这些不同强度、不同形式的不利因素，实现在危机面前仍能维护自身重要功能，迅速恢复，以及有效控制事态恶化，防止组织失控的现象发生[101]。因此，提升组织韧性首先需要对危机的本质进行分析和了解。现有管理学领域研究对于危机概念缺乏统一的定义和认识[102]。但总体上现有研究主要从事件和过程两个维度定义组织面临的危机。危机的两种理论视角如表 2.1 所示。

表 2.1 危机的两种理论视角

关键概念	事件视角的危机	过程视角的危机
定义	一种低概率、不可预见、对组织有着显著影响（负面）的事件[103]，其对组织生存可能存在着不可估计的威胁	一种在时间和空间维度扩展的过程，其中触发事件是长期孵化与积累的结果，并分阶段发展[104]
特征	事件、事故作为分析单元[103]	危机发展过程涵盖警戒信号（warning signals）、突发期（acute stage）、扩张（amplification）[105]。突发期是独立事件（如自然灾害）或者组织功能障碍（dysfunction）积累的结果
	独立于周围情境[103]	触发事件可追溯，是问题不断发酵的结果[104]
	具备独特的起源，且可作为危机分类的依据[106]	多种因素（组织层、制度层等）组合作用的结果[105]
	具有不确定性、不可预见性，非结构化、非计划性[107]	

第二章 工程项目治理与组织韧性的研究视角：资源与认知双视角

第一种研究视角是将危机看作一种事件（event），此视角下针对危机的定义最早源自 Hermann[108]的三维度定义：①危机威胁组织中优先级高的价值；②危机要求组织在限定时间内对其进行响应；③危机具有一定的未料性，或不可预见性。在众多危机的定义中，最常被引用的定义为 Pearson 和 Mitroff 在 1993 年提出的"危机是一种由关键利益相关者感知到的威胁组织生存的低发生概率、高影响程度的情况"[109]。前人研究在此定义的基础之上为危机概念增加了三个重要的特征维度：稀缺性、重要性以及对利益相关者的影响程度[110]。在危机被看作事件的视角下，学者更加关注危机的分类，如何明确地识别危机以及如何有效地应对危机成为研究关注的重点。在此视角下，危机作为一种事件，其对于组织来说不可能被完全计划在内，因为危机爆发的概率和潜在危险是不可知的（inconceivable）、不可规划的（unscheduled）以及不可预期的（unexpected）[111]。事件视角下的危机研究重点关注组织如何响应鲜见及特殊事件，而常忽略危机产生的内在过程机理[104]。近年来有学者建议将危机的研究视角扩展到过程视角[112]，并从过程视角出发，系统探究产生危机的内在实现路径，为优化危机管理提供理论分析基础。

另一种研究视角则是将危机看作一个过程（process）。与事件视角不同，过程视角的危机研究更加关注危机带来的后续影响，还包括形成危机的环境因素、危机演化以及组织衰退、组织响应等不同危机阶段的具体发展过程。过程视角的危机研究更重视以下两方面：①危机发展的时间跨度与发展过程，包括战略偏离（strategic drift）、孵化（incubation）、触发事件（triggering event）以及解决方式（resolution）等；②危机状态从正常状态中偏离的过程，即脱离原先状态，并在参与者行为的促进下，进入新状态的过程。过程视角的危机研究普遍强调事前、事中以及事后的危机管理，尤其关注由未加关注的微小事件逐步发展，最终可能给组织带来重大威胁的危机[105]。因此，过程视角的危机，不仅仅关注危机作为一种鲜见的突发性事件，而是将其外延拓展，关注逐渐增长的压力所带来的积累性影响[68]。

组织危机的起因不仅仅来自灾害、丑闻、破坏以及灾难[21]，同时还可能来自挑战性风险、压力以及扰乱常规的行为[113]。现有研究对于危机的研究已从关注鲜见、新兴事件，逐步转向关注组织日常运营中要面临的以多种形式存在的不利因素，以及组织所要面对的不同阶段的危机过程。其中，学者尤其关注危机中的触发事件识别，即组织中发生的事件如何通过发展、累积、增长升级为触发事件，这些事件包括系统异常、组织衰退、组织缺陷以及组织经常面对却易被忽视的各种挑战等[114]。在过程视角的危机研究中，危机可以被看作系统逐渐承受压力与张力的过程，即组织从功能正常［利用通常的方法来解决常见问题，保持系统不降级（degradation）］到有序的功能缩减（系统在适应新环境的过程中,通过系统降级来应对突发的威胁),再从无序的功能缩减(系统通过开发补偿缓冲机制来应对干扰),最后到功能混乱(利用新的、非常规资源来维护组织运营)[68]的过程。因此,Cunha 等[115]提出积累性压力的概念,以解释组织面对的逐步演化的危机发展过程,并将其定义为"逐步积累的压力,将一个群体所持有的资源压缩至受损的情况"。因此,综合上述两种视角,本书将危机(或不利因素)定义为"一种可能或者已经威胁到组织命运及发展的过程性事件"。

二、组织韧性的本质

(一)组织韧性定义的源起

韧性是描述物质在经受住外界的影响之后,能够反弹恢复原状的能力,其表征的是面对压力时的灵活性。作为从自然科学领域引入的词汇,韧性最早出现在工程学和物理学相关领域。从词根上说,其英文"resilience"最早源自拉丁文中的动词词根 *salire*,表示爬升和跳跃。之后随着词形的变化以及意义的延展,又变成 resilire,表示跳回和弹回,之后又演变成英文的 resilience 一词,表示韧性,Merriam-Webster 字典将其定义为"the capability of a strained body to recover its size and shape after deformation caused especially by compressive stress."其英文一般解释涵盖了形变(deformation)、恢复(recover)、压力(stress)三个关键词。而与英文不同的是,中文使用时对"resilience"一词的引进和翻译并不仅限于"韧性"一种译法,而同时存在抗逆力、弹复(性)、复原力等多种翻译[56]。综合考虑词性因素(过程、特性以及能力三种视角并存)、认同程度以及组织学特点,本书选择韧性作为"resilience"的对应中文翻译。

(二)组织韧性的概念内涵

韧性在管理学视角下涵盖三个研究层次,包括个人层次(如个人韧性)、中观层面(团队韧性、组织韧性)以及宏观层次(社区韧性、网络韧性)。本书主要以工程项目临时性组织为分析单元,因此组织韧性为本书主要分析对象。韧性用于解释组织在面临不利因素时,能够快速响应、恢复以及发展出更非同寻常的经营方式的内在特征[116],因此称为组织韧性。组织韧性是一种组织的理想特征,通常只有在面临不利因素时才得以展现,因此韧性的测量也离不开观察组织对于危机事件的应对状态。

组织韧性的定义较为丰富,多个细分管理学领域的学者给出过不同的定义。

其中，部分定义对组织韧性理论产生了深远的影响，Staw 等[117]在 1981 年给出了"硬度"（rigidity）的定义（"关联韧性概念的雏形"）：在受威胁的情况下，作为一种倾向于习得的或支配性的反应，可能导致不适应的结果。这一概念开创了"威胁-顽固理论"（threat-rigidity theory），这一理论强调外部威胁对内部的信息处理和控制能力产生了障碍，组织也因此陷入了不能应对危机的处境。之后 Meyer[101]在 1982 年，在医疗科学情境下，定义组织韧性为组织应对危机时，能够吸收外部环境震动并恢复到先前秩序的能力（p.520）。这一定义提出了韧性作为能力概念的视角。但首次出现回弹概念释义的是 Wildavsky[118]在 1988 年给出的定义"组织能够应对发生的未料危险，并学会恢复（回弹）到初始状态的能力"（p.77）。此后，适应性、回弹频繁出现在组织韧性内涵中，如 Lengnick-Hall 和 Beck[119]在 2005 年将组织韧性定义为一种"混合了认知、行为和情境要素的，能够提升组织理解并适应当前处境的过程"（p.750），这一定义强调了认知与行为两个层面对组织韧性的影响。随后，Lengnick-Hall 等[120]又一次更新了定义，将组织韧性定义为"一种当组织面临威胁，组织能够针对特定情境，采取应对措施并最终转化危机从中受益的能力"。这一定义被沿用数年，并形成了一定的影响力。

然而组织韧性的定义发展并没有仅仅局限于一般的企业组织，Comfort 等[121]针对更广泛的组织形式给出了组织韧性的定义："一种社会系统（组织、城市、社会等）能够主动地适应，并从其感知到的没有预料到的、非正常干扰中恢复的能力"。这一定义不仅将韧性的解释范围扩大到更大的社会系统层次，而且强调了主动适应的内涵维度。工程项目作为一种临时性项目组织，可以看作临时的网络组织，也可以看作一种社会系统。因此，对于工程项目而言，其临时性的组织属性也符合组织韧性描述的概念内涵范围。

组织韧性的定义主要存在三种不同的视角，分别为能力视角、过程视角以及特质视角（表 2.2）。经过系统梳理管理学以及交叉学科中的组织韧性相关概念，可以看出，能力视角的定义较多，特质视角和过程视角的定义较少。其中，特质视角更多用来描述个体的韧性表现。Kossek 和 Perrigino[122]认为组织韧性的内涵定义包含能力、过程和特质三重概念。组织韧性是一个发展视角的概念，即同时包含结果和过程的双重视角[123]。

表 2.2　组织韧性的部分代表性定义

定义视角	作者	组织韧性定义
能力	Wildavsky[118]	组织韧性被定义为"组织能够应对发生的未料危险，并学会恢复（回弹）到初始状态的能力"（p.77）
结果	Sitkin 和 Pablo[126]	组织韧性被定义为组织学习的结果

续表

定义视角	作者	组织韧性定义
能力	Weick 和 Roberts[127]	组织韧性由四个来源组成：即兴创作和拼凑、虚拟角色系统、智慧态度和相互尊重的互动
能力	Weick 等[18]	组织韧性的定义是"在未预料到的危险变得明显之后，学会反弹的能力"
能力	Weick 和 Sutcliffe[128]	韧性被定义为"反弹"的能力（p.14）
能力	Luthans 和 Church[124]	组织韧性是指从逆境、不确定性、冲突、失败，甚至是积极的变化、进步和责任感增强中恢复的积极的心理能力
能力	Hamel 和 Välikangas[5]	组织韧性是指组织在环境变化时动态地重新投资其商业模式和战略的能力。这包括不断地预测和适应威胁到组织核心的变化，并在其变得极其明显之前做出改变
能力	Coutu[129]	组织韧性被定义为"组织在巨大压力下保持强健的技能和能力"
特质	Ong 等[130]	韧性被定义为一种相对稳定的特质，其特点是能够克服日常的挑战、走出逆境，并从日常的逆境和挑战中恢复过来（p.731）
能力	Luthans 等[131]	组织韧性是指在面对逆境时，从挫折或失败中恢复或"反弹"的能力
能力	Christopher 和 Peck[125]	组织韧性被定义为"一个系统在受到干扰后恢复其原始状态或进入一个新的、更持久的状态的能力"（p.2）
能力	Sheffi[132]	组织被定义为衡量一个公司的能力，即它能够以何种速度，在高影响/低概率破坏中恢复运营
能力	Ponomarov 和 Holcomb[133]	组织韧性是指"供应链对突发事件的适应能力，通过在期望的连接性和对结构与功能的控制水平上保持运作的连续完整性，对突发事件作出及时反应，并从中恢复过来"（p.131）
能力	Pettit 等[134]	组织韧性是指"企业面对动荡变化时生存、适应和成长的能力"（p.1）
过程	Powley[135]	组织韧性被定义为一个适应性过程；强调"弹性激活"的概念，提到"当组织面对威胁、挑战或意外紧急情况时，弹性出现或激活的机制"（p.1292）
能力	Klibi 等[136]	组织韧性是指"供应链网络避免中断或从故障中快速恢复的能力"（p.287）
能力	Ambulkar 等[17]	组织韧性定义为企业对供应链干扰带来的变化保持警觉、适应和快速反应的能力
混合	Williams 等[1]	组织韧性定义为：一个行为主体（即个人、组织或社区）能够利用其能力禀赋与环境互动，在逆境之前、之中和之后积极地调整和保持自身功能（p.742）

组织韧性的定义存在分歧，呈现因情境因素而异的特征，但在概念发展过程中内涵也愈加清晰。从组织韧性的概念内涵演化（如表 2.2 所示，仅展示具有代表性的韧性概念）中可以看出，从一开始（Wildavsky[118]）内涵包括恢复到初始状态的简单定义，到将未料危机的外延扩展到积极的变化（Luthans 和 Church[124]），再到恢复程度拓展到更高状态（Christopher 和 Peck[125]），最后到通过混合与精炼现有概念形成的综合定义（Williams 等[1]）。Williams 等[1]的定义明确了禀赋

（endowments）属于组织韧性中的过程要素，但独立于组织韧性的结果。禀赋包含资源禀赋、认知禀赋、行为禀赋以及情感禀赋，这些组织禀赋是从分类的视角描述构成组织韧性的组织要素，为后续相关研究发展提供了分析基础。

组织韧性的概念内涵中对于"不利因素的严重程度"（severity of the adversity），也存在争论。Comfort 等[121]质疑以狭义的危机概念为韧性应对的目标，是否能够体现韧性内涵，提出组织韧性到底是应该解决常见的不利因素，还是应该应对重大而罕见的危机的思考。因此，也有学者认为韧性应该同时针对"更普遍出现的日常问题"，以及在逆境发生时控制并减轻其后果。这一结论也同危机理论发展的趋势一致，即组织韧性应该覆盖所有影响组织的不利因素，既包括严重而罕见的重大危机，又包括日常不断积累的不利因素。

本书在系统分析了现有组织韧性的概念内涵的基础之上，参照 Ambulkar 等[17]和 Williams 等[1]的定义，采用混合视角（过程+能力），将组织韧性定义为：一个行为主体（即个人、组织或社区）能够利用其能力禀赋与环境互动，并在面对逆境带来的变化时，保持警觉、适应、快速反应并恢复过来的能力。此定义并非将资源、认知、情感、行为能力都纳入韧性的概念内涵，而是明确组织韧性实现的基础条件。此外，能力视角本身通常需要通过结果视角进行测量，这一点将在第五章的量表测量一节进行讨论。

三、组织韧性的构成

通过上一节对组织韧性的内涵梳理与讨论可以看出，对组织韧性的内涵维度也存在差异化的理解。前人研究提出不同的维度划分方式，且尚未达成统一。Perrow[137]提到组织韧性所面临的问题源自系统的交互复杂性（由大量的部件、过程或操作员引起，导致个体、较小故障的意外交互的内在风险）以及耦合紧密性（快速发生的系统过程，不能相互关闭或隔离，这意味着扰动可以迅速且无可挽回地扩散而不被任何缓冲器所阻止）。组织韧性的构成维度需要建立在克服交互复杂性与耦合紧密性的基础之上。

早期的维度划分边界较为模糊，在 Weick 和 Roberts[127]的研究中，组织韧性被划分为四个行为层的构成来源：①即兴创作和拼凑；②虚拟角色系统；③智慧态度；④相互尊重的互动。这一构成描述难以从四个维度中识别组织韧性的本质。Contu[129]随后在个人层面提出组织韧性的维度应该包括三个方面：①对现实的接受；②习惯于理解不利情境；③随机应变的能力。在组织韧性的维度发展的过程中，也曾出现边界上的模糊问题，例如在组织层面上，Sutcliffe 和 Vogus[116]讨论了组织韧性的维度构成，也提出其维度构成与使能条件（enabling conditions）之间的重叠：①更广泛的信息处理；②宽松地控制；③利用富余资源。之后的组织韧性维度划分转向原则导向（principal-oriented）的方式，Hamel 和 Välikangas[5]从战略视角强调了构成组织韧性所需面对的四条基本原则：①战胜逆境；②珍视差异；③活跃资源；④拥抱悖论。可以看出，组织韧性的概念维度在较长一段时期没有形成统一的维度划分，且多种研究发现之间维度重叠很小，难以进行总结与分析。

组织韧性的维度划分随着供应链领域的研究需求发展而产生新的结论。学者开始从功能特征的视角识别组织韧性的维度，其中 Christopher 和 Peck[125]提出组织韧性的概念维度应包括：①差异化（diversification）；②冗余（redundancy）；③优化合作（improved collaboration）；④敏捷（agility）。相应地，Kleindorfer 和 Saad[138]提出可移动性（mobility）与柔性（flexibility）的概念，深化了组织韧性在应对互动复杂性和关联复杂性方面的构成内涵。

而随着过程视角与能力视角的组织韧性概念不断发展演化，过程能力混合的维度划分方式开始出现于主流文献结论中。Ponomarov 和 Holcomb[133]在组织韧性的基础之上，识别了三个与能力视角混合的过程维度：①事件准备度（event readiness）；②高效回应（efficient response）；③恢复能力（recovery）。这一混合维度视角与 Ambulkar 等[17]和 Williams 等[1]的研究成果相一致，分别构成了事前预备能力、事中反应能力，以及事后恢复能力。然而，如同危机本身的过程视角，危机本身作为一种发展的过程构念，其发展的本身即可能覆盖韧性表现的全过程。因此，对于组织韧性而言，事前预备能力、事中反应能力以及事后恢复能力也是完整统一、相互覆盖的，而这一划分方式也同 Bhamra 等[139]的综述结论相吻合。

因此，从过程视角来看，如果将危机或不利因素看作一个逐渐发展的过程性事件[1]，则在韧性本身的维度中，事前预备能力、事中反应能力以及事后恢复能力这三维要素也应该是具有高度相关性的连续统一体，具有相互促进的过程性能力特征。

四、组织韧性的影响因素

现有对于组织韧性的影响因素的研究主要分为三个视角，分别是资源视角（如组织资源、组织学习等）、心理认知视角（如组织承诺、团队正念等）、治理视角（如社会资本、社会网络、治理机制等）。各理论视角反映了组织韧性的跨学科特征，各学科之间存在研究内容交叉，但相关研究发展态势相对独立，并不均衡。

在资源视角下，资源被认为是组织生存的关键要素。较高的组织韧性是资源协调利用、拓展优化的结果。Ambulkar 等[17]认为资源重构能力在供应链扰动导向

（supply chain disruption orientation）和组织韧性之间发挥调节作用。人力资源对于组织韧性形成也尤为重要，Lengnick-Hall 等[120]提倡通过战略性地管理人力资源，提升核心员工的创造能力，不断提升组织的应变能力。研究发现当这些人力资源要素在组织层面上进行整合时，能够使组织在遭受严重冲击时，以迅速应变的方式做出恰当的反应。通过对现有文献的梳理和分析可以发现，在资源视角下存在两种主要研究方向，一方面关注资源的充足性作为组织韧性的前置影响因素[140]，如金融资产以及现金流等，另一方面关注资源协调的手段作为组织韧性的前置影响因素，如资源拼凑和资源重构等对组织韧性有着显著影响，但在工程项目临时组织视角下，资源协调能力如何影响组织韧性的内在机理仍旧是研究空白。

在心理认知视角下，心理认知层面与组织韧性相关的研究最早起源于心理学领域。认知视角的组织韧性研究起源于 Weick[141]早期对于高可靠性组织的释义视角分析。Weick 和 Roberts[127]认为，组织中成员的集体专注程度对组织应对内外部风险和不确定性的能力有着重要影响。对于高可靠性组织而言，集体正念是实现抵御不利因素的重要途径[18]。在项目管理情境下，正念架构（mindfulness infrastructure）对组织韧性有影响，Oeij 等[50]指出，正念架构与组织韧性创新行为存在相关性，组织韧性创新行为在注意力基础设施与项目成果之间的关系中起到中介作用。因此，创新管理项目团队可以从高可靠性组织中的韧性绩效提升中引入正念架构以改善组织在不利因素情况下的绩效表现。

制度视角[50]下主要存在两种研究方向，第一种研究方向是将社会网络看作组织韧性的前置影响因素。Aldrich[11]在社会资本理论视角下讨论了社会资本对韧性的影响机理，其研究指出社会资本对于社会在遭受灾难打击后能够恢复、重建，甚至有时能够改善的程度和速度具有很大的影响。虽然社会资本有助于群体克服集体行动的问题，但并不能保证这样做就会让社群生产可供该群体以外的人使用的公共产品。Aldrich 和 Meyer[142]的研究中探索了社会资本对组织韧性的影响机理，并强调了网络关系的重要性。通过寻求在成员内部和成员之间建立联系，这种准备工作将为社区在未来危机中提供关键的恢复能力。同时，针对中小型企业的研究发现[143]，缺少外部关系联结也会抑制潜在的组织韧性能力，进而影响整个供应链环境的组织韧性表现。第二种研究方向关注治理机制对组织韧性的影响。在这一视角下，治理机制被看作影响社会规范、行业惯例的手段，进而影响组织中集体的行为[144]。在这类社会系统之中，自组织（self-organizing）能力提升了系统的抗脆性（anti-fragile）[4]。综上两种视角，组织韧性可以看作构建在社会系统的制度环境之上[11]，这种社会系统通过成员之间的互动构建互信、声誉、互惠机制而产生组织韧性的基础。然而，现有研究对于制度视角的研究尚不深入，例如治理机制如何构建韧性系统的路径仍旧不明确，多利益相关者之间依靠何种协调与制约机制也存在理论空缺。

通过对组织韧性的影响因素进行系统梳理和对比可以发现，多个理论视角之间虽然都有理论发展以及文献演进脉络，但视角之间尚无理论对话，对于资源、认知和制度视角对组织韧性的内在运作关系也没有得到回答。尤其缺乏从制度层次分析制度设计以及治理手段对组织韧性的影响研究，且缺少对由利益相关者构成的临时性组织如何提升危机应对能力的深入研究。组织韧性的相关研究主要集中在一般管理领域，在项目管理领域缺少组织视角下的韧性研究以及提升机理的分析，尤其是缺乏针对项目治理机制（包括契约治理以及关系治理）等治理手段如何构建和优化组织韧性及其内在作用机制的研究。而工程项目临时性组织中，各方联合应对组织危机的行为和韧性表现也有待进一步探索，其相关影响因素的概念研究也存在理论空白。

第二节 项目治理的内涵与分类

从第一章中文献计量结果可以看出，项目治理在国内外的发展趋势逐渐深入，项目治理的相关理论较为丰富，本节将依次对项目治理的本质、构成、原则、机制以及契约治理机制和关系治理机制的概念间关系进行阐述。

一、项目治理的本质

项目治理是治理的一种，经济合作与发展组织（Organization for Economic Co-operation and Development，OECD）[145]2001年的定义指出治理即是关系，此定义强调治理在明确组织内部或外部的各种利益相关者之间的关系、组织中不同参与者或其他合法利益相关者（包括外部审计师、监管者）的权利、责任和关系方面的作用。这一定义明确了治理的基本作用机理，并被应用于项目管理领域。

项目治理的本质是在项目的情境之中构建治理关系，也即建立和维护项目利益相关者之间的规制关系，丁荣贵等[67]提出将项目视为"满足其各利益相关者特定需求而构建的社会网络平台"。这一项目特征的阐述方式假设项目存在多个利益相关者，且他们之间存在互动关系，并因此形成一个项目临时性组织。项目治理机制，在项目临时性组织的视角下，成为项目内部的制度安排。

项目治理存在多种定义方式，丁荣贵等[67]对项目治理的定义进行过系统梳理，但时至今日项目管理的定义也没有得到准确的规范，仍处于"丛林"状态。首先，狭义的项目治理指的是针对一个项目的治理：它通常由指导委员会来指导和控制项目经理。指导委员会通常任命项目经理，确定项目的范围、手段（如方法）和目的（如目标），并提供实现目标的资源[16]。其次，项目治理还可以指的是针对多个项目的治理，如项目治理还可以指的是公司治理中针对项目工作开展的治理。例如，英国项目管理协会将项目治理定义为："项目治理涉及与项目活动具体相关的公司治理领域。项目的有效治理确保组织的项目组合与组织的目标相一致，项目高效地交付，并且是可持续的。"[146]再者，项目治理的内涵可能指的是对项目利益相关者关系的治理，这也是基于OECD治理定义并受到广泛认可的定义：在这种情况下，项目被视为一个由规则和组织安排的结构所治理的内外部条约的联结。交易是在一个三级体系中管理的，在这个体系中有一个制度环境层、一个治理层和一个行为层[147]。国内学者严玲等从制度与交易视角分析，将项目治理定义为一种制度框架，体现了项目参与各方和其他利益相关者之间权、责、利关系的制度安排，在此框架下完成一个完整的项目[63]。

Ahola等[60]的综述性文章指出，项目治理主要可分为两种（图2.1），一种是作为任何特定项目外部的项目治理，即一个基于项目的组织同时开展多个项目；另一种是指作为特定项目内部的项目治理，即多个基于项目的组织共同开展一个项目。项目治理多视角的定义之间存在分歧，但也有学者认为两种视角并不完全矛盾。两种看似不同的定义方式，其实存在着共同之处，Ralf Müller在2017年国际项目管理研究联盟会议（International Research Network on Organizing by Projects）中就两种视角的关系进行了阐释（图2.2），即对于任何一种大型项目而言，随着项目中的利益相关者数量逐渐增加，对于某一基于项目的组织可以是多个治理项目中的一个（项目组合管理）；而对于这个项目而言，则可能存在多个利益相关者（某一特定项目）。因此，更加广义的项目治理的目标最终指向项目绩效，既包含项目中的利益相关者关系，也包括多个项目的资源协调机制。

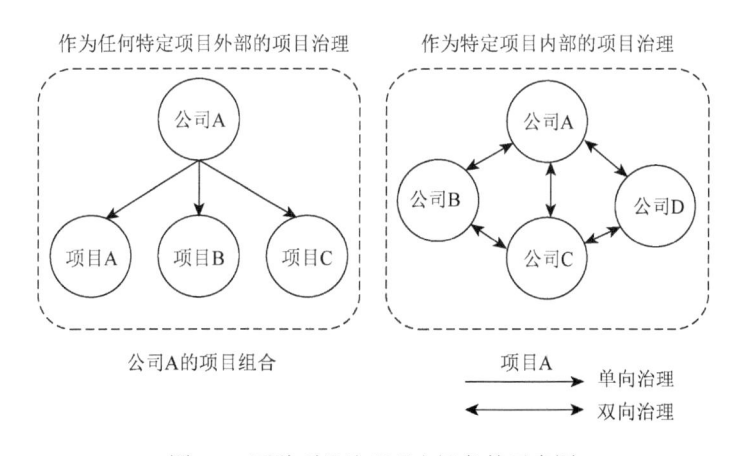

图2.1 两种项目治理研究视角的示意图

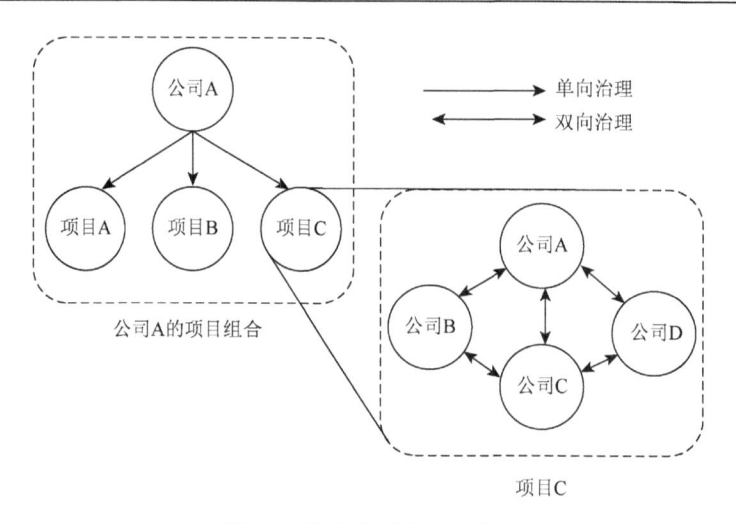

图 2.2　整合的项目治理视角

工程项目治理与项目管理之间存在概念差异。工程项目治理与项目管理的区别在于工程项目管理追求的是生产成本的最小化，属于战术层面的手段。而工程项目治理则关心利益相关者之间的关系，追求交易成本的最小化或者代理成本的最小化，属于战略层面的设计。因此，应用于解释工程项目管理和工程项目治理的理论存在层次差异，用于解释工程项目治理的理论多聚焦于制度层和跨层关系，如委托代理理论[120]、交易成本理论[96]、管家理论[148]、利益相关者理论[149]以及制度理论[6]。在工程项目治理中，在交易成本视角下，确定项目和外部利益相关者的角色和责任，应重点放在交易行为方面（包括承包商和供应商）[150]。对工程项目作为临时性项目组织而言，项目治理机制是其临时组织内部的正式与非正式制度的体现。

综上，本书从制度理论视角和交易成本理论视角，结合严玲等和 Winch[147] 给出的概念内涵，将项目治理定义为一种制度框架，对于项目利益相关者关系之间的治理，体现了项目参与各方和其他利益相关者之间权、责、利关系的制度安排，并在此框架下完成一个完整的项目交易。

二、项目治理的构成、原则与机制

项目治理的相关研究主要围绕项目治理的内容、项目治理的原则以及项目治理的机制展开。从本书定义的视角来看，工程项目治理的内容是项目利益相关者之间的规制关系，即由项目利益相关者构成的网络关系。项目治理的目的是有效整合资源与化解冲突，减少交易成本的产生，并最终实现项目利益相关者之间权、责、利关系的平衡[67]。

对于项目管理内容的相关研究，其发展趋势相对比较分散。Müller[16]在其著作中提到项目治理内容因层次不同而存在差异，其中针对单一项目的治理主要是项目治理的对象，即确定目标、提供资源以及控制流程。这一结论与丁荣贵等[67]的综述结果有相似之处，而后者在综述现有文献的基础之上，将工程项目治理的内容总结为四个方面：①项目目标的设定；②项目目标实现方式的确定；③项目管理过程的监控；④项目治理的同意过程。丁荣贵等[67]的分类方式与现有项目治理研究总体脉络存在重叠和差异的部分：其中项目目标的设定需要考虑项目目标指向利益相关者的需求是否得到满足、价值是否得到实现。这一点与项目治理领域的价值创造研究视角相契合[151]。工程项目临时性组织中，利益相关者之间价值共创[93]的有效实现依托于项目治理如何协调利益相关者关系网络中结构维度、关系维度以及认知维度要素。项目目标实现方式的确定包括项目全生命周期的流程控制视角、项目利益相关者的组织方式协调视角、基于预防和驱动的绩效管理管控视角，分别代表了项目治理中对于过程要素、结构要素和评价要素的引导和控制。而对于项目管理过程的监控则是针对项目实施过程中的风险因素预测、信息披露以及审计与控制。而针对过程监控的视角又与现有研究中针对关系治理机制的内涵有重叠[14]。

项目治理的原则是 Müller[16]在项目治理研究中提到的四点治理的基本原则（包括但不限于）：透明度（transparency）、问责机制（accountability）、责任（responsibility）以及公平（fairness）。透明度涉及投资者（如项目发起人）和其他利益相关者对项目整体效率的信心，这取决于项目能否及时准确地披露有关项目和组织绩效的信息。这些信息应该清晰、一致和可对比。问责机制则涉及主要参与者（如项目经理、发起人、项目和项目组合经理）的角色、权利和责任的明确性，以确保治理的有效性，指导委员会的职责是让项目经理对项目发起人负责，以实现项目目标，而指导小组本身则对其管理层负责，以完成项目的推进。责任是在追求项目或组织目标时遵守行业惯例与准则。这包括治理机构确保个人、团队和组织遵守法律，并认同专业标准，以及不断组织项目成员进行教育和培训。公平是指员工、供应商、承包商之间的待遇要公平（如在承包或雇佣关系方面），以及抑制非法行为，推进合同关系的稳健执行。

项目治理的内容与原则为项目治理机制服务，项目治理的内容为项目治理机制提供治理对象要素，项目治理原则为项目治理机制提供目标导向。现有文献中针对项目治理机制的研究主要分为两类，一类为契约治理（contractual governance）机制，另一类为关系治理（relational governance）机制。两种治理机制分别通过正式与非正式的手段，在约束利益相关者关系方面扮演重要角色[152]。在以项目为目标的多利益相关者构成的临时性组织中，项目治理的契约和关系手段对各方在协调与合作应对危机时可能存在差异化的影响，具有不同的作用机制。因此，为深入探究项目治理对组织韧性的影响，本书从交易成本的视角，依据现有研究中对项目治理机制的主流划分逻辑与规律，将项目治理中的契约治理与关系治理分开进行分析与讨论，为进一步明确治理机制对组织韧性的具体作用路径和机制奠定分析基础。接下来针对契约治理和关系治理的内涵与维度，以及契约治理与关系治理在项目中的相关研究进行进一步描述。

三、契约治理机制

契约治理机制的相关研究受到研究情境的影响。契约治理机制强调了正式的规则和交易之间的合同的重要性[14, 153]。在项目的复杂动态情境之下，项目的利益相关者之间天然存在着依赖关系[154]。从交易成本的视角出发，为了减少交易过程中出现的不利因素，组织之间会制定复杂的合同或者通过层级的管理机制构建纵向管理关系以实现控制交易成本的目的[96]。在工程项目情境之中，各个流程被嵌入在利益相关者的交易过程之中，受到交易关系属性的制约，契约治理是组织间设定的为解决交易过程中不利因素的约束规则，因此契约治理成为项目治理的机制之一[155]。

契约治理机制的定义在现有研究中获得普遍共识。契约治理，顾名思义，需要通过契约的手段约束利益相关者之间的关系，因此在项目的参与方之间存在书面签订的合同条款，其涉及的对象包括承包方、分包方、金融机构、政府等。这种契约是具有法律效力的约束手段，可以在项目所嵌入的社会规范体系中得到强制力实施保证。依据上述章节的综述，契约治理可以从两种理论视角进行解读[4]。在交易成本的视角下，契约治理面向的是利益相关者之间不断发生的交易行为，以达到降低交易成本、减少机会主义行为的目的。从制度理论的视角来看，在工程项目临时性组织的社会系统中，对于每一个子成员（如分包方、承包商等）属于正式的制度。前者侧重于对交易双方的约束，后者强调对制度环境内成员行为的约束，描述视角不同，但内涵有较大重叠。因此，在工程项目临时性组织的特定情境下，契约治理也被称为正式治理、正式制度（formal institution）。

对于工程项目治理机制的构成研究存在多种研究视角。邓娇娇[156]在公共项目情境下，从治理手段的视角，识别了契约治理机制的内涵构成，具体分为四类：风险分担机制、报酬机制、选择机制、问责机制。其研究成果与公共项目的实施流程特征契合度较高。Lu 等[14]依据现实合同具体特征，在工程项目情境中提出从治理功能的视角分析契约治理机制的基本构成。工程项目契约治理[以国际咨询工程师联合会（Fédération Internationale Des Ingénieurs-Conseils，FIDIC）土木工程施工分包合同为例[157]] 的构成包括：首先明确项目的关键三要素——工期、成本与质量（即 FIDIC 章节：开工、延误和暂停；生产设备、材料和工艺；合同价格和支付），以及利益相关者的角色（FIDIC 章节：雇主；雇主管理；承包商）；其次明确项目中可能出现的不确定性、风险以及相应的变更事项（风险和责任；变更与调整）；最后，明确权责利关系以及相应的控制、激励与惩罚手段（FIDIC 章节：索赔、争端和仲裁）。相应地，从理论层面，项目契约治理可以由三个部分构成[158]，分别是基本要素、变更要素、治理要素。基本要素（fundamental elements）规定了参与方之间的关键原则和协议，如交付期限、质量标准和项目预算等。基本要素为项目治理提供共同基础。变更要素（change elements）规定了解决不可预见事件的原则、策略以及相应的组织结构和程序的有关合同条款。变更要素为项目治理提供了控制范围。治理要素（governance elements）通过明确的衡量、惩罚和激励措施，规定了维持关系的方式，以及各方之间的争议解决机制。治理要素为项目治理提供约束关系的鼓励和惩罚手段。

结合本书的基本特征，从聚焦项目运营阶段的利益相关者风险应对视角出发，基于交易成本理论和制度理论的相关理论视角侧重点，以 Lu 等[14]的三维度要素为依据，确定本书的契约治理维度划分逻辑：基本要素、变更要素以及治理要素。

四、关系治理机制

虽然合同在项目治理中发挥着重要的作用，但由于人的有限理性，签订合同的各方无法预见所有可能的条件，特别是对于具有独特性和一次性的工程项目。因此，一个建筑工程的合同通常是不完备的，也难以完备。在不完备契约的情况下，仅仅依靠契约手段治理关系会提升交易过程中的机会主义行为（opportunism），因而需要关系治理手段为契约治理机制提供功能上的补充[159]。关系治理与契约治理不同，关系治理是两个组织之间（如承包商和分包商）为了推进项目而存在的互动关系。这种互动关系建立在高度的互信和承诺的基础之上[160]。除了信任之外，有效的知识共享以及关于共同预期、项目进展、利益相关者能力、优势、弱点和合作的未来方向的沟通也被认为有助于提升合作的绩效。因此，关系治理可以描述为一种共生关系，其中各方拥有促进彼此成功的既得利益。

现有研究针对关系治理的相关概念定义多数是基于交易治理的基本思想。Biesenthal 和 Wilden 将关系治理定位为一种基于非正式结构关系和非正式手段的治理类型，双方之间的契约是由社会因素驱动的[161]。这种伙伴关系中双方的行为受制于自我约束行为，而这些自我约束行为反过来又会维护各方关系[162]。因此，关系治理的内容涉及构建和运用社会联结。严玲等[163]在公共项目情境下，基于现有的关系治理基本理论,将关系治理定义为"公共项目组织中影响各方行为的非正式、不成文的规范,这些规范可以降低交易中的阻滞,进而创造、维护和促进项目各方之间交易的和谐关系"(p.117)。

关系治理的构成维度的相关理论发展呈现出差异化的特征。一部分国内的关系治理机制的相关研究在公共项目情境下开展。邓娇娇[156]从公共项目关系的视角,通过综述现有文献概念化了关系治理的五个子维度:信任、承诺、沟通、合作、行业惯例。在此分类视角下,纳入了隶属于行为范畴的合作概念,作为子维度之一。严玲等[163]则将关系治理的构成进一步整理为四个子维度,分别为:信任、沟通、承诺、合作。基于交易治理思想的分类方式,将关系治理概念化为关系范式(relational norms),且包括信息沟通(information sharing)、关系柔性(flexibility)以及团结(solidarity)[164]。Lu 等[14]在此分类基础上增加了信任(trust)作为并列于关系范式的关系治理子维度。Haq 等[165]实证验证了 Lu 等[14]关系治理的维度划分,并进一步确立了子维度的内涵。其中,关系范式维度下面的信息沟通维度指的是各方交换不可预见的信息,共享有用信息,尽量减少信息不对称,提高互动关系的绩效,减少潜在冲突[166]。关系柔性是关系范式下的第二个维度,指的是在项目中适应不可预见的变化,也即愿意在互动关系的发展过程中主动适应与伙伴之间发生的变化。团结指的是鼓励双边相互合作,团结机制使契约双方相互了解,促进共同价值创造。信任概念[167]在工程项目领域研究较多,信任的概念被定义为:基于对另一方行为的积极期望,而愿意接受另一方行为中可能出现的风险和脆弱性[168, 169]。信任机制表明合作伙伴之间存在信任因素,他们在风险交易中会秉承信誉、正直和善意等道德期望。

结合本书的基本特征,从聚焦项目运营阶段的利益相关者不利因素应对视角出发,基于交易成本理论和制度理论的相关理论视角侧重点,以 Lu 等[14]在项目情境中的四维度要素为依据,确定本书的关系治理维度划分逻辑:关系范式(信息沟通、关系柔性、团结)和信任。现有研究认为契约治理和关系治理存在互补、替代、顺序式等互动关系,对二者的相互影响的认识也受到理论视角和情境因素的制约。这一部分将在第四章模型构建中进行深入讨论。

五、项目契约治理与关系治理机制的影响作用

现有研究对于项目治理机制的后置影响因素的研究较为深入,主要围绕项目绩效展开,领域涵盖工程项目、软件项目等,研究方法多样,包括实证案例研究、网络分析方法、定量统计方法以及理论综述研究。一类聚焦于项目绩效,探讨项目治理机制对于项目绩效的影响和内在机理。Lu 等[14]在中国工程项目情境下,检验了项目契约治理与关系治理机制对项目绩效都有正向影响,其中契约治理机制

影响更显著。Benítez-Ávila 等[170]在 PPP 项目情境下，用偏最小二乘模型对契约治理和关系治理对项目绩效的关系做了检验，发现关系治理与契约治理对于项目绩效有促进作用。Haq 等[165]在 IT 项目情境下，对项目契约治理与关系治理机制对软件开发项目绩效的影响进行了实证检验，用结构方程模型对 318 组数据进行了检验，发现契约治理和关系治理对项目绩效有正向影响，且需求风险（requirement risks）在治理机制和项目绩效间起到调节作用。上述研究对项目契约治理和关系治理机制对项目绩效的正向影响都进行了验证。

另一部分文献聚焦于项目契约治理和关系治理机制对利益相关者认知和行为的影响。少数文献针对项目治理机制与利益相关者的合作行为进行了研究，Zhang 等[171]在中国工程项目情境下，针对项目管理经理进行了问卷调研，并检验了风险分担机制对分包商合作行为的影响，识别了风险分担机制作为项目契约治理对承包商合作行为的内在作用机理。还有文献针对治理机制与承包商的认知及行为进行了相关研究，严玲等[172]对风险分担条款对承包商的公平感知的影响进行了分析，探索了两者的正相关关系，并识别了行业平均利润水平以及财务状况的调节作用。

基于现有文献的梳理可以了解到，有关项目治理影响的相关研究发展仍旧聚焦于项目绩效，对于项目如何应对风险以及项目临时性组织如何构建韧性的直接研究较少。项目治理和组织韧性的关联关系有待进一步探究。尤其对于资源视角和认知视角下，项目治理对项目绩效和危机应对的影响机理尚不明确，也缺乏进一步的理论探索和实证验证，治理相关理论在项目情境下的研究发展缺乏完整性。

第三节　资源与认知视角下的工程项目治理与组织韧性研究框架

对于项目治理，包括契约治理与关系治理机制，对组织韧性的影响的直接研究较少[4]，但可以通过理论视角进一步分析概念之间的关联属性。项目治理与组织韧性的关联要素研究可以从资源视角和心理认知视角展开。

一、资源重构：资源基础观视角下的影响因素

在资源基础观视角下，深入了解企业及其组织能力对于企业的资源配置至关重要，尤其当企业面临外部不利因素时，跨组织的资源配置能力，不仅依托于资源禀赋本身，还取决于对资源的深入理解和控制能力[173]。而对于资源的

深入理解和控制能力受制于组织的治理机制[174]。在治理缺位的情况下，组织应对外部危机的能力就会减弱，经济资源的再分配将不能满足需求变化，资源配置的决策质量也堪忧。现有资源基础观虽然强调了资源配置对于企业的重要性[175]，但是忽视了代理可能带来的问题，可能导致组织不能充分有效部署资源[176]。因此，从治理机制角度控制资源配置会对组织风险应对产生影响。例如，组织中的机构所有者（如政府）被解读为组织信誉的市场信号。机构投资者可以提供有效的监督和治理，因为他们的集体所有权和投票权使得影响公司战略决策更容易。因此，对于工程项目而言，有机构作为核心利益相关者参与，可以提升项目的风险应对能力。Wang 等[177]认为相比于交易成本理论关注交易过程中对于机会主义行为的控制和防范，资源基础观更加关注更有韧性的、长期的资源共享环境，以实现伙伴之间的战略目标。因此，在资源基础观视角下，资源的重新配置能力和构建资源结构的能力成为应对内外部危机的重要手段。工程项目情境与供应链项目情境特征有相似之处[9]，资源重构能力作为供应链中组织韧性的关键前置影响因素，成为我们在资源视角下重点关注项目临时性组织面临内外部不利因素的关键资源能力。

资源重构（resource reconfiguration）是基于资源基础观的概念。Verona 和 Ravasi 将资源重构描述为组织能够创造开放式结构，用柔性方式重新界定角色结构与关系，使得组织能够通过不断重组资源来创造新的产品或者服务[178]。周丹[57]对资源重构相关文献进行了系统梳理，识别了资源重构在三个方面的内涵：第一，从本质上看，资源重构意味着打破重来；第二，从变化程度方面来看，资源重构强调变革性，是高强度地组织学习；第三，从整合资源视角来看，资源重构通过复制与协调的方式来对资源进行模仿、转移以及重新组合[179]。基于以上观点，现有研究明确了资源重构的内涵，以及与资源整合等概念的内涵边界。

现有研究对于资源重构的构成维度也存在差异化的认识，整体上学界对于资源重构的维度认识分为单维黑箱、二维以及三维视角。资源重构的部分代表性维度划分如表 2.3 所示。Wei 和 Wang 等[180]把资源重新部署作为单维概念来分析，强调了资源重新部署和重新利用之间的重合关系。而 Galunic 和 Rodan[181]认为资源重组视角下的资源重构概念可以基于合成与重构两个方面来划分维度，形成了基于合成的重组以及基于重构的重组。三维视角下，Karim[182]从路径依赖与路径突破的角度将资源重构划分为关注资源的输入（业务单元获取）、资源的输出（业务单元移除）以及存量资源的再度整合（业务单元重组）。本书按照多数资源视角相关学者的维度处理方式，将资源重构作为单维概念进行分析与测量（测量量表将在第五章进行讨论），以求进一步重新优化对于资源重构在项目临时性组织中的概念理解。

表 2.3　资源重构的部分代表性维度划分

维度	资源重构的维度构成	相关研究
单维	现有资源重新部署和重新利用	Wei 和 Wang[180] Ambulkar 等[17]
二维	基于合成的重组（synthesis-based recombination） 基于重构的重组（reconfiguration-based recombination）	Galunic 和 Rodan[181]
二维	资源深化（resource deepening） 资源拓展（resource extension）	Karim 和 Mitchell[183]
二维	辅助流程重构（reconfiguration of support activities） 核心流程重构（reconfiguration of core processes）	Bowman 和 Ambrosini[184]
三维	业务单元重组（unit reorganization） 业务单元获取（unit acquisition） 业务单元移除（unit divestiture）	Karim[182]

二、团队正念：注意力理论视角下的影响因素

在注意力理论视角下，注意力是一种自上而下的结构，在自上而下的认知处理中被长期地激活。然而，个人、组织和社会系统通常可能有多种相互竞争和冲突的注意力视角，有的组织的注意力视角可能是基于先前的组织经验的经验导向，有的组织可能是基于对环境的认知的预期导向[83]。工程项目中的利益相关者可能拥有不同的注意力视角，这种差异化的注意力视角需要项目契约治理和关系治理机制进行协调才能实现在项目临时性组织中的注意力配置。注意力理论将组织看作系统分布的注意力结构，且组织中存在自上而下（top-down）和自下而上（bottom-up）的两种注意力过程。组织中的每个部门都是注意力结构和注意力过程中的一部分。依据 Joseph 和 Wilson[84]的观点，结合工程项目情境，对于一个项目临时性组织而言，其分布在各个利益相关者的注意力结构可能会反馈相似的问题和方法，项目内外部的不利因素会引发对抗性（antagonistic）和破坏性（destructive）的冲突。也就是说，当利益相关者之间的注意力配置重合度过高，则会降低组织决策的自主性以及利益相关者之间行为动机的风险。尤其是当外部环境存在高度不确定性的情况下，项目临时性组织的内部矛盾会降低项目的应对危机的能力[185]。因此，在注意力视角之下，利益相关者的关系协调与组织应对内外部危机的关系是建立在如何控制注意力的配置和质量上。具有正念代表组织中的成员具备高质量的注意力[85]，团队正念对组织韧性也有正向影响[51]，成为我们在注意力视角下重点关注的项目临时性组织面临内外部不利因素的关键认知能力。

团队正念源自正念概念，是正念在团队层面的体现，并且与人际过程相关，团队正念为团队组织行为中认知视角的团队行为与互动提供了解释视角[186]。Yu

和 Zellmer-Bruhn[51]将正念定义为"团队成员之间的共同信念，正念状态下团队互动的特点是对当前事件的意识和关注，以及团队内部经验的体验性（experiential）、非判断性（nonjudgmental）处理"。团队正念是从团队经验中产生的一种共同特质，是正念在团队层面的表征，是一种元认知实践（metacognitive practice）[187]。

团队正念的两个构成维度[188]体现在其内涵定义之中，分别为：①觉察当下；②情绪体验。第一个维度觉察当下指的是对当前所感知的事物的关注和意识。觉察当下表征了正念应持续而集中地关注当前正在发生的事情，并保持清晰的认识。对此概念维度进一步剖析如下：当下指的是即刻发生的事项，而非未来可能情况，或者过去的经验[189]。持续而集中指的是有目的的关注，而非无意识的关注。例如，一个人正在骑自行车，但是他可能并没有对当下正在骑自行车的状态积极主动地施加关注。觉察当下是区别于无意识地或者下意识地完成某项工作的概念，强调了对于注意力的聚焦（focus of attention）。第二个维度情绪体验，指的是开放性和非评判性地接受经验信息及体验性处理[186]。这一维度源自佛教的正念意义中的对当下的一切都不作任何判断、任何分析、任何反应，只是单纯地保持开放心态去觉察它、注意它[190]。情绪体验中的体验性处理（experiential processing）内涵概念与概念性处理（conceptual processing）相对应，对于客观事实的观察和理解的过程不附加自己的固有判断和迅速归类，即不依靠固有观念进行"贴标签"（labeling）、评判（evaluating）、"定好坏"、假设隐含意义等[186]。本书在注意力基础观的视角下，将团队正念作为注意力的配置和质量描述机制，按照 Yu 和 Zellmer-Bruhn[51]双维度的划分方式，将团队正念作为双维概念（觉察当下和情绪体验）进行分析与测量（测量量表将在第五章进行讨论），以求进一步优化对于团队正念在项目临时性组织中的概念理解和机理解释。

三、资源视角与认知视角下的研究框架

本书依据理论—实证—理论—实证的基本逻辑，梳理了宏观研究趋势、基本理论视角以及相关研究概念，完成了第一部分的理论梳理分析过程。基于此研究逻辑和基础，从实践情境和理论基础两个方面，构建本书的主要研究框架（图 2.3）。

从现实情境来看，工程项目临时性组织具有动态性、负责性等特征，导致项目的利益相关者之间存在变化的利益关系和冲突行为。在此条件下，项目中的利益相关者（包括总包方、分包方、政府、金融机构等）需要通过正式（合同）和非正式（关系）手段约束在工程项目上的共同行为，例如签订合同的完备程度、多方拟定的合同条款、相互的信任关系以及共同建立的制度环境等手段，以达到治理项目中的利益相关者面对内外部风险和不确定性事件时的预见、应对和恢复

第二章 工程项目治理与组织韧性的研究视角：资源与认知双视角

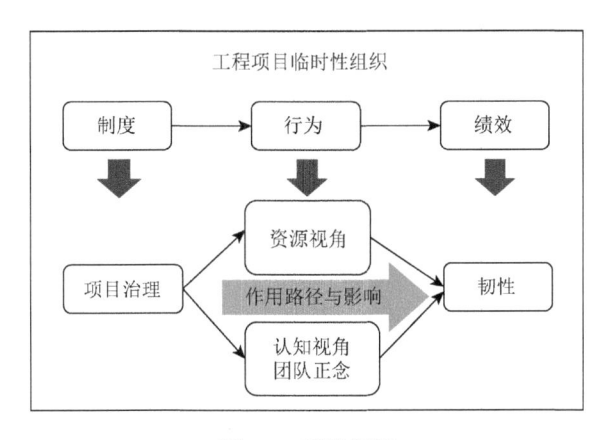

图 2.3 研究框架

能力。从理论视角来看，资源基础观和注意力理论作为分析基础，项目契约治理和关系治理机制与组织韧性存在着关联要素：资源重构以及团队正念。项目契约治理和关系治理机制通过资源和注意力两条路径影响组织韧性，其中资源重构和团队正念可能产生作用。

从研究框架的构成要素来看，在图 2.3 中，研究情境是工程项目临时性组织，分析单元是工程类项目，分析层次是跨组织（inter-organizational[3]）层和组织层，项目契约治理和关系治理机制与组织韧性的关系是研究内容。在"制度—行为—绩效"范式下，项目契约治理和关系治理是工程项目临时性组织情境内部制度（正式与非正式），资源视角下的资源重构和认知视角下的团队正念是工程项目临时性组织行为，组织韧性是工程项目临时性组织绩效。因此，本书聚焦于工程项目情境，从资源基础观和注意力理论视角出发，探究项目契约治理和关系治理对组织韧性的影响，明确资源重构和团队正念在两者之间的作用路径，并揭示影响机理，在此研究框架下，完成接下来实证（第三章）—理论（第四章）—实证（第五章）的研究内容。

第三章 工程项目治理如何影响组织韧性：多案例研究

本章旨在对工程项目临时性组织中项目契约治理和关系治理机制对组织韧性影响的内在机理进行探索性研究。基于第二章识别的项目治理与组织韧性之间的资源要素和认知要素，本章探索性研究依据"制度—行为—绩效"分析框架（图2.3），从制度视角、资源视角和认知视角，探究契约和关系治理到资源重构和团队正念，再到组织韧性的内在路径机制，探讨核心概念之间的作用关系，以期揭示工程项目治理对组织韧性的影响机理。

第一节 案例研究设计

一、案例研究方法

本章研究的探索性本质特征符合定性实证研究的基本使用原则，为识别核心概念之间的作用机制，需要进行案例研究以剖析内在路径。首先是哲学观选择批判现实主义（critical realism）。批判现实主义的哲学观结合了客观和可测量现实的观点，并假设人们对这种现实的解释是情境依赖的和主观的。因此，不同的参与者对类似的经历可能存在不同的解释[191]，研究的目的是确定一种可能的，但不一定是唯一的解释[192]。其次，本书选择溯因推理（abductive reasoning）为分析方式，这种方式可以更好地结合演绎逻辑在现有的相关文献的基础上构建理论基础，以及归纳逻辑从案例实证数据中得到新的洞见[193]，以捕获内在机理。再次，定性数据的收集方式通过调研访谈方式实现，最后，通过Eisenhardt[194]的基本分析范式来构建理论。为了夯实研究框架构建的理论基础，本书以资源基础观和注意力理论为理论分析框架，结合工程项目临时性组织的情境特征，探究理论模型内部的作用路径和影响机理[195]。

二、案例研究样本

(一) 样本筛选

依据拟解决的研究问题,本章的研究单元是工程类项目,即工程项目临时性组织。选取的项目需要能够反映本书聚焦的具体问题。依据以上目标,基于Flyvbjerg[196]的研究,本书采用以下案例样本筛选的基本原则:①投资数额,本书选择投资额大于 50 亿元的大型工程项目[197],对于大型项目的分析更能体现组织韧性的系统性;②利益相关者数量,本书选择正在进行中的项目,对于正在进行中的项目可以长期观察案例,且对于组织韧性和团队正念来说,正在进行的大型工程项目其实践意义更为显著;③选取对社会、经济和环境有重大影响的项目,对外界环境有重大影响的项目可以更好地展现本书的实践意义;④基于理论抽样的基本思想[198],选取经历过各种不同程度危机的项目,体现理论抽样中针对案例的过程性、典型性以及差异性的关注,这样能够获得对组织韧性形成机理更好的分析素材。依据上述原则,本书建立了符合条件的项目的案例数据库,并最终结合调研实际,进一步删选能够建立联系与开展深度访谈的案例。最终本书从备选案例库的 16 个可选项目中,依据以上筛选原则,根据初步调研和访谈的结果确立了 4个备选项目,并考虑到资料获取便利性、研究资源的可靠性以及具体访谈的可操作性等因素最终选择了三家工程公司的三个典型工程项目(表 3.1):海底隧道 A 项目、城际铁路 B 项目以及地铁交通 C 项目。针对每个项目收集了三个危机事件,共九个危机事件。三个典型项目在对应关键危机事件的工程项目治理机制方面以及韧性表现上存在着差异,这有利于进一步通过逐项复制逻辑和差异复制逻辑进行案例间的对比分析。

表 3.1 样本项目的基本信息

典型项目	海底隧道 A 项目	城际铁路 B 项目	地铁交通 C 项目
研究单元	单元一:A1 污染土处理困境 单元二:A2 调迁改困境 单元三:A3 技术危机	单元四:B1 设计缺陷困境 单元五:B2 拆迁困境 单元六:B3 施工危机	单元七:C1 融资危机 单元八:C2 员工讨薪危机 单元九:C3 恶劣天气危机
业主	东北部某项目甲公司	东中部某项目乙公司	东北部某项目丙公司
监理方	东北部某港监理公司	东中部某地方监理公司	东北部某地方监理公司
签约日期	2017 年 4 月	2016 年 12 月	2017 年 8 月
总投资	163 亿元	136 亿元	188 亿元
建设工期	约 50 个月	约 40 个月	约 60 个月

续表

典型项目	海底隧道 A 项目	城际铁路 B 项目	地铁交通 C 项目
项目范围	东北某沿海城市海底隧道及城区延长线	东南部某沿海城市城际铁路交通项目	东北部某沿海城市地铁交通路网项目
合作经历	有过一次合作	有过多次合作	有过多次合作
截至访谈时的项目绩效情况	沉管预制接近尾声，整体成本有明显超标，质量检验合格，工期有明显超期，各方对项目过程及阶段性成果有不同意见	累计完成工程建设部分投资量的80%，整体成本超概不明显，质量检验合格，工期无超期，各方对项目过程及阶段性成果满意	第三标段车站完工，累计完成工程建设部分投资额的20%，整体成本超概情况存在，质量检验合格，工期有超期现象，各方对项目过程及阶段性成果基本满意
危机事件绩效【韧性水平】	【单元一：低】干坞场地施工附近需要进行污染土处理，以及居民迁，阻碍严重影响了施工进度。项目公司通过修改工艺方案，解决了问题。造成了额外的人员和设备成本，造成近半年的工程延期 【单元二：中】并没有严重阻碍工期，成本有一定程度的增加，避免了较大的施工隐患 【单元三：高】铺沙船作业面技术危机得到了快速的解决，项目公司很轻松地联系到外部科研机构，迅速解决了技术难题，没有造成工期拖延，没有增加成本	【单元四：高】基坑设计存在缺陷，恰逢恶劣天气，且施工作业面太复杂，导致阳角和钢支撑存在安全隐患，一台设备因为局部坍塌导致损坏。现场作业人员和监理迅速联系设计人员，隐患得到排除 【单元五：高】因为车站设计发生变更需要新增一处拆迁居民，居民拒绝配合。项目公司通过修改施工计划，调整标段的施工顺序，保证了施工进度 【单元六：高】回填土部分出现裂缝，事件没有造成严重的影响，也没有导致严重的工期拖延，后期通过调整项目的计划追回了工期	【单元七：中】由于资金解付程序上的困境，资金到位时间比预期晚。工程项目超预算的情况较为严重，在思想上不重视导致出现融资困境，后多方协调解决 【单元八：中】供应链企业员工讨薪，有出现不理智行为的趋势。业主企业负责人出面了解情况，提出解决方案，缓解供应链企业资金压力，稳定了员工情绪，规避了潜在风险。供应链企业没有出现严重影响项目进度的情况 【单元九：高】恶劣台风天气导致项目出现停工的现象，由于提前准备工作比较到位，没有出现严重的人员财产损失，对工期未产生严重影响

注：为保护受访企业与人员的隐私，本书对企业及项目背景的非关键信息进行了掩饰

（二）样本概况

海底隧道 A 项目是由我国某央企集团下属的工程局全资 AA 子公司参与，工程局全资 AA 子公司拥有工程总承包特级资质、十多项工程总承包一级资质和专业承包一级资质，经营领域包括基础设施投资建设、港口航道、海底隧道、远洋深海工程、高速公路、道路桥梁工程、轨道交通工程一级房地产开发等各类大型建设工程项目，且获得"国家优质工程奖""中国建设工程鲁班奖"等数十次。工程局全资 AA 子公司承接的是东北某沿海城市的海底隧道和市政道路延伸项目，地方政府出资代表作为业主方，共同成立海底隧道项目甲公司。计划工期是 50 个月，总投资预计 163 亿元。业主聘请了某港监理公司，共同签订了项目合同。鉴于 AA 子公司之前刚刚顺利承接了国家重点工程战略项目，在招投标过程中最终选定了工程局全资 AA 子公司的沉管项目方案，并签订了

项目合同，制定了较为详细的契约条款。业主方与工程局 AA 子公司在该类项目上是第一次深入合作，双方为各自项目管理团队进行了针对性的人员安排。截至调研和信息收集阶段，项目进行到第 22 个月。该项目的南岸工程、北岸工程和干坞子项工程已开工，隧道主体沉管预制场地已完工五成，遇到了若干不利因素，工期上存在延迟，但项目整体质量正在逐渐提升，各方正在努力提升项目整体建设绩效水平。

城际铁路 B 项目是我国首批 PPP 示范项目之一，由我国某央企集团下属的工程局全资 BB 子公司（十局和一局牵头）参与。工程局全资 BB 子公司拥有铁路工程施工总承包、建筑工程施工总承包、市政公用工程施工总承包、公路工程施工总承包四项特级资质和铁路、建筑、市政、公路行业四项甲级工程设计资质。公司承建的工程项目先后多次荣获"中国建设工程鲁班奖""国家优质工程奖""全国市政金杯示范工程"等国家级优质工程奖。工程局全资 BB 子公司承接的是某城际铁路项目，地方政府出资代表作为业主方，共同成立城际铁路项目乙公司。计划工期是 40 个月，总投资预计 136 亿元。业主聘请了某地方监理公司，共同签订了项目合同。鉴于东部某市自己拥有经验丰富的交通运营及管理公司，且曾经跟 BB 子公司有过合作，签订项目参考了之前的合同范本，且制定了详细的契约条款。截至调研和信息收集阶段，项目进行到第 32 个月，部分标段已经完工，建设进度提速，预计提前通车，各方对项目整体建设绩效水平非常满意。

地铁交通 C 项目与城际铁路 B 项目是由相同的某央企集团参与，但实际是由集团另一个工程局全资 CC 子公司（八局和七局牵头）开展工作。工程局全资 CC 子公司同样拥有集团总公司的铁路工程、建筑工程、市政公用工程、公路工程施工总承包四项特级资质和铁路、建筑、市政、公路设计资质。公司承建的工程项目先后多次荣获"中国建设工程鲁班奖""中国土木工程詹天佑奖""国家优质工程奖"等国家级优质工程奖。工程局全资 CC 子公司承接的是东北某沿海城市地铁交通项目，地方政府出资代表作为业主方，共同成立地铁项目丙公司。计划工期是 60 个月，总投资预计 188 亿元。业主聘请了东北部某地方监理公司，共同签订了项目合同。鉴于东北某市自己拥有交通运营及管理公司，且曾经跟 CC 子公司有过合作，项目参考了之前的合同范本，且制定了详细的契约条款。截至调研和信息收集阶段，项目进行到第 22 个月，部分标段已经完工，建设进度维持较好，各方对项目整体建设绩效水平比较满意。

（三）样本说明

工程项目存在规模大型化、建设周期长、不确定性大、复杂程度高等特征，而且由于工程项目利益相关者之间的互动关联程度较高,在项目的实施过程中,不同程度、不同类型、不同来源的风险层出不穷,给工程项目临时性组织带来了严峻的考验。本书选取的三个项目中,契约和关系治理以及组织韧性的表现呈现出差异(表 3.1):在海底隧道 A 项目中,地方政府、分包方等核心利益相关者对于海底隧道相关项目经验较少,地方政府与 AA 子公司曾经也只启动过一个项目,契约的签订很多条款双方都在摸索,项目在多个危机事件中表现出的组织韧性也存在问题:在海底隧道 A 项目中提取了污染土处理困境、调迁改困境、技术危机三个危机事件,分别表现出较低、中等和较高的组织韧性水平。在城际铁路 B 项目中,该市交通运营集团有着丰富的经验,地方政府和 BB 子公司在其他项目上也曾进行过合作,契约的签订也有部分经验可以参考,在危机事件中也表现出较强的组织韧性:在城际铁路 B 项目中提取了设计缺陷困境、拆迁困境和施工危机三个危机事件,都表现出较高的组织韧性水平。在地铁交通 C 项目中,该市地方政府和 CC 子公司有部分经验可以参照,地铁交通 C 项目的组织韧性表现较好:在地铁交通 C 项目中提取了融资危机、员工讨薪危机和恶劣天气危机三个危机事件。综上,每个项目中选取了三个典型危机,作为剖析组织韧性表现的关键过程,三个项目一共构成了本章研究的九个分析单元。

三、案例研究框架

(一)案例分析框架

本章研究以多案例研究为基本方法,参照 Eisenhardt[194]的基本分析思路,以前述章节确定的核心概念和理论基础为视角,探究项目契约治理和关系治理对组织韧性的影响机理。因此,基于前述研究基础,本书构建了多案例研究的理论分析框架,如图 3.1 所示。

在工程项目临时性组织中,组织韧性作为一种过程性能力,体现为能否在逆境带来变化时保持警觉、适应、快速反应并恢复过来的能力。其中,项目的契约和关系治理在项目环境中始终存在并构建了制度层要素,而进一步对工程项目利益相关者的行为产生约束。在面对危机的情况之下,利益相关者在资源(资源重构)和认知(团队正念)方面的能力构成了韧性策略中的支撑要素,提升项目对危机的预测、反应以及恢复过来的能力。

从整个危机过程来看,在危机出现之前,利益相关者的合同以及协议的签订已经确定,且双方在互动过程中形成了非正式的关系。在危机出现时,项目各方协调物料、财力和人力资源以及对于事项、流程、环境的关注发生在危

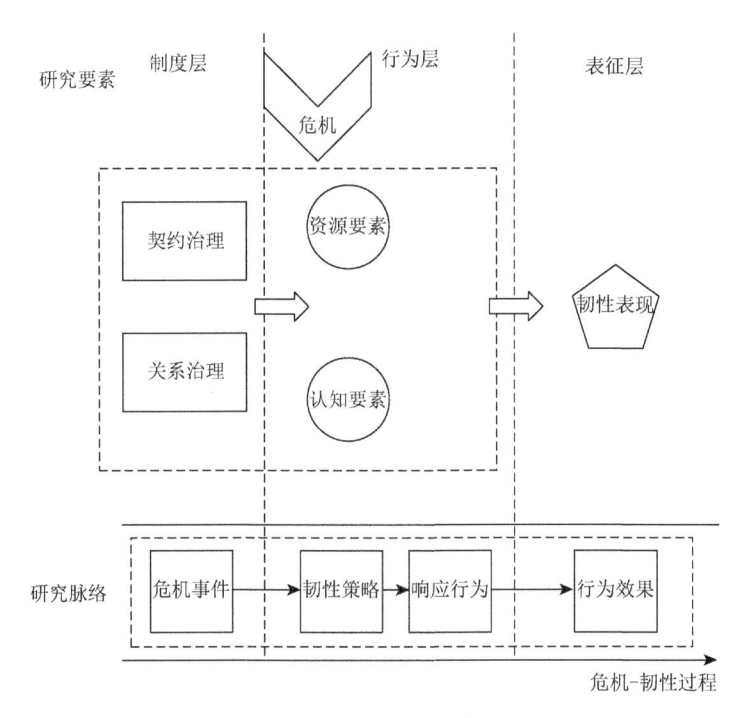

图 3.1 案例研究框架

过程之中,并最终通过与危机互动的过程表征出企业的危机预警、危机应对以及从逆境中恢复的能力。本书依据"项目契约治理和关系治理—资源重构和团队正念—组织韧性"的研究框架,对三个项目中九个典型事件的项目危机互动过程进行过程机理分析。

(二)数据分析策略

本书的数据分析按照 Eisenhardt[194]的两阶段分析步骤进行:①单案例分析(within-case analysis);②跨案例比较分析(cross-case comparison analysis)。在第一阶段,研究者对每一个案例单独进行分析,并逐渐掌握每一个案例的特征。单案例分析的结果可以作为探索跨案例分析的数据基础。对于本书来说,每一个项目的调研访谈数据都将进行独立的分析,以期系统地分析案例数据,达到理解每一个项目的韧性过程的目标。得到的案例特征将用于第二阶段的跨案例比较分析。在第二阶段,研究者对案例的分析超出了案例本身,从多个案件中获取新的理论发现。通过结构化和多样化的视角,将预先研究的结果进行比较,以发现跨案例模式,并将这些模式概括为新的研究发现。在这一阶段,采用证据的迭代列表(iterative tabulation of evidence)以及复制拓展逻辑

（replication logic across cases）以保证更能发现可靠理论。理论拓展逻辑是案例研究中验证逻辑正确性的标准[199]。"复制逻辑"指每一个独立的案例可以对命题进行独立的印证，并通过相互印证，发现存在于多个案例之间的模式，并减少随机性关联的发生；"扩展逻辑"是指在跨案例中将与某一现象互补的方面表征出来的模式整合到一起，建立更为系统和精准的理论。其归纳逻辑与Yin[200]的方法一致，具体而言，第一个案例之后，为了验证结论，进一步挑选案例，如果能产生相同的结果，这样的案例称为"逐项复制"，另外，如果由于可预知的原因而产生与前一案例不同的结果，这样的案例称为"差别复制"[201]。

四、案例研究数据收集

鉴于本书内容中涉及的项目契约内容和契约履行在企业中是非常私密、敏感的信息，本书主要以半结构化访谈的形式对相关数据进行采集，以确保获得准确和有效的一手数据。本书从多角度收集数据资料佐证访谈数据[200]。本书遵守学术研究的基本要求，向受访者承诺了对于企业的私密信息作保密处理，对于个人信息进行掩饰、替换或者模糊处理。本书基于现有理论设计了一份半结构化访谈提纲（附件A），关键概念一一进行问题设置，按照设立的概念框架建立访谈主题，不限制回答，采用不同角度反复询问（明确概念），并链接概念（探究机理），在讨论完列表上的问题后，参与者可以在访谈中添加任何他们认为与讨论相关的内容。此外，提问者针对回答内容提出其他问题，以澄清某些观点或深入研究某个主题[202]。

本书通过研究团队及学院资源与目标案例企业建立联系，在说明访意获得许可之后确定了调研的具体时间安排和人员信息。为了保证调研访谈过程的实际效果，本书团队组建了调研专项小组。每个案例项目的参与者都在两人以上，其中一人主问，引导话题跟踪回答，一人做好记录与录音工作，并共同做好补充以及录音工作。问题提纲与提纲的解释在访谈之前提前发送给受访者，确保访谈效果，提升调研的质量。

针对文中涉及的项目契约治理和关系治理机制，受访企业安排了对这些方面熟悉的项目经理、项目副经理、商务经理等人员进行沟通。对于涉及的资源重构、团队正念以及组织韧性的相关概念，按照了解尽量深入、覆盖多个专业、覆盖多个层级、涉及多个利益相关者的基本原则，又增加了安全工程师、设计工程师、施工负责人、工程负责人等。最终完成调研的被访谈对象名单以及相关信息如表3.2所示。

特别地，同时用有限的案例来证实研究结果，案例研究方法需要从多个来源收集信息。从数据三角验证的角度，本书选择了公开的信息，如网络新

表 3.2 调研访谈基本情况

项目	时间	对象	访谈重点
项目 A	2019年5月	项目经理	项目中关键风险或危机事件概况、应对措施、结果等；项目利益相关者之间的合作关系、非正式关系等。项目的组织韧性情况，对团队整体、对利益相关者的评价；在危机事件中组织韧性的体现
		设计工程师	项目中与设计有关的关键风险事件，项目中的关键变更、谈判协商等具体问题应对及实施情况；与业主间关系的整体感受；从技术角度对项目契约内容的评价
		施工负责人	施工过程中与利益相关者的互动情况；关键危机事件的预判、处理过程、结果等；施工人员与利益相关者关系状态等
		项目副经理	项目实施过程中遇到的困难，项目利益相关者采取的相应措施，对于项目的实际影响，以及总结的经验教训
项目 B	2018年10月	施工负责人	项目中关键风险或危机事件概况、应对措施、结果等；项目利益相关者之间的合作关系、非正式关系等。项目施工过程中的利益相关者的协助和管理
		项目经理	项目中关键风险或危机事件概况、应对措施、结果等；项目利益相关者之间的合作关系、非正式关系等。项目的组织韧性情况，对团队整体、对利益相关者的评价；在危机事件中组织韧性的体现
		工程负责人	施工过程中的关键安全问题或事项；与监理、项目经理等沟通的情况；项目整体安全治理以及项目绩效及各方满意度等
		设计工程师	重点探讨与设计有关的风险问题，与设计院的沟通情况，与设备提供方的沟通情况，实际作业中产生的问题反馈
项目 C	2019年9月	安全工程师	具体项目实施过程中项目契约作用和团队表现对安全的影响；安全方面的注意事项，应急响应的程序、启动方案以及相应的结果
		项目经理	项目中关键危机或不确定性事件概况、应对措施、结果等；业主方以及其他利益相关者在融资、重要事件等方面的情况；项目抵抗内外部危机的整体评价，承包方的满意情况等；契约谈判或调整情况
		商务经理	协调其他利益相关者在项目实施过程中共同合作、抵御风险、处理危机；利益相关者的配合情况，以及依据项目合同和相互关系进行互动的情况
		设计工程师	设计过程中考虑到危机和风险的问题情况，在具体项目实施过程中对危机以及处理方式的预备方案；根据合同和关系进行项目变更设计等情况

闻报道、企业网站以及企业提供的部分内部文件资料，作为对访谈数据的补充和验证。

第二节 案例描述与分析：海底隧道 A 项目

一、项目概况

海底隧道 A 项目是工程局 AA 子公司的第二个大型海底隧道项目，是我国第二批 PPP 示范工程项目，该项目在所在省引起高度关注，并成为该省的"一号工程"。该工程在 2017 年 4 月正式签约并开工启动，其工程主线全长 12.1 公里，其中海底隧道段长达 5.1 公里。海底隧道采用沉管方式建造，沉管段长 3.04 公里，设计双向 6 车道，时速为 60 公里，主体结构的设计使用年限为一百年，建设工期为 50 个月。其中，AA 子公司是项目的总承包商，同时还有多个分包商参与到项目之中，针对项目的复杂情况，还与 L 大学建立了深度合作。

本项目的建设成本高，周期长，且工程施工难度极大，施工工序流程也非常复杂，工程局 AA 子公司是少数几个具备施工基本条件的公司。由于沉管部分需要以海底隧道为轴线开挖海底基槽，并在邻近场地选择合适土地预制沉管，再将事先安放好的管段进行对接，且将接头部分进行防水处理，最终将沉管填土覆盖。因此，海底隧道 A 项目对施工场地要求高，对各个施工环节之间的配合程度要求高，以及针对地质特点，对隧道的建设单位也有较高的技术要求。

但之前此类海底隧道项目较少，海底自然情况变化较大，导致项目实施无可靠的参照，于是在针对海底隧道 A 项目的实施方案方面，各方进行了多次沟通，以期达到尽可能地了解潜在的内外部风险和不确定性。在项目启动初期，多方进行了多次沟通，希望能够构建较为完善的合同框架和较为充分的互信环境，并尽可能地预判未来可能出现的情景，为后续工作的开展提供指导性的框架意见。

二、关键事件描述

通过对海底隧道 A 项目的分析，本书对项目中具有代表性、典型性的关键危机事件进行了系统梳理，最终确定了项目面临的三个危机的主要信息，并基于"项目契约治理和关系治理—资源重构和团队正念—组织韧性"理论框架，对案例进行分析。具体的案例危机事件展示如图 3.2 所示。

（一）污染土处理困境

在 2017 年 4 月项目启动之后，海底隧道 A 项目中一部分规划用于生产预制件的土地上出现了污染土的处理困境。在项目正式启动的大概 3 个月以后，当检测员将污染土的采样检测结果通知到项目部经理，大家才意识到污染土的成分以及处理难度远大于初期检测的水平，且恰逢国家针对二类固废的处理提出了新的要求，这一要求远高于之前的环保标准。另外，施工区域坐落在城市核心，毗邻重要商务以及住宅区域，环保要求等级很高，同时周围市民对于环保情况非常关

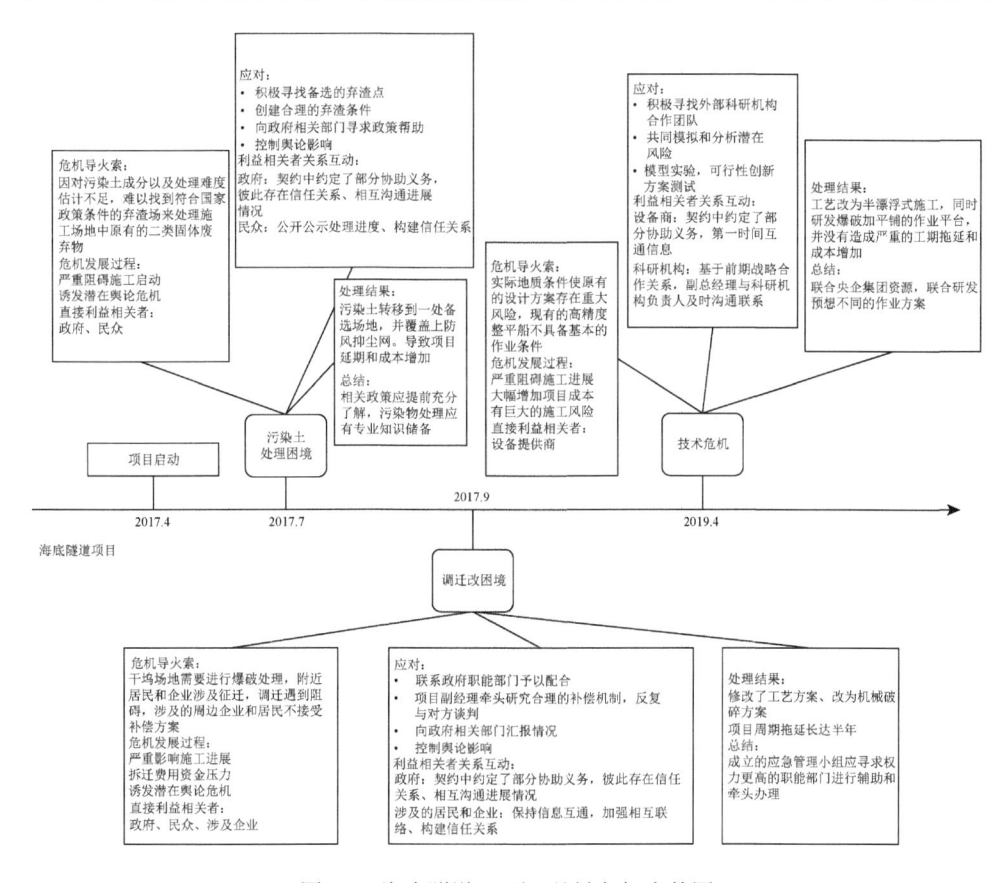

第三章 工程项目治理如何影响组织韧性：多案例研究

图 3.2 海底隧道 A 项目关键危机事件图

注。因此，这次政策上的变动和前期对于污染物的误判，导致大家对此类事情的严重程度估计不足。项目部对污染类问题接触不多，不是很清楚应该如何进行处理。在经过进一步了解以及内部讨论之后，项目部决定将此事上报当地环保局以及项目专项负责小组。

事实上，对于环保局而言，一方面，在刚下达的新政策要求之下，此类大规模的固废要进行处理，如果要进行技术上的处理非常困难，另一方面如果需要提供备选弃渣点也难以很快找到合适的方案。项目专项负责小组负责人员反馈的情况在合适的时间和成本范围内没有能够找到处理此类事务的方案。此事项被继续上报市一级负责人。与此同时，项目由于缺乏开工的环保资质许可，也难以进一步推进，导致项目上的大量到场工人没有按照原定计划进行开工准备。项目部的压力随时间而逐步增加，项目部由于不确定此事项多长时间能够得到妥善处理，因此也不确定是否应该让工人继续等待。事实上，又经历了一个多月时间，当项目上的财务测算项目融资成本时，项目部更加意识到，耽搁的每一天都将转化为高额的利息，以及项目部设备人员的费用，这些将最终反映在项目的成本上。

由环保因素造成的拖延，令双方束手无策，之前没有明确这一部分责任应该由谁来承担，因此在契约层面没有形成有效的共识，项目部只能频繁催促地方政府拿出紧急应对方案，加快污染土处理，尽早地恢复开工。然而，选择备选排渣场地会产生更高的费用，污染土的处理涉及环保部门、城市规划部门以及项目专项办公室等多个部门，项目部一开始按照各个部门制定的办事流程，开始逐级走申报手续却发现各个部门之间的协调存在问题，缺少针对这一特殊情况的问题解决通路。地方政府针对此问题，在分析了面临新的政策法规和出现前期测量污染物不全面不准确的情况后，召开了内部专项讨论会，制订了一个大致的应对方案，并安排了一个专项领导小组来牵头各个部门来做这项工作。最终政府牵头负责人协调相关部门，针对污染土提出了具体的处理方案，并确定了一个新的弃渣点，用以堆放待处理的污染物，同时协调相关部门对新的弃渣点和运渣方式进行改进，增加了防风抑尘网，防范在处理的过程中出现二次污染问题。虽然在海底隧道 A 项目相关各方的共同努力下，最终完成了污染物的转移和处理，但是工期的延误却远超各方想象，项目部对于完成项目承受更大压力。

（二）调迁改困境

就在污染土问题刚刚确定具体的处理方案和工作安排之后，项目部又接到另外一个通知。负责土地爆破前期测绘调研的团队汇报了爆破工程的影响范围以及周围群众的反应。用来做干坞场地的规划区域由于废弃建筑物需要进行爆破处理，存在部分居民在爆破测绘的红线区域内的问题，如果进行爆破作业，很有可能给红线内的居民带来人身财产损失。因此，项目部组织了专项调迁改小组，针对红线范围内的居民进行逐户说明，对于红线以外但仍有可能波及的居民进行劝导。经过现场的了解后发现，并不是所有居民都有合法正当的居住手续，还有部分居民拒不配合调迁改小组的协商方案。"调迁改牵扯各方利益过多，处理难度都大大超过我们的想象"，海底隧道 A 项目的调迁改小组长叹气道。

针对这一问题，项目合同条款中有明确说明，调迁改相关的问题需要政府相关部门出面协调并进行相关工作的推进，即政府需要扮演协助处理的角色。政府出资代表与工程局 AA 子公司之间的信息沟通程度以及信任关系等存在不对等问题。而出于对舆论影响等部分问题的考虑，政府对于协调此类问题非常谨慎。虽然项目的目的是服务当地经济以及更大的市民范围，且部分涉及的居民并不能够提供房产合法证明，难以区分居民中有多少房子属于违建，按照现有的拆迁统一标准，部分居民表示难以接受。调迁改工作进入瓶颈期，一小部分居民始终拒绝政府提出的方案，表示不能按照要求在指定时间内搬出。项目部把部分居民面临的问题汇报给政府的城建管理和房产登记部门，得到的答复也是没有办法解决无正当房产登记的居民的拆迁补偿问题。而对于以上情况，申请处理的流程也持续了很长时间，由于部门之间缺乏协调，对于调迁改相关处理方案的审批也并没有马上得到回复。后来，项目公司与专项调迁改小组针对停滞不前的项目进度再一次会面，重新评估了现有的处理方案，决定重新商定合理的补偿机制以及多个政府职能部门要共同配合方案制订工作，或者重新拟定破拆的技术方案，采用破坏影响更小的方案。

经过讨论，最终确定修改原先选择的爆破处理方案，改成机器破拆处理的方案。在新方案下，AA 子公司调用了自己的承包商资源，选择了备用的机械破碎设备来协助方案的实施。虽然新方案在一定程度上增加了项目的成本，延长了项目的工期，但实际上，如果采用原先的方案，则很有可能需要产生很高的拆迁补偿费用以及潜在的风险。针对新方案，各利益相关者都表示支持，而多支出的破拆费用则需要各利益相关者共同承担。最终项目虽然出现了延期，但是问题终于得到了妥善的解决，项目也得以继续推进。

（三）技术危机

由于污染土处理问题以及后期的调迁改问题，项目的实施没有按照之前计划顺利进行。海底隧道 A 项目中沉管预制部分的工作得到了稳步推进，并开始试验整平船的工况。在检查实施场地的时候，项目部的技术人员多次进行数据分析和测算发现，实际的场地的地质条件要比图纸上的情况更复杂，如果按照之前的整平方案，则有可能会出现重大安全风险。技术工程师在明确可能发生风险的情况之后，迅速将情况汇报给了项目指挥部。项目指挥部比启动整平船时间提前 5 个月了解到这个情况，给项目指挥部提供了较为充裕的时间。如果按照原先方案，将整平船放在地质复杂的海底，将会产生较大人员和财产损失风险。

项目指挥部动用了自己跟科研院所的资源，与 L 大学形成了科研小组，并讨论临时修改整平船的工艺，改进整平船的作业条件。在经过对于潮汐力和风力的评估之后，L 大学决定改进方案，模拟和实验半漂浮式施工方式以解决整平船技术问题。在此方案下，工程局 AA 子公司联系集团的整平船供应商共同参与到半漂浮式作业的实验研发中来。同时，项目公司采用了集中攻关的策略，将大家集中到一个实验基地进行集体研究，一方面保证了大家的资源和知识的共享，另一方面强化了大家集中精力完成任务的工作状态。

由于工程局 AA 子公司跟 L 大学签署了战略合作协议，所以直接在 L 大学的海洋实验室进行了模拟实验，并很快得出了实验数据。对于设备承包商来说，工程局 AA 子公司是其战略合作伙伴，双方不仅在该项目上有设备买卖合同这一直接关系,而且存在评价机制,意味着如果要成为工程局 AA 子公司的战略供应商,需要达到一系列的评价指标,例如在有需要的时候快速到达现场以及参与到设备的共同研发之中。

在整个共同研发过程中,各方也展示了极大的诚意。在整个研发过程中,工程局 AA 子公司组织 L 大学的科研团队与设备供应商共同合作,大家积极配合,没有出现消极情绪。虽然是临时安排的工作,各方还是对应该如何解决这个问题十分关注,都保持了很高的专业水平,尤其是对待这个共同研发项目,也倾注了较大的心血,最终方案得到了改进,并没有造成严重的工期拖延以及成本增加。这次技术危机发现及时,应对的方式也极大地调动了智力资源、设备资源以及场地资源,各方都保持了较高的精力投入水平,技术危机得到了有效的化解。

三、案例内分析

(一)研究单元一

本书对海底隧道 A 项目中污染土处理困境的"项目契约治理和关系治理—资源重构和团队正念—组织韧性"表现及相互关联进行分析(图3.3),具体内容如下。

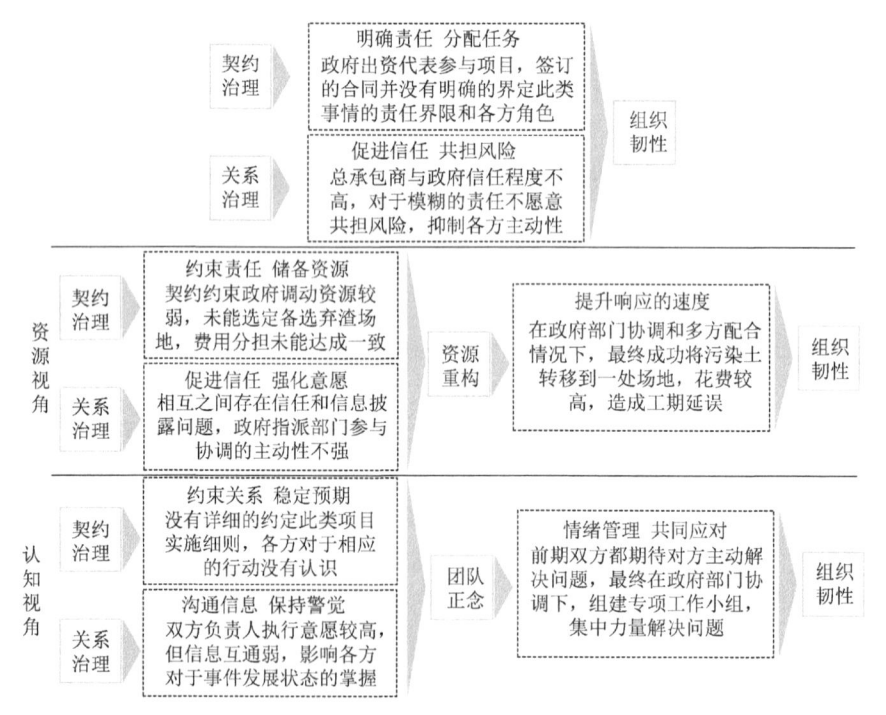

图 3.3 海底隧道 A 项目污染土危机"项目契约治理和关系治理—资源重构和团队正念—组织韧性"分析图

1. 海底隧道 A 项目污染土处理困境"项目契约治理和关系治理—组织韧性"分析

海底隧道 A 项目的总承包商同时也是项目公司的股东之一，但其与政府之间的信息沟通机制以及信任水平并不令人满意，双方签订的合同并没有很明确地划分清楚彼此之间针对污染土问题的权责利安排，在遇到问题的时候各方不清楚各自的角色。因此，当项目遇到危机时，没有专业的人出现在必要的地方做出反应工作。面对污染土问题各方都表现得比较慌张且不知所措，相互之间也是彼此推脱责任大于相互之间的信任和关注，不愿意共同承担政策危机以及污染土危机带来的风险，影响了大家在处理问题时的资源调动能力，没有形成良好的项目氛围，因此项目的组织韧性有着较差表现，造成工期延误。

2. 海底隧道 A 项目污染土处理困境资源视角的"项目契约治理和关系治理—资源重构—组织韧性"分析

海底隧道 A 项目污染土处理中契约和关系手段并没有很好地约束政府进行相应的配合工作，政府在调动部门资源、协调部门配合工作方面没有体现出应有的速度和效果。由于没有部门支持以及没有及时地提供备选弃渣场地资源，影响了项目工期。

3. 海底隧道 A 项目污染土处理困境认知视角的"项目契约治理和关系治理—团队正念—组织韧性"分析

海底隧道 A 项目污染土处理中，政府有关部门和工程局 AA 子公司之间没有将足够的精力投入到解决问题上，而是期待对方解决，因此在面临污染土危机不能及时地进行应对，减少项目的损失，而且在项目的协调会上，工程局 AA 子公司和政府的城乡投资集团之间也存在意见分歧，没有将注意力集中在解决问题上。

（二）研究单元二

本书对海底隧道 A 项目中调迁改困境的"项目契约治理和关系治理—资源重构和团队正念—组织韧性"表现及相互关联进行分析（图3.4），具体内容如下。

1. 海底隧道 A 项目调迁改困境"项目契约治理和关系治理—组织韧性"分析

与污染土处理相似，海底隧道 A 项目的总承包商工程局 AA 子公司与政府之间的信息沟通机制以及信任水平并不充分，双方签订的合同虽然确定了关于调迁改的具体内容，但并没有很明确地确定各方应当匹配的权责利关系。因此，项目

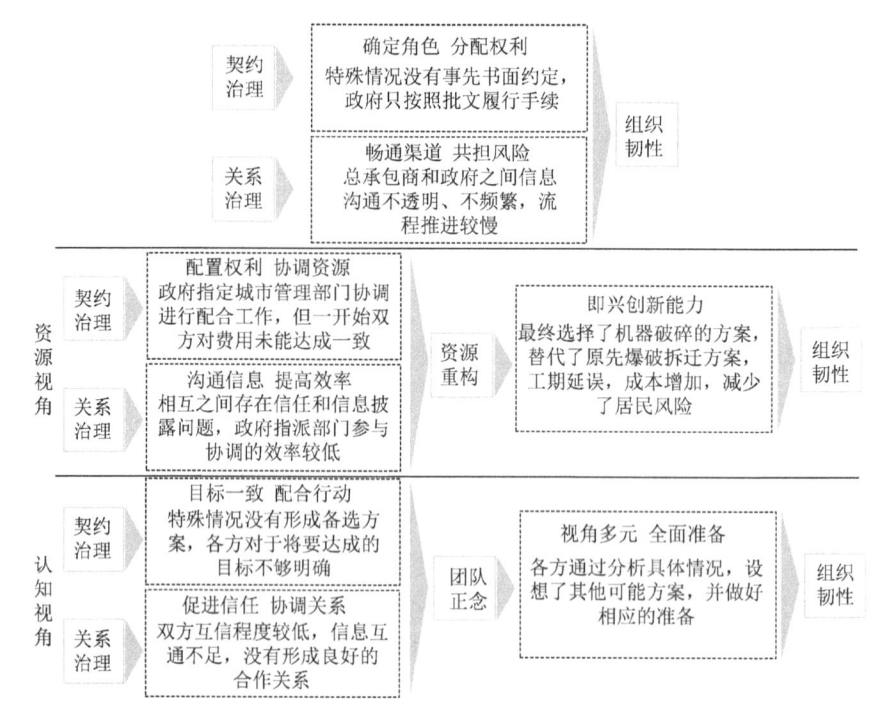

图 3.4　海底隧道 A 项目调迁改危机"项目契约治理和关系治理—资源重构和团队正念—组织韧性"分析图

遇到调迁改困境时也没有马上采用较好的方式进行应对。面对调迁改问题各方表现得都过于谨慎而延误了项目工期，相互之间也是存在负面情绪，不能很好地关注于解决项目问题本身。没有及时地调动各方资源寻找解决方案，项目氛围不是特别好，因此项目的组织韧性也打了折扣。

2. 海底隧道 A 项目调迁改困境资源视角的"项目契约治理和关系治理—资源重构—组织韧性"分析

与污染土处理相似，海底隧道 A 项目调迁改困境处理中，并没有很好的合同规则可以约束政府与工程局 AA 子公司之间的配合行为，而且双方在充分沟通审批流程以及相互信任方面有缺陷。政府没有第一时间出面协调各部门配合工作，没有及时地提供备选处理方案，一定程度上影响了问题的解决。最终在项目的专项讨论会上，决定改变原先的破拆方案。

3. 海底隧道 A 项目调迁改困境认知视角的"项目契约治理和关系治理—团队正念—组织韧性"分析

海底隧道 A 项目调迁改困境处理中，利益相关者之间并没有形成对于调迁改具体问题的责任划分，各利益相关者没有给予足够的关注。政府有关部门和工程局 AA 子公司之间没有将足够的精力投入到解决问题上，而是相互推卸责任，因此在调迁改问题上不能及时地形成替补方案，也没有控制好彼此的情绪和态度，导致项目工期延误和成本增加。

（三）研究单元三

本书对海底隧道 A 项目中技术危机的"项目契约治理和关系治理—资源重构和团队正念—组织韧性"表现及相互关联进行分析（图 3.5），具体内容如下。

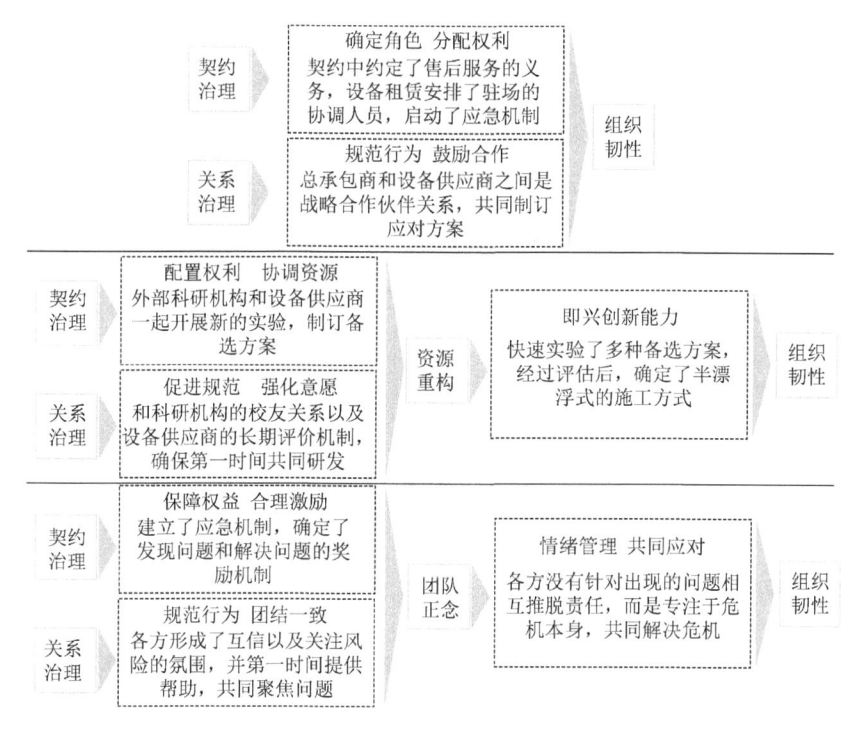

图 3.5 海底隧道 A 项目技术危机"项目契约治理和关系治理—资源重构和团队正念—组织韧性"分析图

1. 海底隧道 A 项目技术危机"项目契约治理和关系治理—组织韧性"分析

海底隧道 A 项目的总承包商工程局 AA 子公司与 L 大学和设备供应商之间的信息沟通机制以及信任水平较高，各方在签订的合同中就明确地规定了彼此的权利义务，而且 AA 子公司与 L 大学的合作研发关系以及跟设备供应商的战略合作伙伴关系较为密切。因此，项目遇到技术问题可以马上有针对性地研究方案，并产生应对的机制，相互之间配合密切，都关注于解决项目问题。各方资源可用性较高，项目氛围比较融洽，因此项目体现出较高的组织韧性水平。

2. 海底隧道 A 项目技术危机处理困境资源视角的"项目契约治理和关系治理—资源重构—组织韧性"分析

海底隧道 A 项目的技术危机处理过程中，危机发生时，L 大学能够迅速地提供实验方案和条件以及实验团队，同时设备供应商也能够及时地提供整平船的相关设备和信息。原因是之前各方已经形成了合同条款以及战略框架协议，要提供必要的帮助。同时，相互之间还存在非正式的关系，如信任程度较高的校友关系以及对设备供应商的长期评价机制，使得各方可以第一时间提供自己储备的资源来进行共同研发，解决问题，缩减了项目部危机应对的时间。

3. 海底隧道 A 项目技术危机处理困境认知视角的"项目契约治理和关系治理—团队正念—组织韧性"分析

在此次技术危机发生之前，项目部就已经分配好了各方需要关注的重大风险，且形成了关注风险的内部团队氛围，对于发现问题和解决问题设定了相应的奖励机制。项目上的技术团队按照要求，第一时间通过深入观察和分析，发现了潜在的问题，关注到了事件的发展，没有造成时机的延误，留出了宝贵的应对时间。同时，各方在面对技术危机时，都投入了较大精力，采取了合作的态度，而不是相互推诿扯皮。

第三节 案例描述与分析：城际铁路 B 项目

一、项目概况

城际铁路 B 项目是工程局 BB 子公司承接的项目，也是纳入财政部第一批 PPP 的示范项目，具体的运作方式为"投资＋融资＋建设＋运营/移交"。项目的总投资为 136 亿元，项目公司由 B 市交通投资集团与社会资本投资人共同组建。该项目全长 46.3 公里，设计时速为 120 公里，采用 B 型车 4 辆编组，直流 1500V 架空接触网受电。总工期大概 40 个月。其中，BB 子公司是项目的分段总体承包商，同时还有一个平行总承包商分管另外一段。项目共涉及"四区间、四站、两桥梁和一车辆基地"。

项目的建设成本高，周期较长，且工程施工难度较大，施工环境比较复杂。公司在施工之初就确立了几个重难点工程，其中包括：保证穿越既有高铁和高速公路作业安全，富水软弱地层大，地下车站开挖时保证基坑稳定是施工重点，确保粉沙地层近距离下穿 B 市地铁 1 号运营线的正常运行是施工难点。

工程局 BB 子公司在施工前就在项目启动的各方碰头会上强调了严谨、协作、创新、引领的八字项目实施方针。之前 BB 子公司牵头的此类项目较多，有着丰富的实施经验，但此项目在部分地段有着较多的道路交叉和富水地质的情况，因此 BB 子公司在与 B 市交通运营集团的沟通过程中，明确提出了对潜在风险可能需要共同配合的需求。B 市的交通运营集团的合同签订经验丰富，对相关项目的了解比较深入，合同签订也更加仔细和严谨。

二、关键事件描述

通过对城际铁路 B 项目的分析，本书对项目中具有代表性、典型性的关键危机事件进行了系统梳理，最终确定了项目面临的三个危机的主要信息，并基于"项目契约治理和关系治理—资源重构和团队正念—组织韧性"理论框架，对案例进行分析。具体的案例危机事件展示如图 3.6 所示。

（一）设计缺陷困境

在 2017 年 9 月项目启动之后，城际铁路 B 项目的项目组收到监控中心报警，一处基坑设计存在缺陷，遇到复杂基坑，设计的钢支撑存在严重问题，在遇到暴雨之后发生裂缝。项目在收到监控中心的汇报之后，立刻组织进行现场勘查和评估，发现原来基坑设计存在缺陷，而恰逢恶劣天气，且施工作业面太复杂导致阳角处钢支撑困难，存在安全隐患，一台设备因为局部坍塌导致设备损坏。

工程局 BB 子公司的人员迅速联系项目组的施工队，进行现场人员和仪器的核对与清点，明确了没有出现额外的人身财产损失情况，并迅速联系了供应商赶往现场，供应商提供了一台备用机器，并移走了现场的设备，同时报了项目保险，寻求意外损失的赔付。另外项目人员联系相关设计人员，对基坑的设计进行了重新评估，并力求隐患得到彻底的排除。

事后项目组进行了针对基坑事故的调查与回顾，虽然并没有造成大的人身和财产损失，但基坑事故作为工程项目最为普遍发生的事故也引起了整个 BB 子公司的警惕。项目设计团队出具了一份详细的调查报告，对基坑周围维护结构发生结构性破坏的原因进行了系统分析，具体而言应该是结构节点处理不当，施工交底不到位，导致围护结构局部失稳而引发部分破坏。这一风险点是钢支

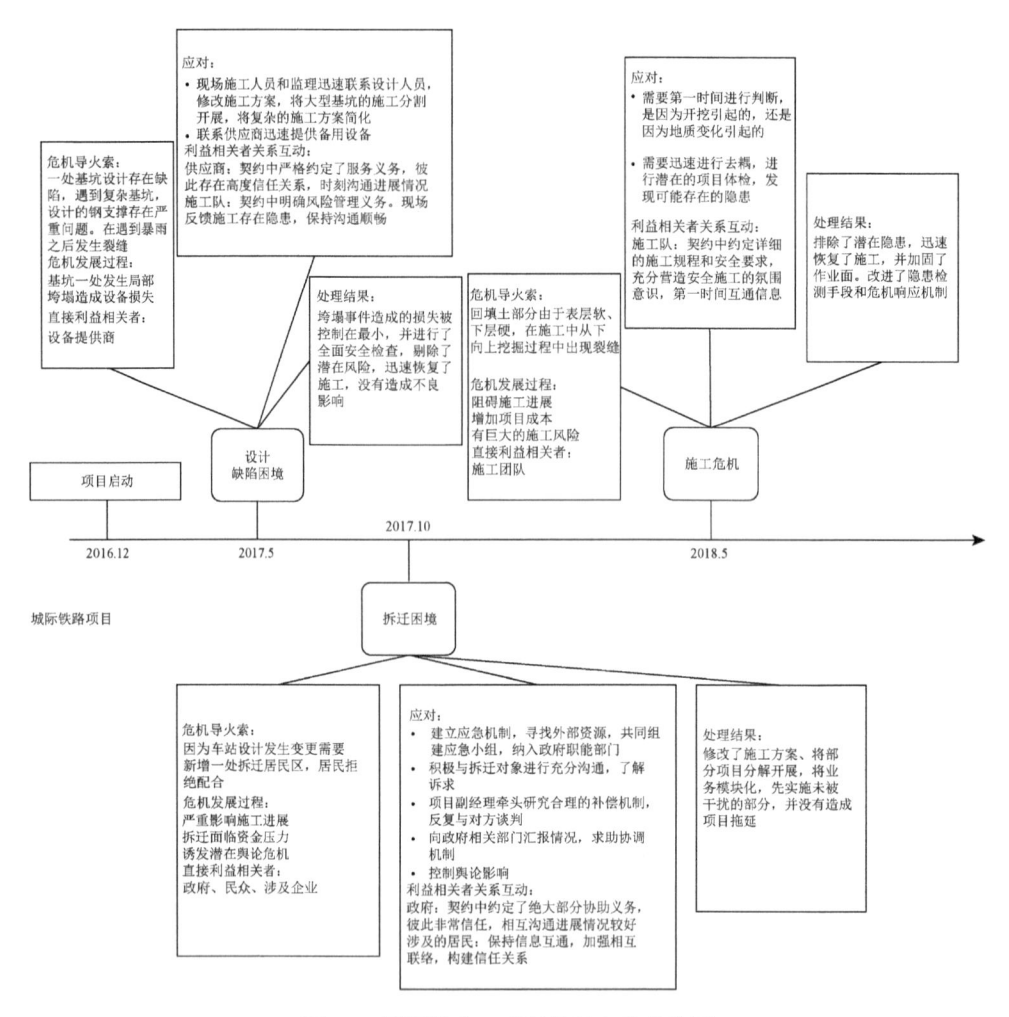

图 3.6 城际铁路 B 项目关键危机事件图

撑体系中的复杂安装过程总质量和流程把控不到位的结果。幸运的是现场设备及时检测到了压力的变化,避免了更大的损失。在危机处理方面,由于备用的设备到场及时,且在雨后也迅速开展了基坑的加固工作,因此项目的工期并没有受到较大影响。

(二) 拆迁困境

因为车站设计发生变更,城际铁路 B 项目有一部分设计线路需要进行调整,而新的设计线路需要对其中一部分居民区进行拆迁调整,而这一调整并没有形成事先的告知,部分居民表示不能接受。在争取到了绝大多数居民的支持后,仍有部分居民不接受货币补偿方案，或者产权调换方案。因此对项目工期产生了影响。

在设计发生变更的时候，BB 子公司就第一时间联系了政府的相关部门，寻求帮助，形成了一个专项负责小组主动与涉及的居民进行沟通，了解其诉求。在充分预判了可能产生的费用后，一边保持与居民的沟通，一边协调设计部门重新进行车站设计，在经过一番交涉和设计讨论之后，项目组决定放弃车站调整的方案，重新进行车站设计，并减少需要拆迁的居民区域。确定了方案修改策略后，安排设计团队对现场方案重新进行了勘测以及修改。

在拆迁危机的应对过程中，BB 子公司采用了考虑协商居民赔偿意向与争取修改车站方案同时进行的方式，减少了对项目工期的影响。同时施工队方面也临时调整了施工人员到其他的分段场地进行施工，减少了闲置施工人员的数量，最大化确保工人的工作安排。

（三）施工危机

城际铁路 B 项目遇到的第三个危机与地质相关，在项目推进的过程中，有一处回填土部分由于是表层软、下层硬，在从下向上挖掘的施工过程中出现了裂缝，而这一裂缝在施工巡检的过程中被及时发现，避免了人员和财产的损失。

发现这一问题的是"险长"，这一职位是城际铁路 B 项目施工和项目部共同组建的，由项目部进行培训与施工队伍进行现场接洽。在险长现场巡检的过程中，通过对照重大危险源识别清单逐项检查容易被忽略或者容易出现的问题，及时识别了潜在的裂缝风险，并上传、发布于分包商、BB 子公司和施工队共同监督的隐患排查治理系统，形成风险个案，及时得到了施工队和分包商的配合。

隐患排查治理系统是用于检测建设和施工过程中隐患并、第一时间上报以及排查的辅助软件系统，是一个非常重要的利益相关者互相沟通的辅助平台，在这次事故中，接到通知的施工队和项目部相关人员立即到场配合进行进一步的排查修补。

三、案例内分析

（一）研究单元四

本书对城际铁路 B 项目中设计缺陷困境的"项目契约治理和关系治理—资源重构和团队正念—组织韧性"表现及相互关联进行分析（图 3.7），具体内容如下。

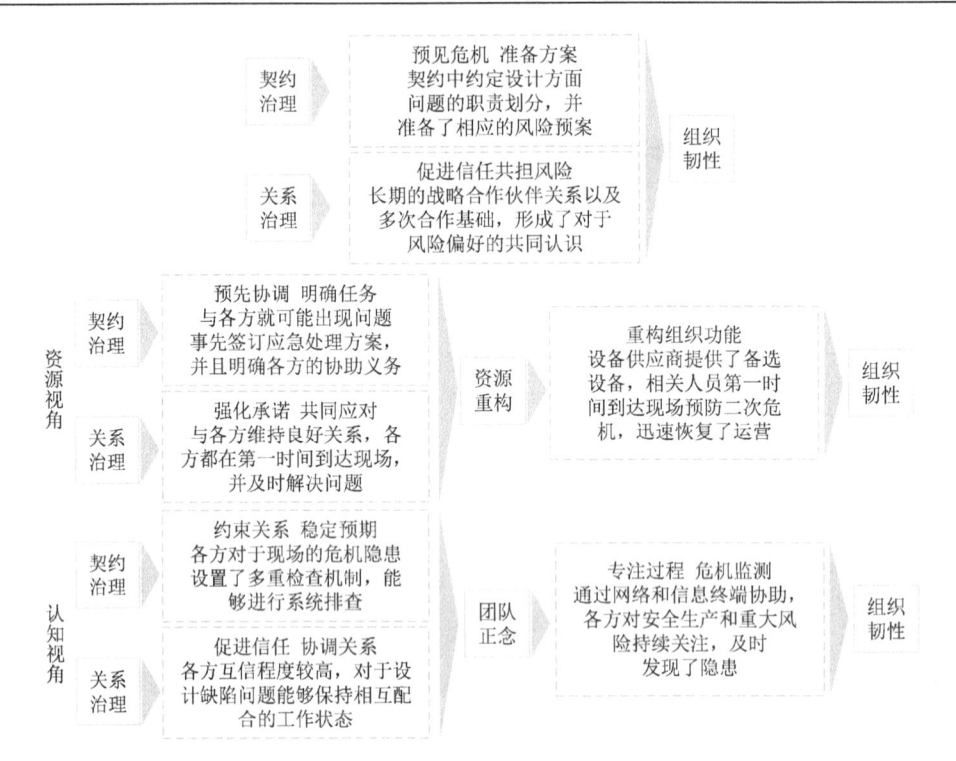

图 3.7　城际铁路 B 项目设计缺陷困境"项目契约治理和关系治理—资源重构和团队正念—组织韧性"分析图

1. 城际铁路 B 项目设计缺陷困境"项目契约治理和关系治理—组织韧性"分析

城际铁路 B 项目的设计缺陷引发的事故，在一定程度上既有设计工程师的责任也有现场交底未清的责任。然而，在合同中，针对设计出现的问题有明确的职责划分，明确了如果在承包商文件中发现有错误、遗漏、含糊、不一致、不适当或其他缺陷，尽管总承包商做出了任何同意或批准，承包商仍应自费对这些缺陷和其带来的工程问题进行修复。而负责设计的公司针对这一情况也没有推诿，及时地进行了方案修正并提出了补救计划。项目针对出现的紧急情况有准备风险预案，其中明确了利益相关者的角色，而且设计缺陷问题第一时间的传达和了解，也让涉及的设备供应商以及施工队能够第一时间做出反应，并迅速地配合工作，及时抑制项目损失的进一步扩大。

2. 城际铁路 B 项目设计缺陷困境资源视角的"项目契约治理和关系治理—资源重构—组织韧性"分析

城际铁路 B 项目中设计缺陷问题涉及项目上的设计单位、施工单位以及设备供应商。项目公司与这些公司就项目上可能出现的情况签订了应急处理方案，并明确了施工单位的协助义务，以及设备供应商的现场设备维修和更换问题。因为，BB子公司与项目有关的设计院、施工单位和设备供应商有多次合作经验并维持了良好关系，设备资源、人力资源都在第一时间到达现场，并及时解决了问题。

3. 城际铁路B项目设计缺陷困境认知视角的"项目契约治理和关系治理—团队正念—组织韧性"分析

从认知视角来分析，城际铁路规划了注意力分布体系，对于现场可能出现的问题不仅设置了分别负责的人员以及单位，而且对于项目上的关键危险源建立了系统的排查管理和监控制度。通过网络和信息终端做到对于安全生产和重大危险源的监控，并实时推送到其他利益相关者，形成对于标段危机的有效预判和控制，及时地发现了设计缺陷以及潜在风险。由于合同的约束以及相互之间的信任和合作意愿，施工团队和设备供应商在针对设计缺陷问题上能够保持着高度配合的状态，面对出现问题的情况，并非忙于推卸责任，且很少出现负面情绪，而是集中精力解决问题。

（二）研究单元五

本书对城际铁路B项目中拆迁困境的"项目契约治理和关系治理—资源重构和团队正念—组织韧性"表现及相互关联进行分析（图3.8），具体内容如下。

1. 城际铁路B项目拆迁困境"项目契约治理和关系治理—组织韧性"分析

城际铁路B项目的拆迁困境属于在设计过程中由于客观需要而产生的额外的工作，因此BB子公司和B市政府相关部门之前并没有做好相关的准备工作，而是临时与涉及搬迁的居民进行沟通。但在城际铁路B项目专项工作组第一次尝试与居民进行沟通收效不明显的情况下，立即确定了双方案同时推进，一方面专项工作组负责与当地居民深入沟通，另一方面项目部与施工团队和设计团队讨论修改车站方案的可能性。最终，确实有部分居民不能接受征地拆迁补偿的标准，而工期已经受到影响。项目部决定更换方案，"舍近求远"，改变原先的设计方案，放弃与剩下的居民进一步沟通。由于新方案还需要一段论证时间，为了合理调配人力资本，BB子公司将该标段的人员调离到其他标段，保证人员的工作安排在合理范围。

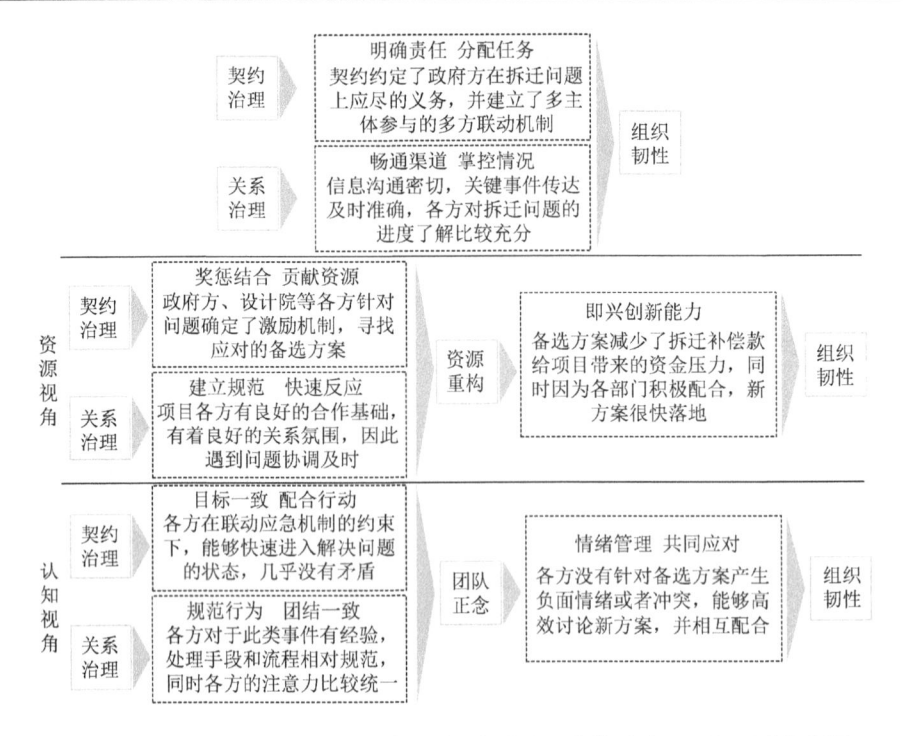

图 3.8　城际铁路 B 项目拆迁困境"项目契约治理和关系治理—资源重构和团队正念—组织韧性"分析图

2. 城际铁路 B 项目拆迁困境资源视角的"项目契约治理和关系治理—资源重构—组织韧性"分析

从资源上来看，城际铁路 B 项目实现资源重构主要是通过将政府方、设计院、施工团队等利益相关者的资源进行充分调用。而调用的手段则是通过在合同中明确设计团队在出现变更情况下配合的义务，以及政府方对拆迁问题的协助责任。另外，城际铁路项目中政府方、设计院以及施工团队相互之间合作过多次，有着较为良好的关系，因此各方在遇到问题时，对于自身的资源调动是主动积极的，也是为了维护长远关系。这些设计资源、人力资源的重新组合和利用提升了项目的应对能力。

3. 城际铁路 B 项目拆迁困境认知视角的"项目契约治理和关系治理—团队正念—组织韧性"分析

从认知视角来分析，城际铁路 B 项目上的利益相关者对于拆迁这种问题有一定的处理经验以及准备。因为项目中出现拆迁危机的时候，出现不配合的居民有一定的概率，而且会严重影响项目的工期。在这种情况下，包括政府在内的各方没有针对变更车站的设计而产生负面情绪或者冲突，而是努力设想多种解决方式，不仅考虑与居民接触，同时还考虑变更方案的可能性。这种对多种解决方式保持接纳和开放态度的状态很容易达成一致，并形成解决问题的具体方案。而这些都建立在各司其职以及相互之间良好的信任氛围的基础之上，很好地限制了机会主义行为。

(三) 研究单元六

本书对城际铁路 B 项目中施工危机的"项目契约治理和关系治理—资源重构和团队正念—组织韧性"表现及相互关联进行分析（图 3.9），具体内容如下。

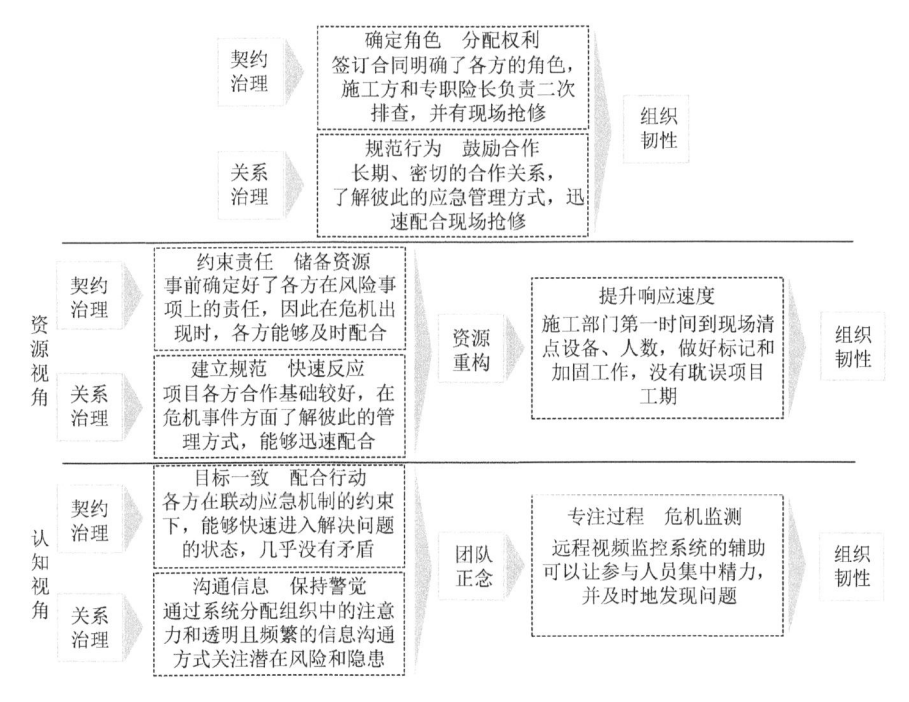

图 3.9 城际铁路 B 项目施工危机"项目契约治理和关系治理—资源重构和团队正念—组织韧性"分析图

1. 城际铁路 B 项目施工危机"项目契约治理和关系治理—组织韧性"分析

城际铁路 B 项目的施工危机是由内部人员不清楚地质情况而引发的，在该种情况下，项目中的施工危机可能引发更加严重的后果，但项目上对于隐患的及时排查和监测起到了及时控制隐患的作用。项目部上安排的险长能够按照流程迅速定位问题，得益于良好的风险源列表项以及隐患排查治理系统的帮助。能够通过技术手段将专业人员的注意力集中到风险源上，保持对风险的高度关注，以及项目部和施工队之间保持着合同和长期的协作关系，在出现问题的时候能够第一时间进入补救的状态，遏制隐患的进一步发展。

2. 城际铁路 B 项目施工危机资源视角的"项目契约治理和关系治理—资源重构—组织韧性"分析

从资源上来看，城际铁路 B 项目实现资源重构在这一事件上体现得并不明显，因为危机在早期就得到了有效的识别以及及时的控制。各方资源都早已做好准备，例如施工队能够第一时间到现场清点现场设备、人员，并做好相应的标识和加固工作，对人力资源的调动起到了辅助作用，并加入了原本没有安排好的工作，属于对现有人力资源的调配。

3. 城际铁路 B 项目施工危机认知视角的"项目契约治理和关系治理—团队正念—组织韧性"分析

这次施工危机事件，从认知视角来看，是组织对于危险源的关注度起到了作用，现有的险长专门负责排查隐患。险长体现出城际铁路项目部对于风险设置了单独的注意力分配通道，形成了对于隐患和风险信息的精准识别。每日的危险源排查清单都公布在最显著的位置，同时险长也负责在存在危险源的地方进行二次排查，以做到尽量无疏漏。同时，远程视频监控系统以及隐患排查治理系统，不仅能让项目上所有相关人员第一时间了解到隐患问题，同时还能让远程的控制中心起到督促、监控以及随时勘查的目的。项目部还将设备安全操作规程以及注意事项制作成了二维码，供现场实操人员随时查看，施工队、现场管理人员可以针对信息进行充分沟通。此项施工危机在发展的早期就得到了有效控制，减少了进行后续危机应对的必要，但项目部依旧将这一区域的地质状态记录在案，并形成了内部学习文件。

第四节　案例描述与分析：地铁交通 C 项目

一、项目概况

地铁交通 C 项目是工程局 CC 子公司承接的项目，是 C 市轨道交通第二轮建设规划的首条线路，并被国家发改委批准为 PPP 轨道交通项目。其运作范式为引入了社会资本的"投资+建设+运营+维护"的模式。项目总投资188亿元,其中项目注册资本金38亿元,政府占15%,其他社会资本方共同占比85%。在签订了特许经营协议后,SPV公司负责具体的投资、融资等方面的管理工作,建设期一共60个月。地铁交通C项目全长约24.5公里,共设9个标段,车站18座,其中换乘站6座。C市为沿海城市,地质情况非常复杂,导致地铁项目的施工难度系数较高。项目包括一段有海底盾构的线路,长达2310米,为单洞双线双层衬砌盾构隧道。这一标段内的难度极大,因为施工环境高度敏感,施工难度极大,安全风险系数极高,国内尚无先例,也被视作世界级的工程难题。同时还有多个标段采用地下两层暗挖法施工。总结来看,地铁交通C项目施工工具转换复杂、转换频繁,地质条件复杂多变、地下水丰富等周围环境风险高。

工程局CC子公司在多个局的统筹协调下与C市就项目的重要程度、项目的重要意义以及需要协助的责任与义务进行了深入沟通。CC子公司在项目启动阶段与各方就项目中可能出现的问题进行了深入沟通,并明确提出了对潜在风险可能需要共同配合的需求,以及共同解决问题的原则。C市的地铁有限公司与CC子公司之前有过合作,且地铁方面的合同签订经验丰富,对相关项目的了解比较深入,对于项目的其他参与方的管理也有一定的经验,合同签订也比较详尽。但作为C市第一条政府与社会资本合作建设的线路其建设过程也存在诸多不确定性。

二、关键事件描述

通过对地铁交通C项目的分析,本书对项目中具有代表性、典型性的关键危机事件进行了系统梳理,最终确定了项目面临的三个危机的主要信息,并基于"项目契约治理和关系治理—资源重构和团队正念—组织韧性"理论框架,对案例进行分析。具体的案例危机事件展示如图3.10所示。

(一)融资危机

地铁项目作为投资需求大、盈利能力低、回收周期长的建设项目,其资金筹措的难度较高,而地铁交通C项目也同样面临这些问题,具体体现为由于资金解付程序上的困境,资金到位时间比预期晚。工程项目资金不到位的情况较为严重,在思想上不重视导致出现融资困境,后由多方协调解决。

事件的起因是原先参与投资的C银行,在招标过程中,明确表示了能够提供贷款,但在最后总行审批的时候遇到审批流程上的问题,导致之前预想的资金迟

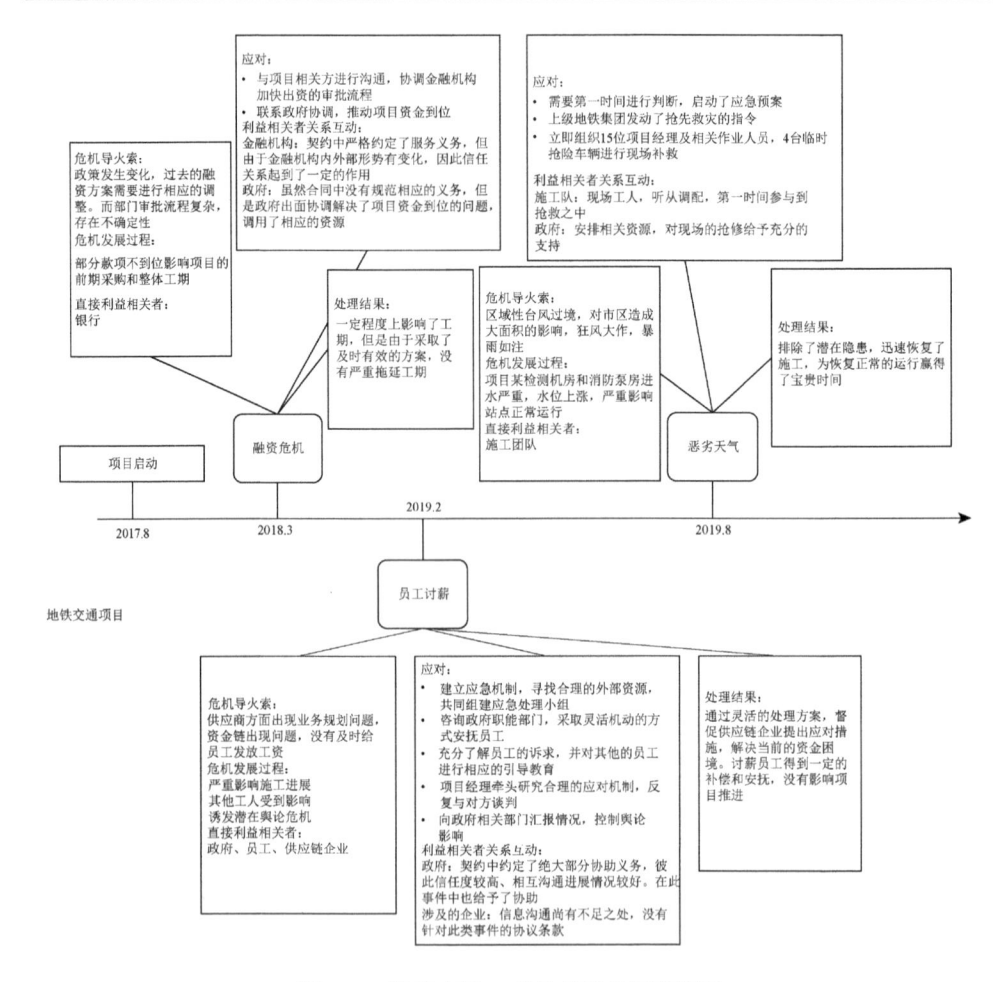

图 3.10 地铁交通 C 项目关键危机事件图

迟不能审批下来，而具体能够申请下来的时间也并不确定。依据 C 银行的情况汇报应该是有部分条件不符合总行的日趋严苛的项目贷款审批标准。

在项目合同签订初期，工程局 CC 子公司在项目融资方面与 C 市确定了部分协助义务，但双方在具体实施项目的过程中没有预料到资金解付的困难程度。在资金吃紧的情况下，项目 C 同时启动两种应对思路来解决问题，一方面寻找母公司资源尝试了解审批的具体难点以及缺省的具体事项，另外通过与 C 市有关部门的沟通，与 D 银行建立了联系，了解发放贷款的具体要求和可能性。最终在多方协调的情况下，确定了项目贷款资金由 D 银行来发放。虽然资金的贷款利率有所提高，但对于项目的按期实施有很可靠的保障，同时项目资金到位也会节省中途垫资产生的拆借成本。

（二）员工讨薪危机

员工讨薪是因为 CC 子公司的分包商企业经营不善出现亏损，回笼的资金并不足以向员工按时足额发放工资。虽然发生员工讨薪的项目与地铁交通 C 项目本身关系不密切，主要还是分包商之前的其他项目出现资金问题。但由于员工讨薪心情迫切，部分员工出现在地铁交通 C 项目上，并意图寻求说法甚至有进一步演化为不理智行为的趋势。

面对这一情况，CC 子公司地铁交通 C 项目的企业负责人出面了解情况，并迅速与 C 市的有关负责部门进行了沟通。同时，地铁交通 C 项目上的负责人还与员工代表进行了沟通，表达了企业对相关事件的高度关注以及将协助解决的良好态度。另外，CC 子公司还与涉事的分包商进行了沟通，了解到具体的资金困境。最终在各方努力之下，CC 子公司做出主动回应，答应提供解决方案，帮助供应链企业改善资金压力，稳定了员工情绪，规避了潜在的舆论和社会风险，以及对项目甚至工程局 CC 子公司所在的集团造成不良影响的可能。

CC 子公司在涉及各个项目利益相关者的专项讨论会上强调，现阶段的部分项目存在盲目扩大投资规模的问题，在资金没有筹措到位的情况下，总是急于施工，导致建设单位与施工企业资金链不能形成良性循环。CC 子公司强调要严格防范项目出现安全风险的同时，各个分包商，尤其是施工队等需要做好员工待遇保障，如果出现问题将进行处罚。对于存在的隐患和风险需要及时进行汇报，以维护项目的稳定安全运行。

（三）恶劣天气危机

在 2019 年 8 月份，C 市遭遇台风袭击，恶劣台风天气在 C 市造成大面积的严重影响，狂风大作，暴雨如注。由于地铁交通 C 项目恰逢实施"主结构"攻坚期，因此项目也受到了暴雨的影响。项目上的检测机房和消防泵房出现严重的进水现象，水位上涨，严重影响站点运行。

地铁交通 C 项目在台风来临之前，就接到了政府相关部门的做好防汛的通知。项目上的相关人员做好了防汛准备，同时也停止了项目施工，做好场地检测工作。但由于雨势过大，检测机房水量报警，施工团队在接到报警通知之后第一时间到达现场，进行了场地检修，加强了排水的相关工作。由于提前准备工作比较到位，并没有出现严重的人员财产损失，未对工期造成严重影响。

在工程局 CC 子公司签订的协议中有恶劣天气预案，对于出现自然灾害等不可抗力有着明确的规定，约束了各方在保证人身安全的情况下，减少财产的损失。

同时也购买了相关工程保险,以防止意外的损失发生。在与工程施工队沟通的过程中,CC子公司也进行了应急演练,针对可能产生的各种情况,进行了详细的分析,并且安排了具体的临时状况负责人员,明确了各方的角色和任务。

三、案例内分析

(一)研究单元七

本书对地铁交通C项目中融资危机的"项目契约治理和关系治理—资源重构和团队正念—组织韧性"表现及相互关联进行分析(图3.11),具体内容如下。

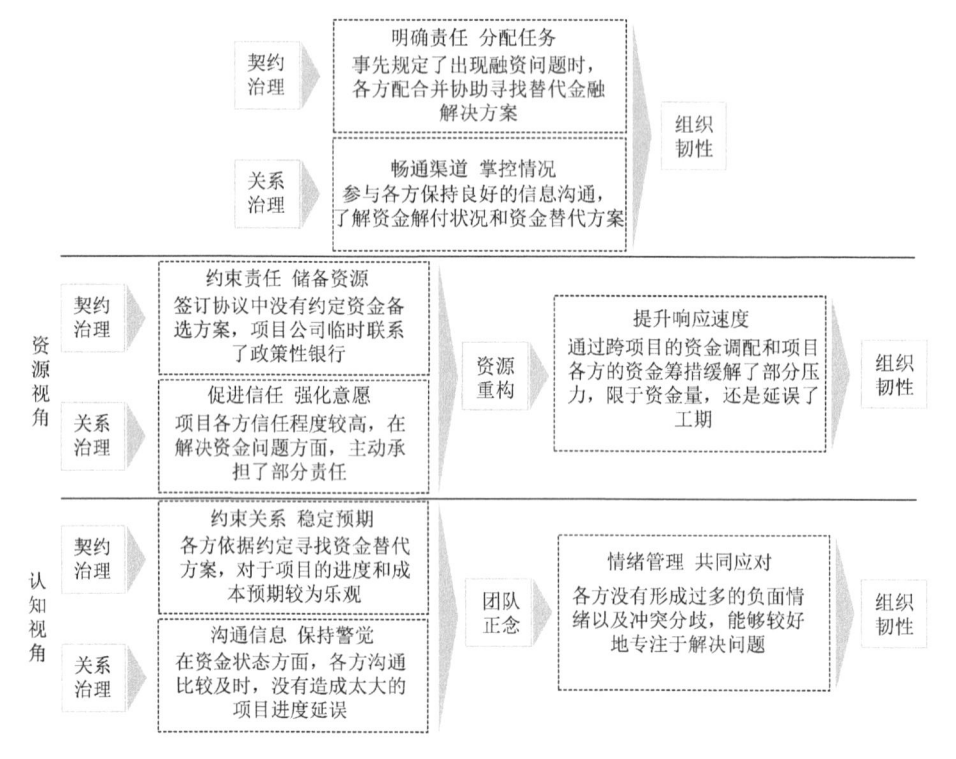

图 3.11 地铁交通 C 项目中融资危机"项目契约治理和关系治理—资源重构和团队正念—组织韧性"分析图

1. 地铁交通 C 项目融资危机"项目契约治理和关系治理—组织韧性"分析

地铁交通 C 项目融资危机的触发原因是利益相关者出现内部流程问题导致项目资金不能按时解付,造成较长时间的拖延,而项目前期资金需求紧张,所以需要迅速启动应对预案,防止前期项目出现资金问题。虽然前期与 C 银行达成了初步的协议，针对不能按期解付的情况进行了说明，但由于资金的需求比较紧急，项目组提出了两种应急思路，一方面依靠关系沟通了解资金审批流程中可能出现的具体问题，以及是否能够得到妥善解决；另一方面是通过与C市地铁公司协商寻找替代金融机构D银行，D银行是政策性银行，其稳定性较好。经过努力，最终确定了由D银行来提供项目贷款。资金对于项目启动颇为重要，这次融资危机的影响虽然较大，但最终还是得到了解决。

2. 地铁交通C项目融资危机资源视角的"项目契约治理和关系治理—资源重构—组织韧性"分析

从资源视角来看，地铁交通C项目融资危机关键在于资金资源是否能够快速找到替代方案，一方面取决于之前的备选方案，另一方面是通过C市政府出面协调确定D银行的内部贷款额度是否足够。C市政府作为项目核心利益相关者，能够快速响应，并主动协调储备资源为破解项目资金困境提供了有效的帮助。项目资金资源由于存在较高的储备成本，因此往往不会存在太多冗余以供解决临时危机。项目中的核心利益相关者在多个项目之间协调资金贷款额度问题。同时，因为有一定的信任基础，多个利益相关者也参与解决资金问题，在一定程度上扮演了资金资源调配的角色。但由于资金量过大，在一定程度上还是对项目产生了影响，如果地铁交通C项目能与初始C银行保持频繁的信息沟通和审批流程的公开化，将会减少对项目的影响。

3. 地铁交通C项目融资危机认知视角的"项目契约治理和关系治理—团队正念—组织韧性"分析

从认知视角来看，各利益相关者对于事件的关注起到了一定的作用，一方面各方前期没有针对资金引发的问题产生太大分歧，另一方面C市政府参与协调外部资金，高度重视和关注项目启动。在外部资金压力下，项目上的各方能够专注于解决问题以及迅速提出可能的解决方案，对危机应对的时效性很有帮助。

(二) 研究单元八

本书对地铁交通C项目中员工讨薪危机的"项目契约治理和关系治理—资源重构和团队正念—组织韧性"表现及相互关联进行分析（图3.12），具体内容如下。

1. 地铁交通C项目员工讨薪危机"项目契约治理和关系治理—组织韧性"分析

地铁交通C项目员工讨薪危机的触发原因是项目的利益相关者之前的资金链问题对项目造成了影响，分包商员工的工资发放不到位，引发了员工的不满情绪并

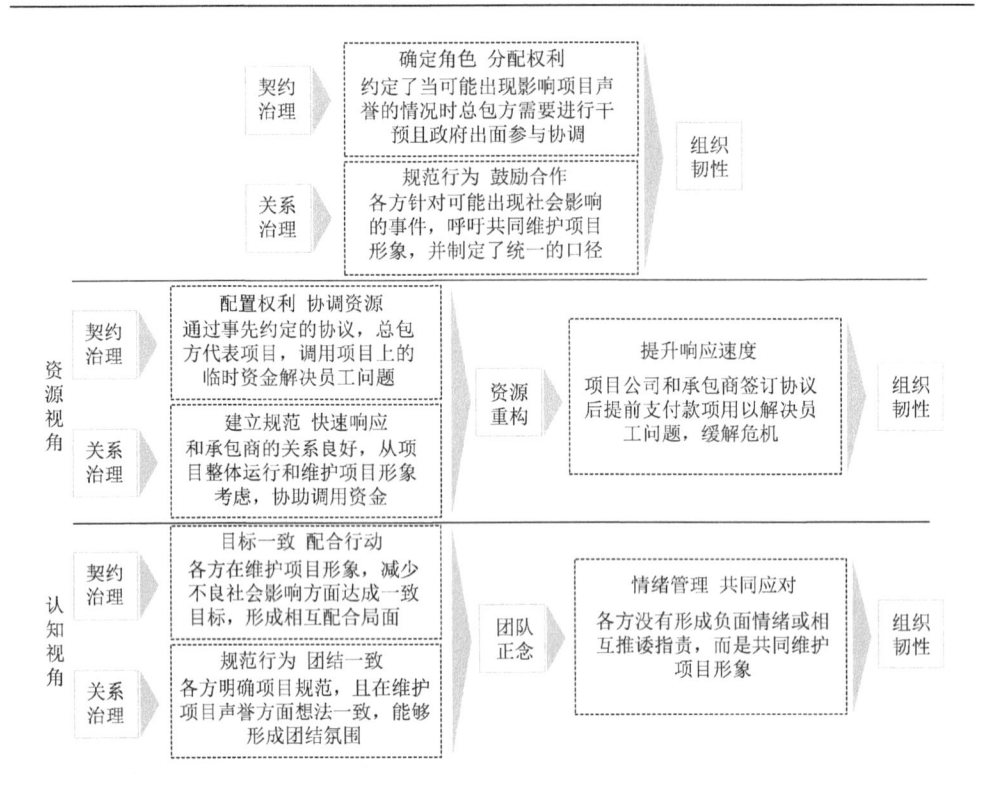

```
资源视角
  契约治理 → 配置权利 协调资源
              通过事先约定的协议,总包方代表项目,调用项目上的临时资金解决员工问题
                                                        → 资源重构 → 提升响应速度
                                                                    项目公司和承包商签订协议后提前支付款项用以解决员工问题,缓解危机
                                                                                                                    → 组织韧性
  关系治理 → 建立规范 快速响应
              和承包商的关系良好,从项目整体运行和维护项目形象考虑,协助调用资金

认知视角
  契约治理 → 目标一致 配合行动
              各方在维护项目形象,减少不良社会影响方面达成一致目标,形成相互配合局面
                                                        → 团队正念 → 情绪管理 共同应对
                                                                    各方没有形成负面情绪或相互推诿指责,而是共同维护项目形象
                                                                                                                    → 组织韧性
  关系治理 → 规范行为 团结一致
              各方明确项目规范,且在维护项目声誉方面想法一致,能够形成团结氛围
```

（上部延续：契约治理—确定角色 分配权利；关系治理—规范行为 鼓励合作 → 组织韧性）

图3.12　地铁交通C项目中员工讨薪危机"项目契约治理和关系治理—资源重构和团队正念—组织韧性"分析图

选择到项目上寻求解决方案,对项目的整体形象以及项目的施工和内部氛围造成了影响。工程局 CC 子公司与分包商之前的签约合同中曾明确规定了对于员工工资和福利待遇的保障,以及如果出现违约的情况,将进行相应的内部惩罚。同时也共同呼吁维护项目的整体形象和施工氛围。合同条款和战略合作协议有着约束力,但仍需要进一步详细制定约束内容,加强对于资金紧张情况的通报。

2. 地铁交通 C 项目员工讨薪危机资源视角的"项目契约治理和关系治理—资源重构—组织韧性"分析

从资源视角来看,应对员工讨薪问题往往需要临时性的资金资源来安抚员工的情绪,且资金的调用成本较高,在应对这一危机时,项目公司的股东协商后提前支付给分包商一部分资金,以确保员工的问题能得到暂时的解决,同时协助分包商通过合理合法手段争取更多资金回笼。虽然 CC 子公司没有义务解决分包商之前的资金链问题,但从大局考虑,为了共同推进项目进展,CC 子公司也做出了让步。

3. 地铁交通 C 项目员工讨薪危机认知视角的"项目契约治理和关系治理—团队正念—组织韧性"分析

从认知视角来看，员工讨薪容易引发项目内部成员之间的担忧，严重影响项目成员对工作任务的关注度，让内部产生担忧。此时保持良好的利益相关者关系，营造良好的氛围更有利于组织内部遏制这种影响的扩大和恶化。CC 子公司与分包商的关系和信息沟通还需要进一步深入，这样能够在问题出现的早期阶段进行识别，有效抑制类似问题的再度出现。

（三）研究单元九

本书对地铁交通 C 项目中恶劣天气危机的"项目契约治理和关系治理—资源重构和团队正念—组织韧性"表现及相互关联进行分析（图 3.13），具体内容如下。

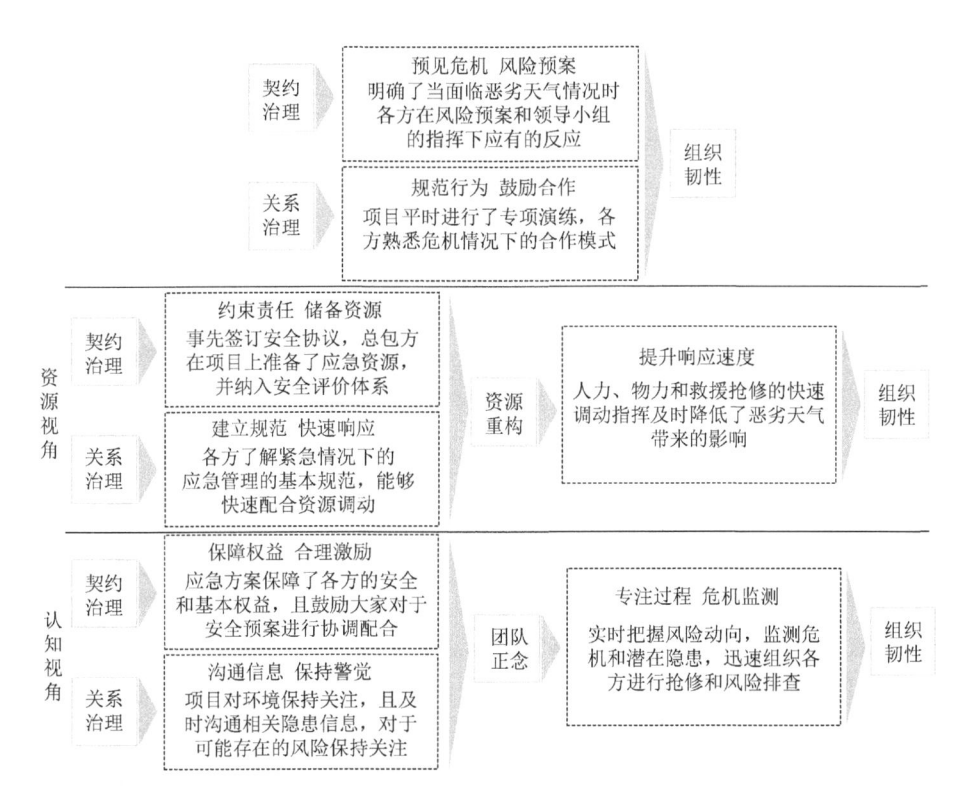

图 3.13 地铁交通 C 项目中恶劣天气危机"项目契约治理和关系治理—资源重构和团队正念—组织韧性"分析图

1. 地铁交通 C 项目恶劣天气危机"项目契约治理和关系治理—组织韧性"分析

地铁交通 C 项目恶劣天气的问题是由外部的不可抗力引发的，恶劣的天气条件虽然发生概率低，但是容易给项目带来严重的人员和财产损失。合同中提到了外部不可抗力因素，如地震、飓风、台风或火山活动等自然灾害。同时，针对不可抗力，合同规定各方都应始终尽所有合理的努力，使不可抗力对履行合同造成的任何延误减至最小。同时，地铁交通 C 项目组织了应急演练，针对台风可能带来的影响约束了关注天气预报的人员、备好防汛物资、提前停止需要连续施工的工序作业、检查井字架工棚等是否安全，针对发现的问题进行立即整改。这些书面条款明确了项目中各方需要完成的准备工作，以及通过加强信息沟通提升了大家面对危机情况的信心。

2. 地铁交通 C 项目恶劣天气危机资源视角的"项目契约治理和关系治理—资源重构—组织韧性"分析

从资源视角来看，建筑工程项目需对台风衍生灾害有一定认识。实际上，场地内的脚手架、塔吊、基坑、检测室等都有被破坏甚至产生漏电、倾覆、吹散等导致二次伤害的风险。在危险来临前，地铁交通 C 项目对人员进行疏散，出现问题时及时进行抢修同时做好医疗救护工作。这些都归因于地铁交通 C 项目前期进行了相应的应急演练，并与施工方、设备商等单位，就平时应做好的相关准备以及遇到危险时，应该共同维护项目上人机料的安全签订了协议，并纳入绩效评价体系。同时针对场地的具体情况，地铁交通 C 项目调动了额外的人力资源在短时间内对现场设备进行了加固。在项目内部的应急条例中明确了各方遇到自然灾害问题时的责任义务以及人力、物资、救援和抢修都由谁来指挥调动，形成了快速应对危机的能力。

3. 地铁交通 C 项目恶劣天气危机认知视角的"项目契约治理和关系治理—团队正念—组织韧性"分析

从认知视角来看，制订的应急方案保障了参与各方的安全和核心利益，并鼓励大家在关键情况下互帮互助共渡难关。地铁交通 C 项目对可能产生的恶劣天气风险进行了预警，并设置了单独的信息捕获渠道。当台风发生时，能够迅速通过紧急领导小组对项目上各方进行统一指挥，引导大家不要受恐慌情绪的影响，尤其是在出现问题的情况下，不要先互相指责形成冲突，而是迅速组织工地抢修救援团队聚焦于抢修救援工作。当恶劣天气过境之后，地铁交通 C 项目再组织大家详细排查以及快速恢复工作状态。台风对项目的破坏性影响因此降到了最低。

第五节　跨案例分析

在分析三个典型项目九个研究单元的内部问题之后，本书对各个案例进一步进行归纳和对比分析，从资源和认知两个视角，分析契约治理和关系治理对组织韧性的影响机理。对契约治理和关系治理对组织韧性的影响分析意在识别其中的影响机制，概念化其内在作用机制，具体分析如下。

一、契约治理与关系治理对组织韧性的影响分析

在分析案例内工程项目临时性组织情境下契约治理和关系治理对组织韧性的影响机制，即项目治理对组织韧性的影响机制研究基础之上，进一步通过跨案例对比分析以及抽象与提炼，可以识别出契约治理和关系治理对组织韧性会产生不同的作用，具体如下。

其中，契约治理对组织韧性的作用机制是构建角色系统（图3.14）。构建角色系统指的是在组织中通过责权利的分配让每个人有角色意识，构建相互配合的关系结构基础。构建角色系统是由确定角色、分配权利，明确任务、规定职责，预见危机、准备方案等一系列具体的行为构成。确定角色、分配权利的表现为：如在海底隧道A项目技术危机中，项目部通过契约手段约束了L大学和设备供应商参与到研发之中，并分配了各自的角色和权利。明确任务、规定职责的表现为：如在城际铁路B项目施工危机中，针对出现隐患的情况，有具体的人员负责进行排查和抢修工作。预见危机、准备方案：如在地铁交通C项目恶劣天气危机中，项目上提前通过应急预案规定了如果出现突发情况各自应该做好的准备，而不是临时再寻找解决方案。

关系治理对组织韧性的作用机制是协调角色间关系（图3.14）。协调角色间关系是通过关系和文化等方式，在成员间形成基于角色的相互配合、协助的有序自组织行为，协调角色间关系是通过促进信任、共担风险，畅通渠道、掌控情况，规范行为、鼓励合作的具体行为实现的。其中，促进信任、共担风险表现为：如海底隧道A项目污染土处理困境中，对于政策变更的风险，由于工程局AA子公司和A市政府之间合作较少，相互之间信任水平较低，对于污染土可能造成的风险不愿共同承担，导致项目延误。畅通渠道、掌控情况表现为：如城际铁路B项目拆迁困境中，由于BB子公司和B市政府之间信息沟通频繁，能够在第一时间了解拆迁的进度情况，并相应地做出调整，关系治理起到了重要作用。对于规范行为、鼓励合作而言：如地铁交通项目C的员工讨薪危机中，资金困境属于企业

自身问题,且有一定的保密性,但 CC 子公司明确项目中各方必须履行不拖欠员工工资的统一要求,构成了项目临时性组织内部的制度环境以及共同维护项目形象的良好软氛围。

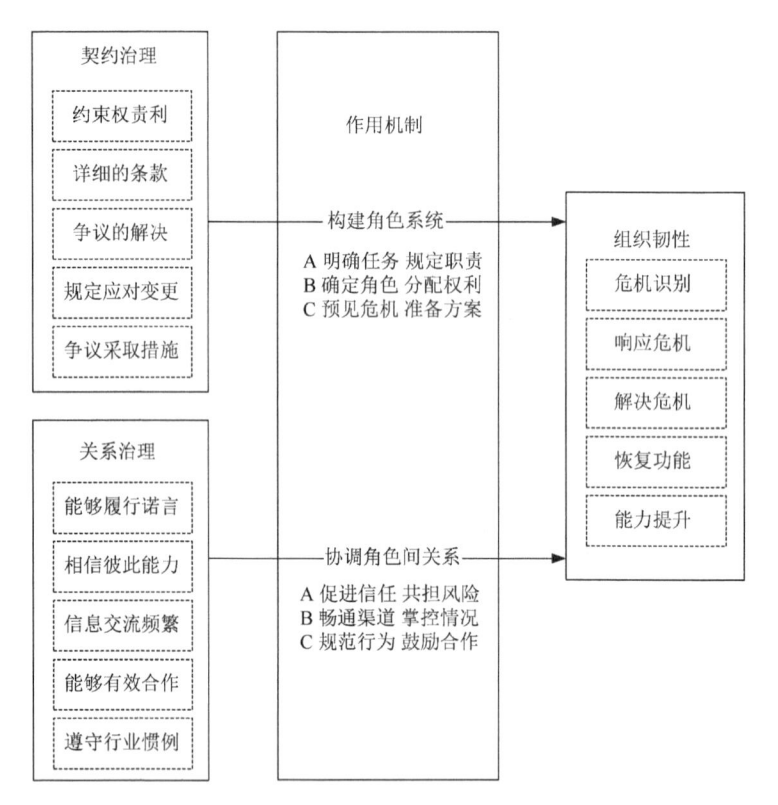

图 3.14　项目契约治理和关系治理对组织韧性的作用模型

二、资源视角下契约治理与关系治理对组织韧性的影响分析

结合案例,通过在资源视角下工程项目临时性组织情境中契约治理和关系治理对资源重构的影响机制分析,即契约治理与关系治理与资源重构、资源重构与组织韧性的关系分析,可以识别出契约治理和关系治理对资源重构产生不同的作用,以及如何作用于组织韧性。

(一)契约治理与关系治理对资源重构的影响分析

契约治理对资源重构的作用机制是构建资源调动结构(图 3.15)。构建资源调动结构是通过正式的关系协议和规范来锁定和配置资源在组织内的分布,构建资源调动结构是由约束责任、储备资源，配置权利、协调资源，奖惩结合、贡献资源等一系列具体的行为构成。其中，约束责任、储备资源的表现为：如在海底隧道 A 项目污染土处理困境中，项目部没有通过契约手段约束 A 市的相关部门形成针对项目环保问题的应对义务，因此，没有提前为弃渣场地的筛选准备备选方案。配置权利、协调资源的表现为：如在城际铁路 B 项目中，设计缺陷的困境并没有引发严重的项目延期或者成本增加，是因为设备供应商已经准备好随时给项目调配备用设备，且施工队也能够马上针对现场情况调配人员加固基坑。奖惩结合、贡献资源表现是：如在地铁交通 C 项目上，针对恶劣天气，项目上有明确的奖惩机制，设备商、施工方都需要按照合同协议的要求做好准备，否则会影响短期绩效和长期评级。

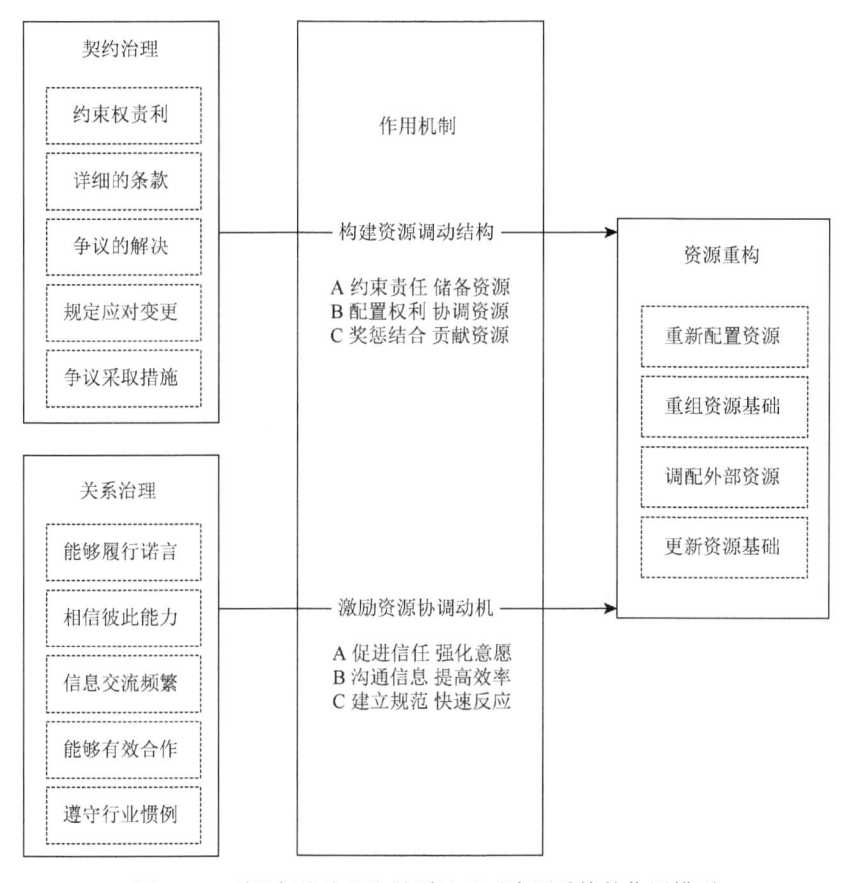

图 3.15 项目契约治理和关系治理对资源重构的作用模型

关系治理对资源重构的作用机制是激励资源协调动机（图 3.15）。激励资源协调动机是通过非正式关系手段润滑和促进资源向有需要的方向协调统一，激励资源协调动机由三个部分构成：促进信任、强化意愿，沟通信息、提高效率，建立规范、快速反应。其中，促进信任、强化意愿表现为：如海底隧道 A 项目技术危机中，各方能够快速地响应号召，将自己的研究人员和备用设备用来开展共同研发。L 大学和设备供应商与 AA 子公司的长期合作关系构建了信任基础，因此有主动配合协调资源的意愿。沟通信息、提高效率表现为：如城际铁路 B 项目的施工危机中，各方通过排查工作的辅助软件系统保持高效沟通，各方能够第一时间安排人员到场解决施工中出现的问题。建立规范、快速反应表现为：如地铁交通 C 项目中面对恶劣天气，项目上有明确的应急演练，通过建立在应急情况下的合作规范，提升各方对危机的反应速度。

（二）资源重构对组织韧性的影响分析

资源重构对组织韧性的作用机制是提高资源应变能力（图 3.16）。提升资源应变能力是提升资源配置能力在面对危机时反应式的应对方式，其内涵构成包括：创新即兴方案，提升响应速度，重构组织功能。其中，创新即兴方案表现为：如在海底隧道 A 项目中遇到技术危机的时候，将 L 大学的智力资源和设备供应商的设备资源整合到一起，形成新的应对方案，替代原先的问题方案，化解了技术危机。提升响应速度表现为：如城际铁路 B 项目遇到的拆迁困境，当 BB 子公司跟设计院沟通并迅速利用设计院的资源形成新的车站设计方案，为项目节省了时间。同时，在不同标段中调动人力资源能够最大限度减少人力的浪费。重构组织功能表现为：如城际铁路 B 项目中的设计缺陷困境，BB 子公司能够迅速安排设备供应商提供备用设备，完成了项目中设备的补充，施工队重新组织人员准备上岗，即实现了项目功能的重建。

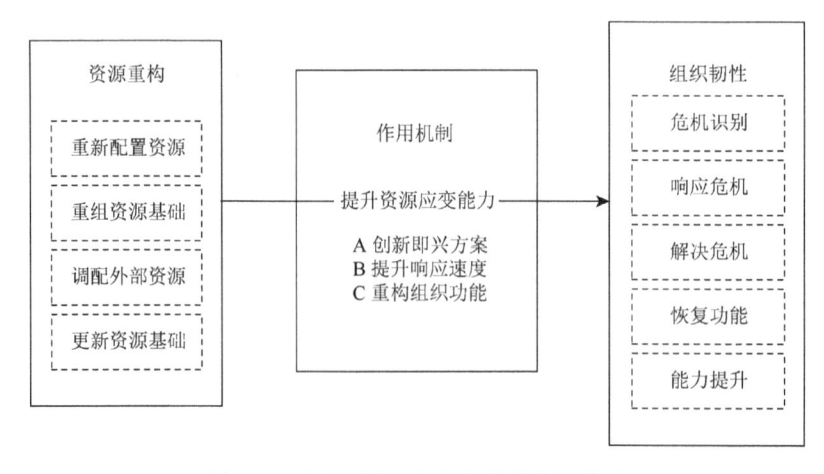

图 3.16 资源重构对组织韧性的作用模型

三、认知视角下契约治理与关系治理对组织韧性的影响分析

（一）契约治理与关系治理对团队正念的影响分析

契约治理对团队正念的作用机制是构建稳定认知结构（图 3.17）。构建稳定认知结构指的是通过契约条款约束在各方参与者心中形成认知层面的稳定结构。构建稳定认知结构包括以下内容：约束关系、稳定预期；明确职责、分布关注；目标一致、配合行动等方面的组织行为。其中，约束关系、稳定预期表现为：如在海底隧道 A 项目调迁改困境中，由于之前没有形成对于拆迁事项的责任约束，因此，各方对于事件会如何发展以及何时能够处理好并不清楚，也没有信心，不

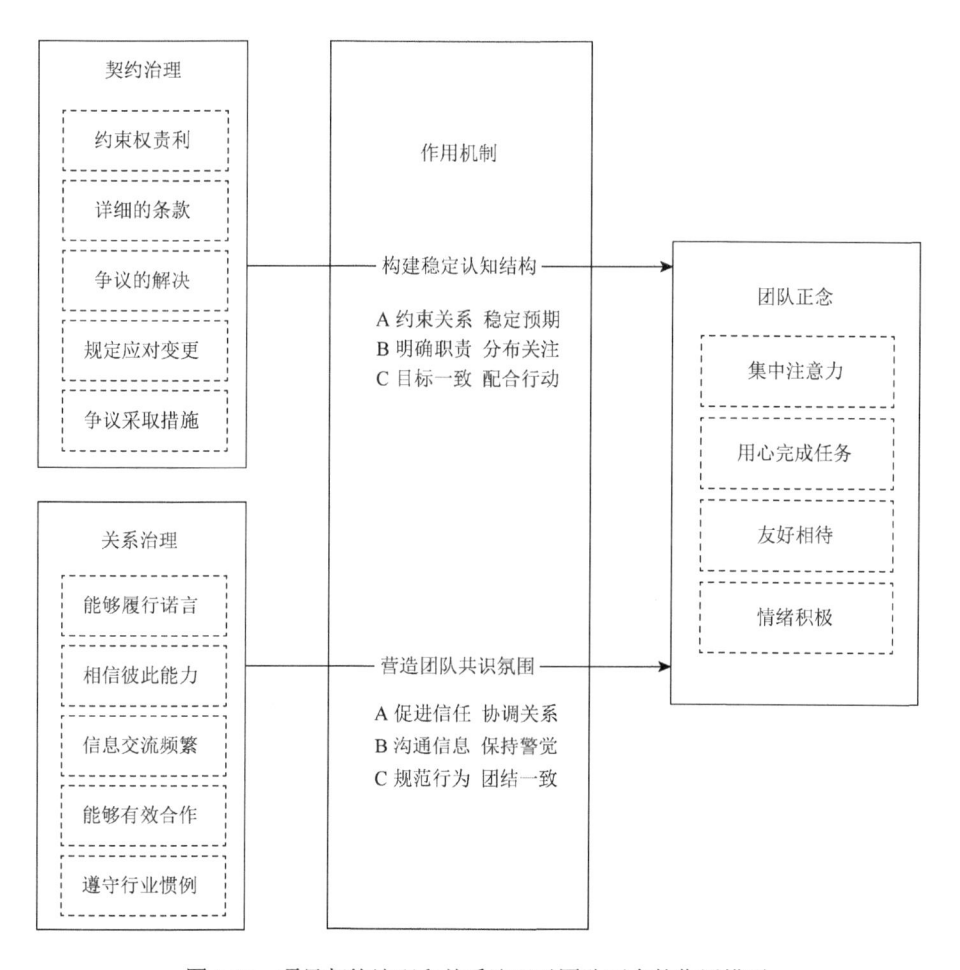

图 3.17 项目契约治理和关系治理对团队正念的作用模型

能将精力聚焦在解决问题上。明确职责、分布关注表现为：在城际铁路 B 项目的施工危机中，由于对项目隐患的各标段的施工、检查、复检、监控工作安排得非常细致，涉及的各方都有规划清晰的关注点，工作任务简明而具体，工作重点清晰。目标一致、配合行动表现为：在地铁交通 C 项目的恶劣天气危机中，由于有明确的维护项目人身财产安全不受损失的核心目标，因此施工方、政府、分包商等能够在同一目标下，保持相互配合，而不容易形成冲突。

关系治理对团队正念的作用机制是营造团队共识氛围（图 3.17）。营造团队共识氛围指的是通过信任、关系等手段给团队提供一个能够维护和引导成员注意力的环境。营造团队共识氛围包括：促进信任、协调关系；沟通信息、保持警觉；规范行为、团结一致。其中，促进信任、协调关系表现为：在海底隧道 A 项目技术危机中，由于各方有良好的合作关系，且彼此信任，因而没有产生因临时出现问题而互相指责形成冲突的问题。沟通信息、保持警觉表现为：在城际铁路 B 项目的施工危机中，BB 子公司与施工团队、设备供应商保持了频繁的信息沟通，使得项目上的各个部门能够对项目上发生的状况保持高度的警觉，并能够迅速地发现问题。规范行为、团队一致表现为：在地铁交通 C 项目的恶劣天气危机中，CC 子公司向施工队伍申明了项目所应该追求的价值观，使得施工单位也必须遵从项目内各方的行为规范，不能克扣员工工资，防止项目内部各方的行为差异过大，导致出现不可控因素。

（二）团队正念对组织韧性的影响分析

团队正念对组织韧性的作用机制是提升认知适应能力（图 3.18）。提升认知适应能力指的是团队通过保持对事项的专注来主动地识别和适应潜在的危机。提升认知适应能力包括：专注过程、危机检测；情绪管理、共同应对；视角多元、

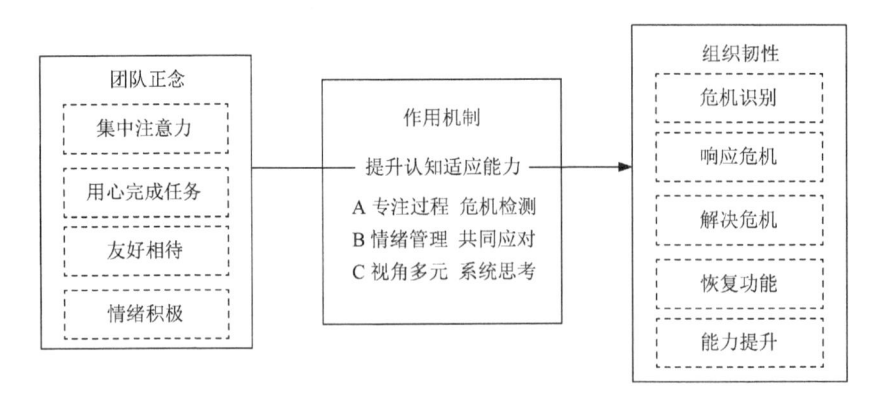

图 3.18 团队正念对组织韧性的作用模型

系统思考。其中，专注过程、危机检测表现为：如在海底隧道 A 项目的污染土危机中，由于前期对于污染事件缺乏足够关注和了解，污染土问题的严重性发现得较晚，没有及时找到应对的方案。情绪管理、共同应对表现为：在地铁交通 C 项目的员工讨薪问题中，当遇到危机事件时，各方并没有相互指责形成冲突，而是通过将注意力聚焦在提供资金方案上，进一步形成共同应对的策略，以便快速地化解问题。视角多元、系统思考表现为：在城际铁路 B 项目拆迁困境中，因为接纳和考虑了多种应对拆迁的方案，包括协调关系和尝试变更车站位置等，因此最终给组织提供了更全面的应对准备。

第六节 本 章 小 结

本章旨在从资源视角和认知视角出发，对项目契约治理和关系治理对组织韧性的内在作用机制进行探索性分析。因此，本书首先采用了多案例研究方法，基于工程项目情境进行了案例筛选、案例调研、资料收集、资料分析等系统步骤，最终确立了三个项目的九个危机案例事件，包含不同的项目治理和组织韧性水平的组合，形成了多案例对比分析。

其次，按照"项目契约治理和关系治理—资源要素/认知要素—组织韧性"开展案例单元内的分析以及多案例对比分析，分别讨论"项目契约治理和关系治理—组织韧性""项目契约治理和关系治理—资源重构—组织韧性""项目契约治理和关系治理—团队正念—组织韧性"之间的内在作用机理，识别各研究构念之间的作用机制。结果表明：①项目契约治理和关系治理分别通过构建角色系统和协调角色间关系两种机制来影响组织韧性；②在资源视角下，项目契约治理和关系治理分别通过构建资源调动结构和激励资源协调动机两种机制来影响资源重构，且资源重构通过提升资源应变能力来影响组织韧性；③在认知视角下，项目契约治理和关系治理分别通过构建稳定认知结构、营造团队共识氛围两种机制来影响团队正念，且团队正念通过提升认知适应能力来影响组织韧性。

结果表明，从项目契约治理和关系治理到组织韧性，存在三条作用路径，分别为"项目契约治理和关系治理—组织韧性"路径，资源视角的"项目契约治理和关系治理—资源重构—组织韧性"路径，以及认知视角的"项目契约治理和关系治理—团队正念—组织韧性"路径。因此，本章从资源视角以及认知视角深入地解释了"项目契约治理和关系治理—资源要素/认知要素—组织韧性"的作用机理和内在路径，填补了部分现有理论空白，为与理论对话构建研究假设和概念模型奠定了研究基础。

第四章 工程项目治理与组织韧性的概念模型构建研究

本章将基于工程项目临时性组织情境，从资源基础观视角、注意力理论视角，构建项目治理与组织韧性的理论分析框架，并在此基础上提出项目契约治理和关系治理、资源重构、团队正念和组织韧性之间的主要假设和概念模型。

第一节 基于资源和认知视角的工程项目组织韧性分析框架

为了构建工程项目治理与组织韧性的概念模型，首先需要针对概念模型的构建视角进行设定与分析。现有文献对于组织韧性的概念模型分析主要从危机管理和组织韧性互动的视角展开，Williams 等[1]分析了危机管理和组织韧性过程中认知、情感、行为、资源的互动关系，强调了资源与认知对于韧性水平提升的重要性。但现有研究对于工程项目组织韧性中资源与认知视角的作用路径分析尚不充分，因此本节针对现有文献进行回顾，结合案例分析结果，明确本章的概念模型分析视角——工程项目临时性组织视角、资源基础观视角与注意力理论视角，为提出假设和构建概念模型提供理论基础与讨论边界。

一、工程项目临时性组织视角

工程项目临时性组织是围绕某一特定工程项目目标，由多利益相关者构成，通过契约和关系治理手段约束的临时性组织。项目临时性组织作为项目管理领域学术研究的理论基石之一，一直是学者讨论的核心话题[3]。现有研究主要由两种学派的理论观点支撑，分别是 Lundin 和 Söderholm[203]以及 Turner 和 Müller[204]。Lundin 和 Söderholm 关注临时性组织的特征和项目实施过程；Turner 和 Müller 关注项目管理研究与组织理论的根本联系。但两种视角都将项目视为跨组织的临时性项目，即项目存在多个利益相关者。跨组织项目的本质特征在于[3]：①奇点（singularities）间存在潜在和活跃的联系；②通过组建组织间团队来扰乱等级制度；③模糊的组织边界；④重塑个体行为。这些特征描述了项目作为多利益相关者的组织视角的属性，并影响项目的实施过程。

对于项目组织而言，时间（time）、团队（team）、任务（task）以及过渡（transition）描述了项目作为临时性组织的特征[203]。时间约束对于项目而言尤其突出，具体而言，项目与永久性组织（permanent organization）最重要的区别在于其确定的结束机制。团队描述的是构成项目团队的成员，过往研究经常把项目团队当作个体的集合，但实际上，在跨组织情境之中，项目团队中的成员背景不同、经历不同，具有不同的价值诉求。他们代表项目利益相关者的不同的优先级考虑以及预设条件，甚至差异化的制度逻辑[6]。任务在项目中的关键特征在于其独特性，对于工程项目而言，任务的复杂程度又往往比永久性组织面临的任务更复杂。在跨组织项目中，任务需要在多个利益相关者之间进行沟通和协商。过渡指的是项目中围绕项目任务前后的变化，在跨组织项目中，过渡带来更多复杂性。

跨组织项目的四个维度也体现在时间、团队、任务和过渡概念上[205]。奇点间存在潜在和活跃的联系指的是组织间因项目建立起联系，但联系并不一定是单次，而随时有可能被再一次激活，组织间利益的联系可能变得长久。通过组建组织间团队来扰乱等级制度指的是，在跨组织项目中组织之间的等级关系被弱化了，联系变得扁平，更易建立互信和联系，关系之间的柔性被强化了[206]。模糊的组织边界是指组织间的分工和工作分解变得模糊，项目目标需要通过共同努力才能实现，面对危机需要共同应对才能解决。重塑个体行为指的是由于组织间的边界变模糊，任务也失去了单一个体属性，"项目公民行为"等需要被鼓励以提高项目临时性组织的共同绩效[207]。

工程项目临时性组织的韧性要求取决于危机互动关系、危机的来源以及内部的制度逻辑关系[4]。工程项目临时性组织与危机的互动关系也在不断演化。工程项目的不断大型化、复杂化与动态化使得工程项目可以被看作一个复杂的自适应系统（a complex adaptive system）。这个系统具有战略重要性（strategic importance）、广泛的影响（extensive impacts）、动态复杂性（dynamic complexity）、适应性（adaptability）特征。这些特征决定了工程项目为提升应对内外部不利因素的表现，需要从治理的角度提升工程项目临时性组织的治理能力[4]。工程项目临时性组织的危机来源复杂而多样。Wang 和 Pitsis[7]识别了影响工程项目临时性组织韧性中的危机因素，包括信息披露不充分、经济纠纷、监管机制不健全、关键利益相关者不负责与不称职、风险管理不完善、领导能力不足、总体设计不合理等。其中，信息披露不充分、经济纠纷、监管机制不健全以及关键利益相关者的责任问题等与治理高度相关。工程项目临时性组织中的利益相关者之间，同时存在多方面制度逻辑冲突，并演化为制度逻辑复杂性，包括规制复杂性、政治复杂性、社会复杂性、文化复杂性、关系复杂性、演化复杂性等[6]。工程项目临时性组织的危机互动关系、危机来源、制度逻辑复杂性等多维特征为项目利益相关者提出了项目治理需求。工程项目具有临时性组织特征，工程项目中多利益相关者同时带来制度逻辑复杂性和跨组织项目特征，其组织韧性表现为基于利益相关者的协调与配合。

二、资源基础观视角下的工程项目组织韧性

McGonigal[208]提到"组织韧性聚焦于那些当我们需要资源时，帮助我们找到资源的关系"。这一观点体现了资源在构建组织韧性中的重要作用。资源基础观视角下，组织韧性的能力构建主要是两个方面，一方面是资源禀赋作为资源基础[1]，另一方面是组织中对于资源基础的重新组合与构建的能力[17]。

资产（asset）与资源丰富度（resourcefulness）是组织韧性的重要前因变量[209]。资产与资源丰富度构建的是组织韧性能力中的关键机制资源冗余。资源冗余与适应能力相似，尤其当需要替换资源和平行资源（parallel resource）时，拥有资源冗余的组织能够为组织调动、配置和动员资源提供基础[22]。资源冗余允许组织在特定情境下实现如敏捷调整和即兴行为等功能，提高组织韧性中的反应能力。组织可以创建知识库和其他资源库，通过创建备份和其他空闲资源来培育冗余资源。例如，对于社区组织韧性（community resilience），物质资源的充分配置可以帮助社区更好地应对危机。尽管如此，资源冗余不仅是通过储备有形或无形资产来实现防御、适应性策略，冗余还可以通过帮助组织保留学习文化来为组织恢复过程提供必要信息。例如，一些跨国咨询公司会建立全球知识库，以便其他分部进行学习，其他分部可以通过对比研究指导当地的咨询解决方案。

组织中对于资源基础的重新组合与构建的能力构成了资源基础观视角下组织韧性的另一个关注点。早期研究韧性的部分学者通常会有一个基本假设，即组织韧性能力可以很容易构建，且构建组织韧性所需的资源也容易获得[22]。实际上，处在危机中的组织，对于现有资源库的更新、重构、重组并非易事。当组织面临环境冲击时，如产业的不连续创新等，组织需要全面重构其资源基础。这一过程不仅包括获取新资源，还包括摆脱负累资源，以及重组现有资源。因此，在工程项目面对内外部不利因素时，不确定性和风险的不可控性导致资源约束情境特征明显，如劳动力的需求素质差异、物资运转周期问题、政策影响资源供给等[210]，就尤其需要资源重构能力来实现组织韧性中的危机应对和功能重建作用。在工程项目临时性组织韧性的实现过程中，个人和组织通过创造和维持资源来应对未料危机[116]。

资源基础观视角下，资源的系统储备和灵活调动需要利益相关者之间的权责利配置和关系协调，工程项目组织韧性依靠资源冗余提供资源基础和资源重构能

力，提升应对能力。资源基础观视角下的组织韧性是通过构建被动式的反应能力实现的。

三、注意力理论视角下的工程项目组织韧性

注意力理论将组织看作一个注意力配置系统，决策者必须要关注组织所处环境以及他们对环境的理解[81]。注意力理论关注与决策者配置相关的议题和答案[82]。虽然现有针对注意力理论视角下组织应对外部危机的相关研究较少，但早在1990年，D'Aveni和MacMillan[211]就讨论了当组织关注外部环境和内部环境情况下，应对危机的能力是否存在差异。现有注意力理论视角，针对组织韧性的相关研究主要关注两个方面，一是注意力配置系统如何分配注意力，二是如何提升注意力质量。

注意力配置系统指的是组织会根据环境的变化，结构化地配置企业的注意力。D'Aveni和MacMillan的研究发现：企业的注意力对于内外部是等量的，但当企业面对危机的时候，决策者会更多地关注外部环境变化，而失败的企业会更多地关注内部环境因素。Thomas等[212]认为当管理者发现环境中出现的机会时，他们更有可能采取行动以改变注意力分配的方式。因为专业化的注意力分配方式能够让组织结构化地解码（encode）事项，可以防止组织中的成员自动化、概念化地处理潜在的威胁因素[84]。在分配的注意力体系中，组织成员可以更好地发现和利用信息，以发现与默认框架相悖的情况，诊断潜在风险，识别有效的处理方案。因此，在注意力配置系统中，组织成员参与到专业化的注意力分配之中，会发现更多的潜在机会。

提升注意力质量的直接表现就是实现组织正念，注意力配置系统为正念提供了结构化基础，并且为平衡正念机制提供概念化注意力处理（conceptual attentional processing）。正念作为组织注意力质量最重要的表现，能够识别组织经历的微小失败，却不会忽略这些问题，或者进行过于概念化的处理。组织中的成员能够维持高质量的注意力来保持对正在进行的任务的高度注意力。尤其当组织经受危机需要恢复时，高质量注意力是实现恢复的关键因素[85]。注意力与组织韧性相关的意识时刻都是为了核查原因，但这些查明问题时刻又分散在不同的任务中，因此可能存在一定的不稳定性。值得注意的是团队的正念水平不是个体的正念水平的简单加和，而是在团队互动过程中构建起来的[213]。

注意力理论视角下，工程项目组织韧性依靠于注意力配置和注意力的质量，注意力配置取决于利益相关者的责任分配，注意力的质量取决于利益相关者的团队关系状态。系统分配的高质量注意力为组织提供预判能力和专注能力。注意力理论视角下的组织韧性是通过构建主动式的适应能力实现的。

第二节 研 究 假 设

一、契约治理与关系治理

为了提出项目治理与组织韧性的相关研究假设以及进一步构建两者的概念模型，首先需要考虑项目治理中契约治理与关系治理的概念间关系。现有研究针对契约治理和关系治理的关系一直存在着多种不同观点，包括替代关系、互补关系以及顺序关系。多种研究在不同情境下检验了两者的互动关系，且产生了不同的结果。从替代关系视角来看，两种治理机制具有相似的功能，可以相互代替对方的功能，或者是一种机制对另外一种机制存在着抑制作用关系，因此两者呈现出替代关系。而互补的观点认为，两种治理机制相互之间存在着促进的关系。其中，替代学派学者的主要观点认为[214]：契约治理和关系治理之所以相互替代，是因为它们是功能等价物（替换），也就是说，由于契约治理和关系治理做了相同的事情（如减少不确定性），所以如果其中一个机制已经存在，就不需要另一个机制。支持互补观点的人认为，契约治理和关系治理具有独特的优势，即各自的优势恰好使得一方可以弥补另一方的弱点（补偿）。例如，关系治理将补偿契约治理适应性方面的限制，而契约治理将补偿关系治理强约束方面的限制。

在工程项目大型化、动态化、复杂化的情境下，多利益相关者的契约治理和关系治理机制是动态复杂的。Benítez-Ávila等[170]认为建立创新的契约形式并不会轻易地提升政府与社会资本的合作绩效，核心还是在于如何通过契约治理和关系治理的组合来为项目利益相关者创造价值。现有研究针对契约治理和关系治理的二元关系源自 Poppo 和 Zenger[215]的讨论，而后产生的一系列相关研究主要关注契约治理和关系治理的互补和替代关系是否对组织绩效产生影响（表4.1）。早期的学者如 Larson[216]主要从契约治理和关系治理的互动关系出发，探究其对合作绩效的影响。而针对契约治理和关系治理的关系研究并没有形成结论性的认识。在系统分析代表性结论后，可以不完全归纳出以下部分特征：以定量实证方法为主的观点普遍认为互补更容易解释二者的互动关系，但以定性案例方法为主的观点则多认为两者存在替代或者并存动态交替的关系。这可能与定性案例深入动态观察的特征有关，但契约治理和关系治理的互补与替代功能动态交替的观点难以进行大样本统计检验，其理论的普遍适用性也有待进一步深入。另外，情境的特征在二者关系探讨中也格外明显，在以项目为主要情境的研究中互补和顺序的观点较为多见。Cao 和 Lumineau[166]基于 33 051 份跨组织关系的 149 组数据进行实证元分析得出结论：契约和关系治理对组织绩效有显著正向影响，而对于机会主义行为存在抑制机制。

表 4.1 契约治理和关系治理的关系

作者	情境	方法描述	关系
Larson[216]	联盟企业	定性：9 家企业，案例分析	替代关系
Cannon 等[217]	供应链	定量：443 份	顺序，契约为关系提供结构基础
Poppo 和 Zenger[215]	服务业	定量：152 份，三阶最小二乘法	互补关系
Kalnins 和 Mayer[214]	IT 行业	定量：394 份	替代
Ferguson 等[218]	金融行业	实验数据：160 份	关系起主要作用，契约次之
Lee 和 Cavusgil[219]	科技企业	定量：184 份	关系比契约更有效
Yu 等[220]	制造企业	定量：77 份	顺序，契约治理提供结构基础
Hoetker 和 Mellewigt[221]	电信行业	定量：83 份	互补
Ryall 和 Sampson[222]	电信企业	文本：52 份	互补
Goo 等[160]	科技企业	定量：92 份	互补
Liu 等[223]	电器企业	定量：225 组	互补
Li 等[224]	供应链	定量：168 家公司，回归	互补关系
Huber 等[225]	信息系统外包	定性：14 家企业，案例分析	互补和替代交替共存
Carson 等[226]	研发项目	定量：125 份	互补
严玲等[163]	公共项目	定量：225 份，结构方程模型	互补关系
Wu 等[227]	科技项目	定量：238 份，结构方程模型	独立
Benítez-Ávila 等[170]	PPP 项目	定量：144 份	顺序
Haq 等[165]	软件开发项目	定量：175 份，结构方程模型	独立

进一步基于文献，从交易成本理论的视角，分析契约和关系治理的特征与内在关系。契约和关系都具有局限性，契约天然具有不完备性，因为人类的有限理性，项目各方不可能写出一份完备的合同，预见所有可能发生的事件，并阐明各方的具体行动[96]。因此，不完备的契约可能导致法律约束的有限性，部分条款可能不可操作或者难以具化，不能与现实情境匹配。而潜在的条款缺陷也为机会主义行为提供了实施空间。契约的不完备性会限制契约的实施效果。同时，也有观

点认为,契约也可能意味着信任的缺陷[215],对于组织之间的关系会产生负面影响。再者,契约的条款可能对于合作的各方并不一致,有些组织的条款会宽松,有些则比较严苛。而过于严苛的条款反而会导致冲突以及信任恶化[228]。关系治理也天然具有局限性,例如关系治理需要时间和资源来逐渐发展,而且极容易被破坏。例如在工程项目情境之中,如果出现内外部的不利因素,随着危机的逐步演化和爆发,内部之间关系也容易出现问题。

工程项目临时性组织情境下,契约治理和关系治理机制两者共同构成了工程项目治理体系,前者在工程项目内外部建立了权责利关系,明确了分工协作的制度安排,后者在工程项目利益相关者之间构建了非正式的、不成文的规范,同样起到了治理的功能。在项目情境下,对于契约和关系治理的顺序关系也存在不同观点。邓娇娇[156]认为公共项目中存在"关系治理—契约治理—项目治理绩效"的内在路径。Benítez-Ávila 等[170]认为契约治理和关系治理之间的作用路径应该是"契约治理—关系治理—项目绩效"。基于一般管理情境下的文献分析可以明确,契约治理与关系治理之间更可能存在着互补和顺序的关系,且契约治理对关系治理而言是提供结构基础。

综上分析,本书提出了契约治理对关系治理影响的关系假设。

H1:契约治理对关系治理有正向影响。

二、契约治理、关系治理与组织韧性

近年来对于治理如何提升韧性的相关研究呼声很高,但现有研究对项目治理与组织韧性之间的关注较少,因此需要结合案例结果和文献共同推导假设。从文献方面来说,现有文献主要通过理论阐述和定性分析的视角构建治理与组织韧性之间的关系。Naderpajouh 等[4]认为组织韧性的构建需要一个支持集体行动的治理结构,并将分散的场域与不同的制度框架整合起来。在组织场域中,组织的设计、运营以及管理都需要共同行为(collective action)的支撑[229],为了实现这种共同的行为,需要促使个体放弃自身的短期利益而为了共同的长期利益合作努力。这种行为需要通过构建治理框架来实现,治理框架通过明确制度场域中的限制机制来划定"游戏规则"[230]。这些游戏规则内化于组织之中,对组织中的利益相关者构成行为约束。而这种正式的、基于规则的治理机制并不能完全实现约束行为的目的,Ostrom[144]的两个主要的实证研究结果表明个人如何通过建立互惠、声誉和信任的条件来克服短期利己主义的强烈诱惑,从而实现"比理性更好"(better than rational)的结果。互惠、声誉、信任以及关系规范的行为构成了关系治理的基本要素。在治理视角下,关系治理成为弥补契约治理对共同行为产生的影响的关键机制。在契约和关系共同影响行为的视角下，行为个体具备主观能动性，能够通过制定合理的治理机制和实践方式来控制共同资源库（common pool resources），这种治理机制不仅基于强制性（coerciveness）或立法压力（legislative pressure），而且还基于规范性压力（normative pressures），即在组织内被视为社会可接受的压力[144]。针对治理与韧性之间关系的实证研究也较少，已有研究仅从跨组织层面检验合作韧性，van de Graaff[231]检验了15个非营利组织中650个成员的合作关系韧性，研究指出组织间共享的宏观联盟文化（alliance macro-culture）对组织间的合作关系韧性有着积极的促进作用。相应地，从制度理论的视角，面对危机时，组织的表现也受到组织安排和协调机制的影响，因为组织中的结构以及关系同时对组织产生影响。Christensen等[232]认为对于组织而言，并不存在完美的组织制度安排方案，没有一种独特的方案能够构建解决所有不确定性以及组织中压力的治理结构，但结构和关系的柔性与适应机制对于应对不利因素来说是最关键的因素。Li等[30]认为治理机制之间需要动态配合以实现组织的适应能力和韧性的提升。

第三章的案例分析识别了契约治理与关系治理对组织韧性的影响机制。即契约治理通过构建角色系统作用于组织韧性，构建角色系统体现的是确定角色、分配权利；明确任务、规定职责；预见危机、准备方案等一系列具体的行为。其中，确定角色、分配权利确定了项目利益相关者之间的"位置"关系，赋予各方权利以执行应对危机的行为[141]。明确任务、规定职责是定义了项目利益相关者之间的协调关系属性，可以更好地提升工程项目利益相关者之间的工作分配，当出现危机情况时，利益相关者可以遵循明确的依据来服从安排。预见危机、准备方案是通过契约手段明确界定可能发生的不确定性情况，构建项目利益相关者对于未来的预期，并提前形成应对方案，减少临时应对的压力[128]。而关系治理通过协调角色间关系作用于组织韧性。其中，协调角色间关系体现的是通过促进信任、共担风险，畅通渠道、掌控情况，规范行为、鼓励合作的具体行为实现的。促进信任、共担风险确定了组织通过在项目利益相关者之间构建信任，实现对于危机行为的共同应对，是系统性的反应，而非个体的反应[11]。畅通渠道、掌控情况实现的是在项目利益相关者之间的沟通机制，快速有效的信息交换能够赋能利益相关者更快地发现问题以及及时形成应对方案，因为组织韧性依赖于迅捷的反应机制[233]。规范行为、鼓励合作是在利益相关者之间建立游戏规则，形成稳定的互动框架，促进彼此按照对方可预期的行为方式进行活动，进而提升快速恢复的能力。

综上分析，本书提出契约治理与关系治理对组织韧性影响的关系假设。

H2：契约治理对组织韧性有正向影响。

H3：关系治理对组织韧性有正向影响。

三、契约治理、关系治理与资源重构

现有文献对于项目契约及关系治理机制对资源重构的影响的研究并不充分，因此本部分通过系统文献回顾与案例结论讨论提出假设。资源基础观视角下的组织重点关注组织的独特资源[89]，因为组织中独特的资源可以为其带来核心竞争力。对于组织成员来说，需要投入相当的专用人力资源成本才能积累类似于知识等重要的组织资源[234]。因此，对于项目驱动型组织而言，其网络式的结构天然就对组织间资源的共享有着促进作用，可以增加对于有价值资源的接触与使用[234]。跨组织的关系建立会促进组织间资源的流动。资源基础观视角认为联盟的理性所在即是对于资源的共享以及基于共同资源的价值创造。而资源的某些特殊属性会助推跨组织关系的形成，如不可移动性、不可模仿性以及可替代性。现有研究认为组织资源的特征决定了联盟的结构，因为组织会接近并获取那些稀缺的或者难以获得的有价值资源。但对于资源重构而言，其作为组织的重新架构、重新配置、重新组织的能力，其程度的高低取决于组织间协调与配合的关系和状态。

第三章案例识别出项目契约治理与关系治理对资源重构存在不同的作用机制，其中契约治理机制通过构建资源调动结构这一作用机制影响资源重构。构建资源调动结构由约束责任、储备资源，配置权利、协调资源，奖惩结合、贡献资源等具体行为要素构成。其中，约束责任、储备资源指的是在工程项目临时性组织之中，利益相关者之间拥有着彼此想得到的有价值的资源，这些资源可以在不利因素发生时供组织进行调用，但利益相关者需要在开展项目之前就对资源进行约定，防止短视或者机会主义行为出现[226]。配置权利、协调资源指的是在利益相关者之间配置权利以实现面对不利因素时，利益相关者的资源调动行为有合法性依据[232]。奖惩结合、贡献资源是指给利益相关者足够激励，协调利益相关者短期项目内利益和长期组织利益之间的平衡，防止价值共毁行为的出现[235]。

关系治理机制通过激励资源协调动机来影响资源重构，激励资源协调动机由促进信任、强化意愿，沟通信息、提高效率，建立规范、快速反应等行为构成。促进信任、强化意愿是通过信任机制构建利益相关者之间的紧密关系，促进资源调动的意愿，因为原有的资源配置格局可能不再适应危机的变化，需要对资源进行重新配置。这就要依靠信任激励工程项目利益相关者从长远共同利益出发，提升自身配合资源重构的意愿。沟通信息、提高效率指的是工程项目利益相关者之间需要通过技术手段实现重要信息及时沟通、敏感信息特殊处理等，保证利益相关者之间沟通顺畅[236]。建立规范、快速反应是指组织内部形成应急管理的组织文化，这对组织韧性的提升有促进作用[237]，要求在对资源进行调整的过程中，克服组织惰性，实现及时应对危机。

综上分析，本书提出契约治理与关系治理对资源重构影响的关系假设。

H4：契约治理对资源重构有正向影响。

H5：关系治理对资源重构有正向影响。

四、资源重构与组织韧性

在资源基础观视角下，组织管理资源以及重构资源的能力会依据环境变化而体现，这些能力对于组织的生存和发展至关重要，可以提升组织的绩效表现[238]。工程项目中面临的内外部不利因素导致现有的资源结构不能被有效利用，如遇严重危机，可能会导致组织丧失应对能力[17]，从而导致项目中断、合作失败，甚至造成不良影响。感受到的危机越强烈，就需要越多的资源和精力来为组织应对提供支撑，危机才能得到缓解甚至解除[7]。工程项目上的资源是多种多样的、数量巨大的、关系复杂的。在面对内外部不利因素时，工程项目组织可以察觉风险或机会，并基于此来更新（renew）、重构（reconfigure）以及重组（realign）现有资源，提升组织资源的配置柔性，实现危机应对。为了提升组织资源的柔性配置，需要提升资源重构能力。资源的重构能力克服了组织资源刚性约束（resource rigidity），促进组织抗击组织惯性（inertia）[239]，为组织提供了应对危机的柔性能力。

基于案例分析，本书识别出资源重构对组织韧性的影响机理是提高资源应变能力。提高资源应变能力指的是通过协调、重组、更新、重构资源形成对于危机的反应，且形成战略功能重建，是一种反应式能力[22]。可以体现在：创新即兴方案，提升响应速度，重构组织功能。其中，创新即兴方案指的是在面对危机情况时，组织对现有资源的重组与控制能产生即兴应对策略。即兴（improvisation）是组织韧性中的重要构成能力，组织即兴能力为组织应对复杂性与不确定性提供灵活策略，但并非无目的地进行组织即兴[240]。当工程项目具备即兴资源调动能力时，在复杂环境中即使是威胁组织的细微信息也会被及时捕获，并被施以控制，降低影响[18]。快速增长的组织不一定能够提升组织韧性，但敏捷的组织能够有目的且机敏地变化和调整自身状态[241]。重构组织功能是资源重构提升组织韧性的重要机制，恢复到原先状态是组织韧性的核心内涵[242]，其既可以是恢复到基准状态（baseline），也可以是恢复到先前状态（former state），但同时组织韧性也可能会面临更多威胁，因此，组织能够应对未来风险的能力[243]，可能带来更好的韧性表现。改变现有资源格局，更新资源储备并优化资源配置能够进一步强化重构功能[22]。

综上分析，本书提出契约治理、关系治理、资源重构与组织韧性之间影响的关系假设。

H6：资源重构对组织韧性有正向影响。

H7：资源重构在契约治理与组织韧性的关系间起中介作用。

H8：资源重构在关系治理与组织韧性的关系间起中介作用。

五、契约治理、关系治理与团队正念

工程项目也可以被看作存在多重制度逻辑冲突的场域，项目临时性组织中制度逻辑的多样性是其复杂性与不确定性的重要来源。项目的利益相关者在项目实施过程中需要不断克服内在的制度逻辑的冲突，需要契约治理与关系治理在制度环境中约束各方，以协调差异化的制度逻辑[6]。Lundin 等[244]将项目看作嵌入的代理人（embedded agency）构成的制度环境：组织中嵌入的代理人能够感受到制度环境的影响，如制度带来的变化、组织行为和管理行为。这些嵌入在临时性项目组织的利益相关者需要动态影响制度环境，例如，在面临权变特征和未料事件情境下，没有灵活性和反应性的固有计划，需要通过判断来决定是否要遵守制度。而制度逻辑差异本身会导致组织破碎（organizational break）或者瘫痪（paralysis）[245]。

现有学者认为治理在大型工程项目中起到了重要的作用。项目治理为项目内的利益相关者定义和规范了角色、实践、责任以及决策体系，以最终实现对项目计划和实施的控制[60]。治理对于协调制度逻辑冲突以及构建稳定的制度环境有着重要的作用[246]。项目治理在组织驱动力（organizational enabler）的辅助下，通过契约和治理机制构成了组织中规制（regulative）、规范（normative）与文化-认知（cultural-cognitive）要素。这些制度要素形成了对项目中利益相关者的约束。在工程项目临时性组织情境下，由各利益相关者构成的项目团队构成了应对危机的核心单元。利益相关者之间能否保证觉察当下和情绪体验的状态受到制度环境的影响[247]，换言之，团队正念是工程项目制度环境中协调制度逻辑冲突的微观基础（microfoundations）。

在第三章案例分析中，契约治理对团队正念的影响机制是通过构建稳定认知结构来实现的，构建稳定认知结构是通过契约的条款约束在各方参与者心中形成认知层面的稳定结构。构建稳定认知结构包括约束关系、稳定预期、明确职责、分布关注，目标一致、配合行动等方面的组织行为。其中，约束关系、稳定预期是通过契约条款约束利益相关者之间的角色关系，形成对于契约履行阶段内关系的稳定预期，是促进正念结构（mindfulness structure）[248]在利益相关者之间形成的关键。明确职责、分布关注是通过契约的手段构建项目组织中的注意力配置系统，为利益相关者分配注意力任务，科学、系统、全面地配置在项目关键事项和解决办法方面的注意力[85]，减少相互之间出现逻辑、行为和价值冲突的可能性。目标一致、配合行动是通过契约条款对利益相关者之间在危机情况下的共同行为目标和方式进行规范，协调和统一项目利益相关者的注意力方向和强度[51]。

关系治理对团队正念的影响机制是通过营造团队共识氛围实现的，营造团队共识氛围指的是通过信任、关系等手段给项目团队提供一个能够维护和引导成员注意力的环境。营造团队共识氛围包括：促进信任、协调关系，沟通信息、保持警觉，规范行为、团结一致。促进信任、协调关系指通过信任机制抑制机会主义行为，约束利益相关者符合契约预期和要求，通过相互配合实现价值共创[226]。在面对危机时，项目中的不确定性因素以及时间压力的特征明显，信任能够补充契约控制机制，并与控制机制形成相互促进（mutually reinforcing）作用[249]。沟通信息、保持警觉指的是利益相关者之间通过拓展信息传递的渠道，减少信息传递盲区，优化信息传递结构，提升信息沟通的数量、种类和质量，进而增加正念对外部信息的敏感和警觉[250]。规范行为、团结一致是通过非正式的关系规范机制和组织文化来形成对于危机的认识、对于危机情况下协作的预期，以及控制负面情绪，减少项目利益相关者矛盾冲突的目的[51]。在危机情况下，组织需要通过利益相关者之间融洽和谐的氛围维持项目临时性组织对问题的高度关注，不被其他事项转移注意力，减少负面的冲突和对抗情绪的发生[251]。项目团队中积极的关系和高质量的联结能够提供一系列行为模式，并为抵抗危机提供正念基础[22]。

综上分析，本书提出契约治理、关系治理与团队正念之间影响的关系假设。

H9：契约治理对团队正念有正向影响。

H10：关系治理对团队正念有正向影响。

六、团队正念与组织韧性

团队正念是一种保持警觉和主动意识的状态，包括对于信息的主动处理，在处理过程中不断生成新的分类和差别，了解事项的多个角度，以及对于周遭环境的关注[250]。基于正念（mindfulness-based）的工作方式比基于规则（rule-based）的工作方式更容易使组织在应对危机时的管理实践不再机械化或者流于形式[252]。因为在正念的状态下，项目利益相关者更容易形成主动的意识流动（cognition to flourish）以及柔性思考（flexible thinking）。尤其对于项目临时性组织而言，团队正念提供了稳定和可控的注意力、积极的情绪氛围以及较低的反应度（reactivity）。觉察当下为关注力提供稳定性，保持利益相关者的活动围绕任务目标，防止外界对团队的思考和认知产生干扰[186]。项目团队对于成员的行为会产生更加细微的关注，而减少对于无关的外界刺激的过分关注[253]。同时，项目中微小的误会以及基于经验的启发式（heuristic）、概念式（conceptual）的理解就会显著减少[252]。团队内部的偏见以及刻板印象也会减少，团队成员不会受到个人的情绪影响。项目中的利益相关者可以将精力投入到发现问题上，及时预警危机。

具备正念的项目团队持有的是开放和非评判性的态度，降低了个人倾向以及反应度可能带来的鲁莽和武断的影响[186]。这种非评判性、非概念性的认知指的是在清晰意识状态下对现实（reality）的直接接触和理解[254]。利益相关者的开放态度会降低关系冲突的可能性，即当项目团队因为危机而出现损失和问题时，维持正念的状态有利于让利益相关者将精力专注于问题解决，而不是纠缠于关系之间的纷争和情绪上的冲突[255]，降低对抗压力，凝聚解决问题的注意力[251]。项目团队的开放和非判断性态度使项目组织成员保持韧性，提升对共同应对的认知基础[256]。团队正念还代表了对于组织中社会互动的关注，即对于项目利益相关者集体福祉的关切。虽然研究对于正念和韧性机制的实证检验较少，但对两者的关联机制认识一致性较高。Weick 等[18]的案例分析指出，正念对于高可靠性组织的影响通过以下机制产生作用：关注失败事件、拒绝简化解释、保持环境敏感、维持韧性机制以及尊重专业知识。Oeij 等[50]在项目管理情境下也提出并验证了正念机制对于创新韧性表现的重要作用。

第三章案例中识别了团队正念对组织韧性的影响机制是提升认知适应能力。提升认知适应能力指的是团队通过保持对事项的专注来主动地识别和适应潜在的危机，是一种主动适应能力[22]。提升认知适应能力包括：专注过程、危机检测；情绪管理、共同应对；视角多元、系统思考。专注过程、危机检测是指在团队正念状态下，工程项目组织中的利益相关者能够专注于任务本身[213]，这种集体的认知状态增加了对于先前未被注意的微妙线索的辨别能力[190]，使项目中潜在的危机能够在早期被识别出来。情绪管理、共同应对指的是项目利益相关者之间的情绪控制水平较高，能够抑制负面情绪、关系冲突的发生[51]，且形成共同应对危机的团队氛围，而不是分散式、无序式的应对机制。视角多元、系统思考指的是工程项目临时性组织中，利益相关者不会被已有的流程所束缚，不会对比、归类、评价或者依据模板、对照已有记忆[254]，而是与经验无关，尽可能地关注输入的信息，以及察觉正在发生的现象[257]，形成对于周遭环境的开放式、接纳式的态度。当项目临时性组织重新恢复到正常状态时，对于新问题的接纳促进了组织学习的过程。

综上分析，本书提出契约治理、关系治理、资源重构、团队正念和组织韧性之间影响的关系假设。

H11：团队正念对组织韧性有正向影响。

H12：团队正念在契约治理与组织韧性的关系间起中介作用。

H13：团队正念在关系治理与组织韧性的关系间起中介作用。
H14：关系治理在契约治理与组织韧性的关系间起中介作用。
H15：关系治理在契约治理与资源重构的关系间起中介作用。
H16：关系治理在契约治理与团队正念的关系间起中介作用。

第三节 研究假设汇总与模型构建

本书提出的关于项目契约治理和关系治理、资源重构、团队正念以及组织韧性的研究假设共 16 条，总结如表 4.2 所示。

表 4.2 研究假设汇总表

序号	假设陈述
H1	契约治理对关系治理有正向影响
H2	契约治理对组织韧性有正向影响
H3	关系治理对组织韧性有正向影响
H4	契约治理对资源重构有正向影响
H5	关系治理对资源重构有正向影响
H6	资源重构对组织韧性有正向影响
H7	资源重构在契约治理与组织韧性的关系间起中介作用
H8	资源重构在关系治理与组织韧性的关系间起中介作用
H9	契约治理对团队正念有正向影响
H10	关系治理对团队正念有正向影响
H11	团队正念对组织韧性有正向影响
H12	团队正念在契约治理与组织韧性的关系间起中介作用
H13	团队正念在关系治理与组织韧性的关系间起中介作用
H14	关系治理在契约治理与组织韧性的关系间起中介作用
H15	关系治理在契约治理与资源重构的关系间起中介作用
H16	关系治理在契约治理与团队正念的关系间起中介作用

本章基于文献综述章节梳理的理论基础和案例研究章节探索的路径机制，从资源基础观和注意力理论两个视角，通过关联假设关系，构建了项目契约治理和关系治理、资源重构、团队正念以及组织韧性的概念模型（图 4.1）。

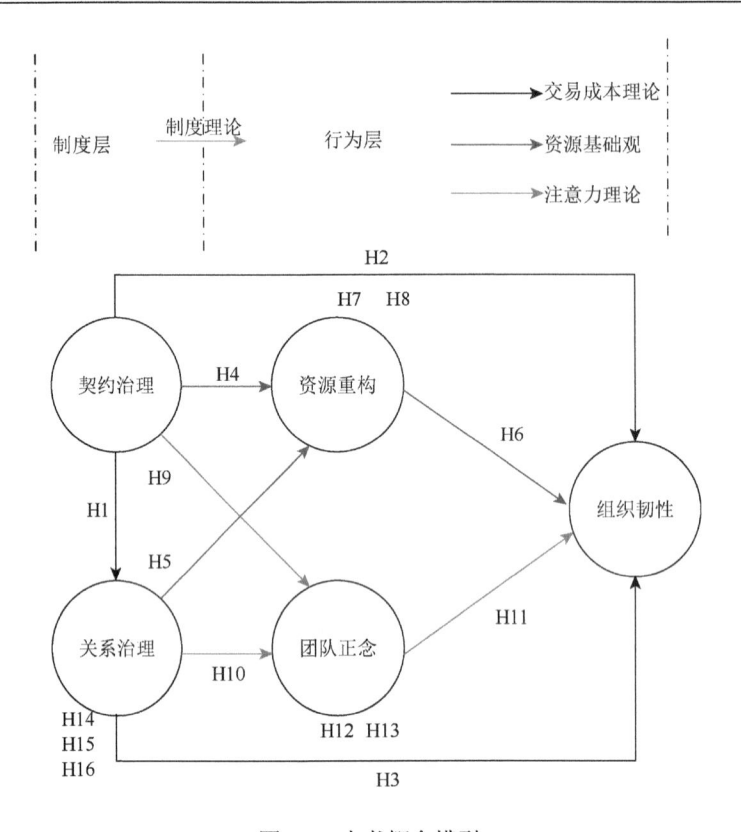

图 4.1 本书概念模型

第四节 本 章 小 结

本章旨在从工程项目作为临时性组织视角出发,基于资源基础观和注意力理论,在现有理论基础上,结合案例章节(第三章)探索的研究机制,对项目契约治理、项目关系治理、资源重构、团队正念以及组织韧性提出研究假设,并构建项目治理影响组织韧性的概念模型。

本章首先对工程项目作为临时性组织的理论视角进行了文献综述与分析,明确了工程项目的临时性组织特征:①项目多利益相关者带来制度逻辑复杂性和跨组织项目特征;②工程项目临时性组织韧性表现是基于利益相关者的协调与配合的。其次,从资源基础观视角进行了文献综述与分析,明确了在资源基础观视角下,①工程项目中资源的系统储备和灵活调动需要利益相关者之间的权责利配置和关系协调;②工程项目组织韧性依靠资源冗余机制提供资源基础和资源重构能力;③资源基础观视角下的组织韧性是通过构建被动式的反应能力实现的。再次,注意力理论视角下,①工程项目组织韧性依靠注意力配置和注意力的质量;②注意力配置取决于利益相关者的责任分配，注意力的质量取决于利益相关者的团队关系状态，系统分配的高质量注意力为组织提供预判能力和专注能力；③注意力理论视角下的组织韧性是通过构建主动式的适应能力实现的。

本章最终在工程项目临时性组织视角下，通过结合资源基础观和注意力理论对组织韧性的解释机制，通过系统梳理现有文献和分析案例机制路径，提出了 16 条概念间关系假设，构建了资源视角和认知视角下，项目治理对组织韧性影响的概念模型，为进一步进行假设检验和模型验证提供理论基础。

第五章 工程项目治理对组织韧性的影响关系研究

本章在第四章构建的工程项目治理对组织韧性的作用路径模型的基础之上，进一步检验工程项目情境中，项目契约治理、项目关系治理、资源重构、组织韧性各个构念之间的内在关系。本章结合现有理论，在第四章概念模型的基础之上，通过明确变量测量方式、问卷设计、数据收集、假设检验、结果分析与讨论等一系列过程，实证检验并解释项目治理对组织韧性的作用机制，对比资源基础观和注意力理论两种视角下的路径效应差异。

第一节 实证研究设计

本书按照验证性理论（confirmatory theory）的基本检验思路，通过统计方式检验实证数据，并选择接受或者拒绝假设模型[258]。结构模型包含了五个概念之间的直接和间接影响关系，分别为契约治理、关系治理、资源重构、团队正念和组织韧性。分析单元（unit of analysis）是工程项目临时性组织，观测单元（unit of observation）是工程项目中参与项目的人员，如项目经理、项目副经理、安全工程师等。

一、变量测量

本书在第二章对研究中涉及的关键变量内涵、维度以及测量进行了详细的回顾，为本章的研究内容奠定了较为扎实的理论基础。因此，本书依据研究变量之间的逻辑关系，将变量划分为自变量（契约治理、关系治理）、中介变量（资源重构、团队正念）、因变量（组织韧性）。为了保证量表的测量效度，测量量表选自现有文献，部分英文文献通过翻译、对比和对照讨论，确保题项表述的准确性。所有题项的调整都是基于文献且经过预检验（pilot test）。题项测量方法为五级利克特量表（例如，1 为非常不同意，5 为非常同意）。在发放量表之前，研究者组成一个专家小组对问卷进行了表述讨论，并邀请了工程建筑行业具有 10 年以上工作经验的从业人员针对本量表进行了内容检验，确保量表测量内容与实践情境一致。以下将依次对各变量的具体维度和测量方式进行分析。

（一）契约治理（外生变量）

契约治理是本书的自变量，本书第二章针对项目契约治理的概念内涵以及概念维度进行了讨论。本书从基本要素、变更要素和治理要素三个维度测量契约治理。现有研究中 Lu 等[14]整合了 Goo 等[160]在服务等级协议基础上开发的契约治理的内涵量表与 Luo[259]在国际合作情境下使用的契约治理内涵量表，形成了基本要素 4 题项、变更要素 3 题项、治理要素 3 题项的 10 题项量表。

契约治理关注的是通过规则对关系进行控制，通过具有法律效力的正式的手段约束组织间的伙伴关系[14]，并约束合作伙伴的机会主义行为等。契约治理构成的关键维度包括基本要素、变更要素以及治理要素，其中基本要素的目的是构建基本规则框架，基本要素规定了双方之间的关键原则和协议，如项目的交付期限、质量标准和预算等。基本要素测量的关键点包括：①确定关系；②约束权责利；③约束合同内的标的、期限、地点、方式等基本信息；④约定合同内涉及的质量、价格、付款方式等的专用条款。变更要素的目的是有针对性地应对内外部的不确定性，测量的是与变更相关的条款，规定了解决不可预见事件的原则、策略、组织结构和过程。变更要素测量的关键点包括：①变更处理原则；②处理变更的替代方案；③快速响应客户变化的需求。治理要素的目的是鼓励利益相关者维持合同关系，治理要素通过明确阐述度量、惩罚和激励的具体条款，维持利益相关者的合同关系。治理要素测量的关键点包括：①违约的情况；②合同终止的情况；③争议仲裁；④激励性条款。本书在 Lu 等[14]的契约治理的测量量表基础上，依据现有理论，进一步做了调整，形成 11 题项的工程项目契约治理量表（详见附录 B 题项 1~11）。

（二）关系治理（内生变量）

关系治理是本书另一个重要的自变量，本书第二章针对项目关系治理的概念内涵以及概念维度进行了讨论。本书从信息沟通、团结、关系柔性和信任四个维度测量关系治理。现有研究中 Lu 等[14]在 Griffith 和 Myers[260]的关系范式概念基础之上，纳入了 Pinto 等[261]推荐的在项目情境下测量信任的 Hartman 模型量表。

项目关系治理包括信息沟通、团队、关系柔性和信任四个维度，其中信息沟通减少了信息不对称，促进了交流中的冲突解决和问题解决，且各方主动向合同伙伴提供有用的信息。本书在 Lu 等[14]的量表基础上进行了调整，形成了信息沟通（4 题项）、团结（3 题项）、关系柔性（2 题项）的量表。信息沟通的测量关键点是：①信息沟通的频率；②信息沟通的内容，是否影响对方；③信息沟通关系状态；④信息沟通的内容是否帮助对方。团结关注于让各方改变以个人为中心的行为趋势，而转向促进团结、共担责任和利益。团结的测量关键点是：①共同认可的利益目标；②共同认可的利益实现方式；③有长期的利益关系。柔性的目的是针对项目中不可预见的事件，各方随着环境的变化，希望能够做出相应的关系调整。柔性的测量关键点是：①柔性合作的意愿；②关系调整的意愿（详见附录 B 题项 12～20）。

信任维度描述的是一种项目利益相关者的心理状态，是基于对他人意图或者行为的积极预期，并因此愿意承担风险，包括正直信任和能力信任[261]。信任测量的量表是在 Pinto 等[261]的工程项目情境下的信任测量量表的基础上进行了调整，形成了 6 个题项的量表。本书的信任的测量关键点包括：各方履约、践行承诺、诚实诚信的水平，以及对于技术、能力和管理方面的信任（详见附录 B 题项 21～26）。

（三）资源重构（内生变量）

资源重构指的是工程项目临时性组织根据内外部环境的变化，重新配置、重新调整和重组资源的能力。资源重构在本书中作为单一维度的概念进行测量，其维度内涵为内部资源优化。其题项是选自 Wei 和 Wang[180]以及 Ambulkar 等[17]的量表，通过单一维度的 4 题项以五级利克特量表方式进行测量。本书的资源重构的测量关键点包括：①重新排列资源；②重新配置资源；③更改资源结构；④更新现有资源（详见附录 B 题项 37～40）。

（四）团队正念（内生变量）

团队正念反映的是项目各个利益相关者之间的共同信念，其描述的对象是项目利益相关者构成的临时性项目组织，描述的内容是对团队内外部活动的体验性、非判断性的处理以及对当下情况的觉察，代表以实证的态度去接近客观现实。团队正念在本书中作为两维度的概念进行测量，包括觉察当下以及情绪体验两个维度。团队正念的量表是在 Yu 和 Zellmer-Bruhn[51]开发的团队正念测量量表的基础上形成的，量表包括两个维度共 10 个题项。测量的关键点包括：①注意力集中地、持续地关注；②关注正在发生的事情而不是未来的需求或者过去的经验；③关注团队内信息沟通的内容；④开放、接受的态度，无先入为主的正面或者负面的评论；⑤当面对问题时，保持友好态度和平和的心态（详见附录 B 题项 27～36）。

（五）组织韧性（内生变量）

组织韧性是本书的关键因变量，其刻画的是组织面临不利情境时，保持警惕、适应改变、及时响应以及恢复到原先状态的能力。通过第二章的文献综述，现有针对组织韧性的概念内涵和维度的研究存在两个特征，一是其能力视角的维度划分之间存在连续统一的特征，即预警危机、应对危机和恢复能力之间存在概念上的重叠[1]；二是其他按照多维度划分的研究视角，将组织韧性内涵进行了扩展，并与组织韧性的前因变量之间形成了一定程度的混淆[17]。因此，本书依据文献梳理的框架，从结果视角选择适合测量组织韧性的量表。工程项目中缺乏直接测量组织韧性的量表，且工程项目临时性组织的情境与供应链情境有较高的相似度，尤其在组织韧性方面[9]，因为供应链形成的是用于通过信息、材料和现金的综合流动从原材料供应商向最终客户提供产品和服务的网络，且供应链网络同工程项目中的临时多项目组织（temporary multi-organization）以及跨项目组织特征相同。依据Thomé等[9]的研究，供应链与项目临时性组织一样面临应对危机，需要强化组织间合作以应对复杂多变的内外部环境。因此，本书选取与项目临时性情境相似的，Yu和Zellmer-Bruhn[51]等在跨组织情境下开发的组织韧性量表。

Ambulkar等[17]通过系统综述的方法，详细梳理了组织韧性的现有题项，通过问卷的方式开发了组织韧性的量表，并最终形成了单一维度4题项的测量量表，测量的关键点分别是：①能够解决危机；②能够轻松地适应危机；③能够快速地响应危机；④能够保持高度警惕。本书的实施小组在整理现有文献基础之上，结合Churchill Jr[262]的量表开发框架，通过逐步分析组织韧性的概念内涵，针对工程项目管理情境，增加了4个题项，形成了测量工程项目组织韧性的单一维度8题项量表（详见附录B题项41~48）。

二、问卷设计

本书在确定了关键概念的变量量表之后，对量表题项的选择、表述、排列以及展示等涉及问卷设计细节的问题进行了逐一分析与研究，力求达到提升问卷接受度和测量效度的目的。本书针对工程项目临时性组织韧性调研问卷进行了以下四个步骤的操作。

（1）文献研读。针对现有项目契约治理、项目关系治理、资源重构、团队正念以及组织韧性的相关文献进行研读和梳理，选取文献中具有较高信效度的高质量经典量表。通过中英文互译以及量表表述的适当调整，最终形成了量表初稿，以供进一步讨论和完善。

（2）专家讨论。在第一版量表初稿的基础之上，采纳项目管理领域相关专家、教授、讲师、博士后以及博士研究生的意见，对量表进行进一步的修正。本阶段的主要目的是请专家学者从理论基础的角度，对问卷的结构设计以及量表反映的内容进行针对性的讨论。将初版量表通过邮件或者面谈的方式，发送给上述学者，收集反馈意见，形成第二版调研问卷。

（3）实践对象交流。在第二版调研问卷的基础之上，向业内专家，如项目经理、工程师、施工负责人、合同经理等，征求他们对第二版调研问卷在表述上、内容上以及整体展现形式方面的意见，本阶段的主要目的是请业内专家从实践的角度，对问卷的情境特征和相关题项表述进行针对性的分析，提高被试者对问卷的理解。因此，将第二版问卷通过邮件或者面谈的方式，发送给上述专家，收集反馈意见，形成第三版问卷。

（4）问卷预调研。问卷预调研是通过小规模的问卷发放预测问卷使用情况，提升问卷的可靠性、稳定性，降低问卷测试不确定性，降低问卷再试成本的重要手段。共计发放 130 份问卷，收回问卷 105 份，并据此进行问卷的信效度的相关检验，剔除不符合要求的题项和表述，并最终形成了问卷的使用版。

经过上述四步，本书形成了最终版的调研问卷，包括引言、背景资料、基本信息、调研题项共四个部分。其中，引言描述了调研问卷的主要目的和填写原则，减少调研者对于问卷回答内容的焦虑或者担忧。背景资料的目的是带入情境，引导答题者针对过往的项目经历，形成针对某一次项目遇到内外部不利因素情况下的组织反应能力、状态和效果。同时简介相关概念，使受访者对概念有一个基本认识。基本信息部分收集受访者的性别、受教育程度、年龄、工作年限、企业性质以及所处行业的相关信息，形成对于问卷人群的基础信息收集，以描述答题对象的基本情况。最后，调研题项部分通过询问项目面临的危机事件内容和类型（2 题项）、项目契约治理（11 题项：基本要素 4 题项、变更要素 3 题项、治理要素 4 题项）、项目关系治理（15 题项：信息沟通 4 题项、团结 3 题项、关系柔性 2 题项、信任 6 题项）、资源重构（4 题项）、团队正念（10 题项：觉察当下 5 题项、情绪体验 5 题项）、组织韧性（8 题项）。所有调研题项均采用了五级利克特量表进行测量（附录 B）。

三、实证数据收集与样本描述

（一）问卷发放与数据收集

本书以工程项目临时性组织为研究对象，在样本的选取过程中明确了筛选标准，面向规模较大的工程项目进行问卷发放，并确定了以工程项目经理、项目工程师、技术工程师、安全工程师、合同经理为主的受访对象，进行问卷作答。同时，所有的受访者要求有大型工程项目的参与经验，并且对项目中曾出现的内外部危机事件有一定的了解。问卷收集信息围绕受访者印象最深刻的一个项目，聚焦研究单元为单一项目中组织韧性表现，以提升问卷数据来源的可靠程度。

本书的数据收集主要通过纸质版问卷和电子版问卷共同完成。纸质版问卷部分通过 MBA 学员培训班、企业调研、工程企业经理人集中培训等途径或面对面的手段收集问卷数据，通过现场描述和填写辅导的形式提高受访者对于问卷的了解程度，保证问卷填写的质量。同时，电子版问卷部分通过现有团队的调研资源以及大连理工大学和中国大连高级经理学院的部分学员和校友形成问卷填写的资源池，通过在线问卷调查平台的网络问卷填写方式，在选定受访对象之后，通过社交媒体手段向受访对象发放填写问卷通知和链接，辅导在线填写。

本书共发放问卷 822 份，最终收回问卷 796 份，在经过针对性筛选缺失信息、不符合调研需求以及极端化答卷的情况之后，共收集有效问卷 754 份。数据主要分布于大连、北京、上海、青岛、宁波、南京、西安、哈尔滨等国内主要城市，涉及中铁、中建、中交等大型国企。数据在项目质量、规模和管理水平方面具有较高的代表性。同时，754 份问卷数值也是变量题项 48 题的 15.7 倍，超过 Hair 等基于 Cohen 提出的统计算力（statistical power）是变量题项数的 10 倍的门槛标准[263]。

（二）样本描述

本书样本的描述性统计如表 5.1 所示，其刻画了收集到的问卷数据样本的总体分布。从性别分布可以得出，男性受访者为 571 人，占比 75.7%，女性受访者为 183 人，占比 24.3%，男女差距比较明显，这与工程项目的业务特征有关。从年龄分布可以看出，30～35 岁（276 人，36.7%）占比最高，是受访者中人数最多的年龄段，其次是 35～40 岁（207 人，27.5%）年龄段，这与工龄中 5～10 年（195 人，25.9%）居多，10～15 年（158 人，21.0%）次之的工作年限分布特征相符，在一定程度上体现了样本的良好质量。从教育学历上看，学历为本科教育（418 人，55.4%）的人数最多，学历为硕士（154 人，20.4%）和大专及以下（159 人，21.1%）的人数较为相近，也说明受访者样本具有良好的质量。本书同时还统计了工程项目的行业类型，按照国家工程项目的行业分类基本标准以及收取问卷的具体情况，将样本分为路桥工程、电力建设、工业工程、轨道交通、航天军工、建筑工程、矿山工程、市政工程以及水利工程共九项分类。其中，路桥工程、建筑工程与水利工程数量居多，其他工程类型分布较为均匀，体现了样本覆盖的普遍性。上述情况表明，受访者具有较好的工程项目从业经历，能够确保调查问卷的填写质量，提升样本的信效度。同时，通过对题项结果进行赋值计算样本各基本变量的均值和方差。结果显示，各变量的方差较小，这也体现了样本的分布比较均匀合理。

表 5.1 调研样本的描述性统计

项	类别	赋值	样本量	百分比	均值	方差
性别	男	0	571	75.7%	0.24	0.184
	女	1	183	24.3%		
年龄	30 岁（不含 30 岁）以下	0	101	13.4%	1.23	1.628
	30~35 岁（不含 35 岁）	1	276	36.6%		
	35~40 岁（含 40 岁）	2	207	27.5%		
	40 岁以上	3	170	22.5%		
学历	大专及以下	0	159	21.1%	1.05	0.80
	本科	1	418	55.4%		
	硕士	2	154	20.4%		
	博士及以上	3	23	3.1%		
工作年限	5 年及以下	0	121	16%	2.27	0.97
	5~10 年	1	195	25.9%		
	10~15 年	2	158	21.0%		
	15~20 年	3	139	18.4%		
	20~30 年	4	80	10.6%		
	30 年及以上	5	61	8.1%		
行业类型	路桥工程	0	119	15.8%	4.89	8.38
	电力建设	1	32	4.2%		
	工业工程	2	37	4.9%		
	轨道交通	3	21	2.8%		
	航天军工	4	23	3.1%		
	建筑工程	5	235	31.2%		
	矿山工程	6	16	2.1%		
	市政工程	7	13	1.7%		
	水利工程	8	258	34.2%		

本书还对题项进行了描述性统计分析，如表 5.2 所示。表 5.2 呈现了项目契约治理、项目关系治理、资源重构、团队正念以及组织韧性五个构念的所有题项的极端值、均值、方差以及描述数据分布状态的偏度系数（skewness）和峰度系数（kurtosis）。从偏度系数看，参数普遍为负值，数据普遍出现左偏趋势；从峰度系数看，峰度系数大部分大于 1，所以呈现出高峰度的特征，因此，可以说明本书的研究数据不符合标准的多元正态分布。

表 5.2 测量题项的描述性统计

测量题项	极小值	极大值	均值	标准差	偏度 统计量	偏度 标准误	峰度 统计量	峰度 标准误
CGFE1	1.00	5.00	4.001 3	0.688 55	−0.809	0.089	2.193	0.178
CGFE2	1.00	5.00	4.070 3	0.681 06	−0.973	0.089	2.734	0.178
CGFE3	1.00	5.00	4.130 0	0.642 93	−0.997	0.089	3.755	0.178
CGFE4	1.00	5.00	4.144 6	0.640 84	−0.898	0.089	3.214	0.178
CGCE1	1.00	5.00	3.913 8	0.742 74	−0.777	0.089	1.299	0.178
CGCE2	1.00	5.00	3.787 8	0.781 63	−0.630	0.089	0.848	0.178
CGCE3	1.00	5.00	3.900 5	0.782 90	−1.056	0.089	2.041	0.178
CGGE1	1.00	5.00	4.051 7	0.648 81	−1.015	0.089	3.583	0.178
CGGE2	1.00	5.00	3.996 0	0.666 99	−0.911	0.089	2.803	0.178
CGGE3	1.00	5.00	4.008 0	0.663 96	−0.855	0.089	2.539	0.178
CGGE4	1.00	5.00	3.879 3	0.773 07	−0.775	0.089	1.185	0.178
RGIE1	1.00	5.00	3.969 5	0.736 36	−0.932	0.089	1.908	0.178
RGIE2	1.00	5.00	3.904 5	0.751 38	−0.840	0.089	1.450	0.178
RGIE3	1.00	5.00	4.022 5	0.738 45	−0.948	0.089	1.758	0.178
RGIE4	1.00	5.00	4.017 2	0.709 24	−0.853	0.089	1.676	0.178
RGSO1	1.00	5.00	4.066 3	0.720 30	−0.976	0.089	2.181	0.178
RGSO2	1.00	5.00	3.974 8	0.743 74	−0.989	0.089	2.083	0.178
RGSO3	1.00	5.00	3.949 6	0.746 91	−0.704	0.089	1.010	0.178
RGFL1	1.00	5.00	3.978 8	0.677 53	−0.668	0.089	1.459	0.178
RGFL2	1.00	5.00	3.878 0	0.749 30	−0.785	0.089	1.112	0.178
RGTR1	1.00	5.00	3.964 2	0.753 95	−1.003	0.089	2.189	0.178
RGTR2	1.00	5.00	3.852 8	0.841 06	−0.710	0.089	0.660	0.178
RGTR3	1.00	5.00	3.913 8	0.724 63	−0.666	0.089	1.094	0.178
RGTR4	1.00	5.00	3.966 8	0.732 63	−0.883	0.089	1.931	0.178
RGTR5	1.00	5.00	3.944 3	0.700 65	−0.620	0.089	1.217	0.178
RGTR6	1.00	5.00	3.916 4	0.744 82	−0.754	0.089	1.335	0.178
MD1	1.00	5.00	3.672 4	1.009 97	−0.682	0.089	−0.199	0.178
MD2	1.00	5.00	4.006 6	0.913 94	−0.976	0.089	0.618	0.178
MD3	1.00	5.00	3.712 2	1.032 38	−0.535	0.089	−0.636	0.178
MD4	1.00	5.00	3.718 8	0.991 59	−0.561	0.089	−0.411	0.178
MD5	1.00	5.00	3.912 5	0.964 32	−0.902	0.089	0.284	0.178
MD6	1.00	5.00	3.313 0	1.137 40	−0.103	0.089	−1.026	0.178
MD7	1.00	5.00	2.821 0	1.035 13	0.471	0.089	−0.400	0.178

续表

测量题项	极小值	极大值	均值	标准差	偏度 统计量	偏度 标准误	峰度 统计量	峰度 标准误
MD8	1.00	5.00	3.379 3	0.980 23	−0.266	0.089	−0.910	0.178
MD9	1.00	5.00	3.814 3	0.790 05	−0.630	0.089	0.563	0.178
MD10	1.00	5.00	3.843 5	0.809 58	−0.716	0.089	0.454	0.178
RC1	1.00	5.00	3.927 1	0.684 67	−0.902	0.089	2.362	0.178
RC2	1.00	5.00	3.964 2	0.670 01	−1.074	0.089	3.296	0.178
RC3	1.00	5.00	3.936 3	0.672 89	−0.947	0.089	2.659	0.178
RC4	1.00	5.00	3.957 6	0.654 58	−0.925	0.089	2.759	0.178
OR1	1.00	5.00	3.980 1	0.668 69	−0.832	0.089	2.353	0.178
OR2	1.00	5.00	3.698 9	0.803 92	−0.587	0.089	0.515	0.178
OR3	1.00	5.00	3.806 4	0.769 38	−0.847	0.089	1.222	0.178
OR4	1.00	5.00	3.909 8	0.728 72	−0.913	0.089	1.843	0.178
OR5	1.00	5.00	3.913 8	0.720 96	−0.701	0.089	1.326	0.178
OR6	1.00	5.00	4.014 6	0.644 56	−0.789	0.089	2.276	0.178
OR7	1.00	5.00	4.049 1	0.657 15	−0.924	0.089	2.938	0.178
OR8	1.00	5.00	4.111 4	0.616 98	−0.719	0.089	2.596	0.178

注：CGFE = 契约治理基本要素，CGCE = 契约治理变更要素，CGGE = 契约治理治理要素，RGIE = 关系治理信息沟通，RGSO = 关系治理团结，RGFL = 关系治理关系柔性，RGTR = 关系治理信任，MD = 团队正念，RC = 资源重构，OR = 组织韧性

四、数据分析方法

本书拟通过规范的实证统计研究方法对第四章提出的假设与概念模型进行验证，检验理论与案例探索结论的客观性和普适性（generalizability），提升结论的适用性。根据具体研究问题、研究内容、分析单元、概念模型以及假设和相关数据，本书设计了以下四步实证研究数据的分析步骤，以期得到信效度较高的研究结论。

（一）描述性统计

数据分析部分采用描述性统计分析方法对数据的总体特征进行描述、分析以及说明，提供一个针对样本总体的客观、详细的特征分析，包括受访者的性别、年龄、工作年限、所处工程行业、受教育水平等。同时采用 SPSS 25.0 软件的基本统计分析方法，对样本的数量、比例进行统计，形成对于数据基本特征分布的

展示和全面系统的描述，包括所占百分比、样本均值、样本方差等。这些数据为后续深入分析变量之间的内在关系提供初步分析。

（二）共同方法偏差检验

本书的数据收集自单一的受访者，可能导致共同方法偏差（common method biases），因此需要进一步进行检验，排查共同方法偏差的可能性。共同方法偏差主要是因为同样的数据来源或评分者、同样的测量环境以及项目本身特征可能导致存在严重的混淆，因此本书主要通过常用的程序控制和统计控制相结合的方法来排查共同方法偏差。在过程控制之中，其核心观点在于通过改进研究设计做好提前应对，本书以排除混淆变量的影响和以促进理解因果关系为基本控制逻辑，通过综合运用时间分离、变换问卷选项结构、使用反向题项、优化问卷题项表述、删除不同概念中语义相似的题项、争取受访者的积极配合等措施，达到减少一致性、偏差性和敷衍性的回答[264]。同时，本书在统计手段方面也做好控制，使用Harman单因素检验，在此统计控制下，如果出现单一因素占据了测量变量之间大多数的共变异，则可能存在共同方法偏差[265]。因此，对问卷题项中的全部测量变量进行未经旋转的因子分析，结果显示共有6个公因子，且第一公因子的解释力为49.0%，未超过50%，表明本书的数据共同方法偏差问题并不严重，研究结论不会受到显著的影响。

（三）信效度检验

信效度检验是为了检查样本数据对研究变量的反映的真实和准确程度。本书首先通过SPSS 25.0软件对变量进行探索性因子分析[266]，计算各个变量量表的巴特利特（Bartlett）球形检验和Kaiser-Meyer-Olkin（KMO）[267]值，同时检验量表的Cronbach's α系数来测定调查问卷的信度。在效度方面，本书主要通过规范化量表设计过程来保证量表整体的内容效度。同时，本书通过SmartPLS 3.0软件对变量进行验证性因子分析，以实现对结果效度的检验。

（四）结构方程模型

本书主要是分析项目契约治理、项目关系治理、资源重构、团队正念和组织韧性之间的关系，需要用到结构方程模型。结构方程模型是社会科学领域近年来比较盛行的统计方法，其综合了回归分析、因子分析、路径分析等多种分析策略，能够通过统计分析技术对变量间的因果关系进行系统解释与验证。该方法主要针对潜变量进行检测，且通过构建概念模型，建立各潜变量间的理论结构关系，实现了对多个潜变量间复杂影响关系、多种测量误差的处理与分析。

结构方程模型主要有两种分析策略：共协方差结构方程模型（coverance-based SEM）（LISREL 或 AMOS 为代表）和主成分式结构方程模型（component-based SEM）[PLS（偏最小二乘法）为代表]。两者的分析策略不同，前者主要是通过最大似然法（maximum likelihood）进行估计求解，以协方差为基础，是参数估计导向，进行理论模型的验证分析。而后者主要是通过非线性迭代最小二乘法（non-linear iterative partial least squares），以方差为基础，是预测导向，进行模型的预测分析。Ringle 等[268]对经济管理期刊 *MIS Quarterly* 做的统计分析指出，使用 PLS 的期刊论文数正在呈现大幅增长趋势。

本书选用 PLS 的具体原因如下。

（1）本书的数据不符合多元正态分布。首先通过表 5.2 的数据偏度系数和峰度系数的检验结果和 Kolmogorov-Smirnov 检验结果可知，本书数据不符合多元正态分布的基本要求，而使用 PLS 方法可以很好地解决这个问题。

（2）本书涉及二阶模型，且需要验证中介效用。模型整体呈现的复杂性较强，使用 AMOS 可能出现部分模型参数无法呈现的问题。PLS 可以更好地解决这个问题。

（3）AMOS 对于模型的要求是对于一般的潜变量，需要有三个以上的显变量才能识别。PLS 没有相应的要求。AMOS 要求样本量在 300~500 为宜，过大容易卡方敏感。

（4）本书的主要目的是探索项目契约治理和关系治理对组织韧性的影响，以进一步发展理论。AMOS 需要有强大的理论基础，其支持验证式研究。针对本书中的相关概念的发展仍属于初期阶段，因此 PLS 的预测能力最大化属性更适合本书设计。

综上，本书比较适合使用 SmartPLS 对样本数据进行分析和检验，以更好地完成假设和模型检验。

第二节 假设检验

由于潜变量无法直接进行测量，需要通过观测变量间接推测得出。在 PLS-SEM 中，SEM 完整模型由内部模型（结构模型）和外部模型（测量模型）两部分构成。需要先对结构模型进行检验，即对反映潜变量之间关系的内部模型和体现潜变量和观测变量之间关系的外部模型进行检验。对于每个观测变量，只有一个对应的潜变量与之存在关联。在本书中，所有变量均为反映型变量，其中自变量项目契约治理为二阶三维度反映型测量模型，自变量项目关系治理为二阶四维度反映型测量模型,中介变量资源重构为一阶反映型测量模型,中介变量团队正念为二阶两维度反映型测量模型,因变量组织韧性为一阶反映型测量模型。本书测量模型如图 5.1 所示。

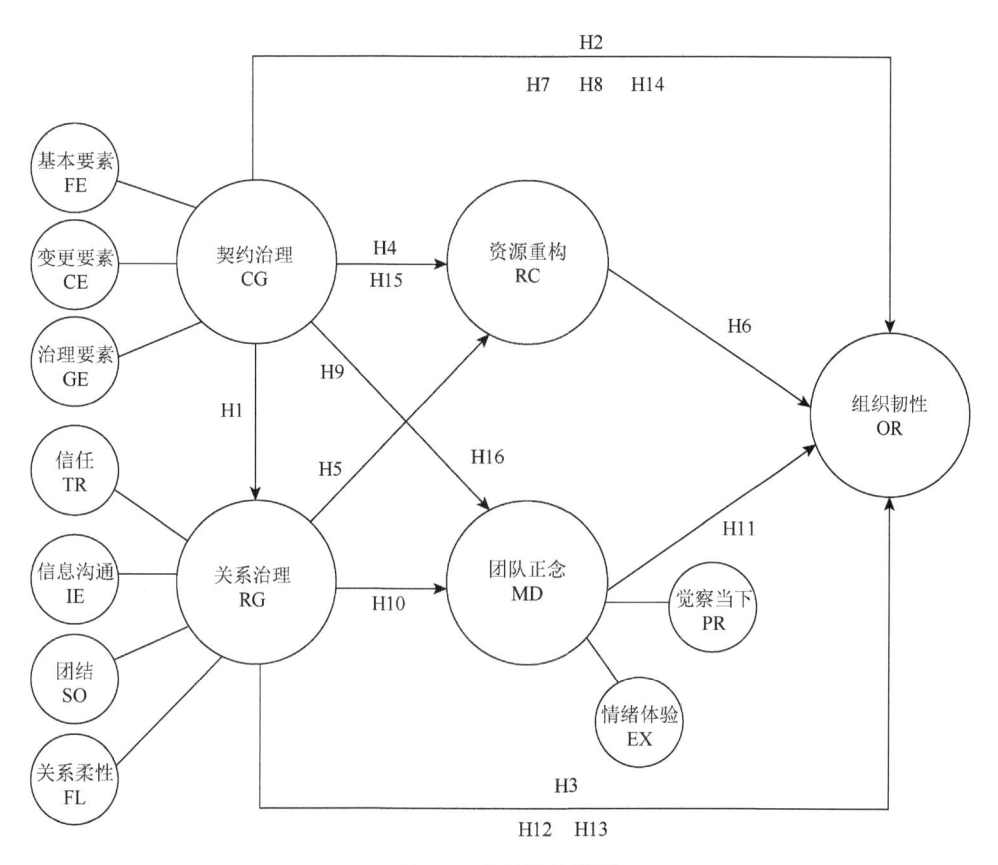

图 5.1　本书测量模型

PLS-SEM 的目标是在 PLS 路径模型中最大限度地解释内生潜变量的解释方差(即 R^2 值)。因此,首先需要对测量模型进行参数检验,然后进行结构模型的内部潜变量之间的因果关系以及路径分析。测量模型检验为结构模型分析提供信效度基础,通过检测测量模型的信度、效度,保证测量模型的可信度以及有效性,并在此基础上,进行结构模型的内部构念间关系分析,验证潜变量之间的作用路径。下面将从测量模型检验和结构模型分析两方面展开。

一、测量模型检验

测量模型检验是对测量模型的整体统计数据的信效度和模型相关特征参数

（表5.3）进行测算和检验。由于本书采用的 SmartPLS 3.0 本身自带验证性因子分析的相关参数分析功能，因此整个测量模型的检验也通过 SmartPLS 3.0 软件实现。同时本书的测量模型属于反映型测量模型，其效度部分主要通过检验聚合效度（收敛效度）、区别效度和内容效度实现；而信度检验主要是通过测量的可靠性检验实现。对于模型而言，首先需要测定的是内部一致性问题，即 Cronbach's α，它根据观察到的指标变量之间的相互关系来估计可靠性。测量模型的信效度检验结果如表5.4 所示。由表 5.4 中所有变量以及相关维度的内部一致性可知，所有测量潜变量的 Cronbach's α 系数都大于 0.7 的推荐值，因此本书的测量模型具有可靠性。

表 5.3 反映型测量模型的检验参数

效度检验指标	测量方式
内部一致性（internal consistency）	Cronbach's α composite reliability（组合效度，CR）
收敛效度（convergent validity，即聚合效度）	indicator reliability（指标效度） average variance extracted（平均方差提取值，AVE）
区别效度（discriminant validity）	Fornell-Larcker 准则

表 5.4 测量模型的信效度检验

构念	题项	因子载荷	AVE	CR	Cronbach's α
契约治理 基本要素 CGFE	CGFE1	0.865	0.746	0.921	0.886
	CGFE2	0.881			
	CGFE3	0.848			
	CGFE4	0.859			
契约治理 变更要素 CGCE	CGCE1	0.876	0.752	0.901	0.834
	CGCE2	0.889			
	CGCE3	0.835			
契约治理 治理要素 CGGE	CGGE1	0.870	0.747	0.922	0.887
	CGGE2	0.880			
	CGGE3	0.900			
	CGGE4	0.805			
关系治理 信息沟通 RGIE	RGIE1	0.838	0.705	0.905	0.860
	RGIE2	0.780			
	RGIE3	0.878			
	RGIE4	0.860			
关系治理 关系柔性 RGFL	RGFL1	0.910	0.810	0.895	0.766
	RGFL2	0.889			
关系治理团结 RGSO	RGSO1	0.891	0.795	0.921	0.871
	RGSO2	0.890			

续表

构念	题项	因子载荷	AVE	CR	Cronbach's alpha
关系治理团结 RGSO	RGSO3	0.894	0.795	0.921	0.871
关系治理信任 RGTR	RGTR1	0.851	0.761	0.950	0.937
	RGTR2	0.871			
	RGTR3	0.856			
	RGTR4	0.903			
	RGTR5	0.889			
	RGTR6	0.864			
团队正念觉察当下 MDPR	MD1	0.793	0.740	0.934	0.912
	MD2	0.862			
	MD3	0.877			
	MD4	0.881			
	MD5	0.885			
团队正念情绪体验 MDEX	MD6	0.743	0.471 删除后:0.683	0.793 删除后:0.866	0.670 删除后:0.767
	MD7	**0.460**			
	MD8	**0.598**			
	MD9	0.835			
	MD10	0.850			
资源重构 RC	RC1	0.870	0.802	0.942	0.917
	RC2	0.914			
	RC3	0.911			
	RC4	0.886			
组织韧性 OR	OR1	0.832	0.684	0.945	0.933
	OR2	0.726			
	OR3	0.784			
	OR4	0.852			
	OR5	0.877			
	OR6	0.838			
	OR7	0.859			
	OR8	0.839			

涉及内部一致性的第二个参数是组合效度，组合效度主要用来补充 Cronbach's α 可能对题项数目敏感而低估内部一致性的参数局限性，用以进一步刻画内部一致性程度。一般而言，组合效度在 0.7~0.95 是较好的组合效度结果，组合效度超过 0.95 可能说明概念内在的单维属性或可能存在重复句法题项[269]（所有题项已经专家讨论，无句法重复题项）。因此，综合组合效度（代表高值）与

Cronbach's alpha（代表低值）的参数，可以推断本书研究有较好的内部一致性[263]。

其次，本书测量了概念模型的收敛效度，收敛效度反映的是一个测量方式与同一结构的替代测量方式正相关的程度。收敛效度通过因子载荷（loading）和 AVE 值来测定。其中，因子载荷大于 0.708 为较好的收敛效度。在这一阶段，团队正念（MD）中 MD7 和 MD8 的因子载荷低于 0.708，因此，团队正念题项中的 MD7 和 MD8 被移除。依据 Hair 等[263]提出的规范化题项删除步骤，首先判断因子载荷的相关性测试，判断其是否低于 0.708。在低于 0.708 的情况下继续判断是否在删除题项后会提升 AVE 值。据观测，在移除 MD7 和 MD8 后，AVE 从 0.471 提升到 0.683，达到 AVE>0.5 的门槛值，说明构念解释了超过其测量题项一半的变化。剔除 MD7 和 MD8 后，所有的概念维度 AVE 均达到标准，表示测量模型具有良好的收敛效度。

再次，本书针对测量模型的区别效度进行了测量。区别效度主要通过两种方式测定，一是需要通过对比 AVE 的平方根与潜变量之间相关系数的值，判定是否前者大于后者。二是需要判断每个观测变量的因子载荷是否高于在其他观测变量的交叉载荷。如表 5.5 所示，所有潜变量的 AVE 平方根（对角线加粗字体），都大于其与其他变量之间的相关系数。如表 5.6 所示，通过观察和对比每一个测量变量的因子载荷以及其在其他测量变量上的交叉载荷可以发现，每一个测量变量的因子载荷均大于在其他测量变量上的交叉载荷（加粗字体），且因子载荷的显著性水平均在 $p<0.01$ 上显著。因此，综合以上两点可以判断，本书的测量模型具有较好的区别效度。

表 5.5　测量模型中潜变量的相关系数

变量	CGCE	CGFE	CGGE	MDEX	MDPR	OR	RC	RGFL	RGIE	RGSO	RGTR
CGCE	**0.867**										
CGFE	0.719	**0.863**									
CGGE	0.763	0.751	**0.864**								
MDEX	0.545	0.499	0.519	**0.827**							
MDPR	0.484	0.449	0.463	0.701	**0.860**						
OR	0.616	0.585	0.583	0.673	0.613	**0.827**					
RC	0.524	0.532	0.536	0.616	0.488	0.692	**0.895**				
RGFL	0.672	0.592	0.677	0.583	0.502	0.617	0.565	**0.900**			
RGIE	0.735	0.706	0.773	0.592	0.525	0.653	0.596	0.744	**0.840**		
RGSO	0.715	0.615	0.679	0.576	0.523	0.630	0.575	0.807	0.774	**0.891**	
RGTR	0.660	0.633	0.693	0.598	0.551	0.649	0.569	0.782	0.738	0.782	**0.872**

注：对角线上的数字为 AVE 值的平方根

表 5.6 测量模型中观测变量的交叉负荷

	CGFE	CGCE	CGGE	RGIE	RGFL	RGSO	RGTR	MDPR	MDEX	RC	OR
CGFE1	**0.865**	0.622	0.642	0.607	0.504	0.525	0.551	0.395	0.444	0.440	0.487
CGFE2	**0.881**	0.655	0.661	0.620	0.533	0.531	0.558	0.390	0.432	0.465	0.529
CGFE3	**0.848**	0.567	0.612	0.593	0.487	0.515	0.512	0.378	0.422	0.467	0.502
CGFE4	**0.859**	0.636	0.677	0.620	0.520	0.550	0.563	0.389	0.424	0.465	0.501
CGCE1	0.671	**0.876**	0.658	0.640	0.580	0.620	0.565	0.405	0.457	0.437	0.513
CGCE2	0.596	**0.889**	0.646	0.605	0.569	0.584	0.536	0.386	0.471	0.428	0.490
CGCE3	0.601	**0.835**	0.681	0.666	0.599	0.657	0.615	0.469	0.489	0.497	0.598
CGGE1	0.676	0.657	**0.870**	0.661	0.592	0.601	0.606	0.423	0.456	0.494	0.535
CGGE2	0.633	0.624	**0.880**	0.650	0.542	0.539	0.569	0.389	0.438	0.460	0.481
CGGE3	0.687	0.691	**0.900**	0.695	0.609	0.614	0.621	0.399	0.445	0.463	0.511
CGGE4	0.597	0.667	**0.805**	0.666	0.596	0.592	0.601	0.389	0.455	0.433	0.487
RGIE1	0.605	0.613	0.654	**0.838**	0.578	0.608	0.569	0.438	0.499	0.498	0.525
RGIE2	0.539	0.535	0.608	**0.780**	0.596	0.559	0.586	0.391	0.458	0.456	0.500
RGIE3	0.663	0.711	0.697	**0.878**	0.669	0.716	0.664	0.481	0.541	0.530	0.588
RGIE4	0.563	0.602	0.637	**0.860**	0.651	0.704	0.653	0.449	0.489	0.514	0.574
RGFL1	0.583	0.604	0.636	0.688	**0.910**	0.784	0.745	0.474	0.521	0.520	0.581
RGFL2	0.478	0.607	0.580	0.650	**0.889**	0.663	0.658	0.427	0.529	0.495	0.527
RGSO1	0.560	0.616	0.603	0.686	0.704	**0.891**	0.716	0.460	0.497	0.526	0.561
RGSO2	0.537	0.625	0.608	0.681	0.695	**0.890**	0.662	0.451	0.501	0.490	0.562
RGSO3	0.546	0.671	0.604	0.702	0.757	**0.894**	0.713	0.487	0.542	0.521	0.562
RGTR1	0.575	0.603	0.620	0.677	0.737	0.735	**0.851**	0.491	0.512	0.485	0.554
RGTR2	0.562	0.631	0.601	0.669	0.722	0.741	**0.871**	0.528	0.577	0.529	0.580
RGTR3	0.530	0.559	0.581	0.612	0.667	0.650	**0.856**	0.445	0.475	0.482	0.559
RGTR4	0.554	0.573	0.619	0.659	0.685	0.702	**0.903**	0.509	0.537	0.513	0.581
RGTR5	0.559	0.558	0.619	0.628	0.641	0.647	**0.889**	0.440	0.503	0.473	0.560
RGTR6	0.532	0.525	0.587	0.613	0.635	0.613	**0.864**	0.464	0.523	0.494	0.565
MD1	0.349	0.359	0.339	0.398	0.375	0.396	0.411	**0.793**	0.524	0.399	0.455
MD2	0.408	0.416	0.424	0.481	0.431	0.462	0.470	**0.862**	0.567	0.423	0.523
MD3	0.359	0.414	0.378	0.416	0.420	0.424	0.465	**0.877**	0.632	0.370	0.513
MD4	0.409	0.476	0.444	0.485	0.472	0.487	0.524	**0.881**	0.655	0.458	0.569
MD5	0.405	0.414	0.402	0.475	0.457	0.475	0.494	**0.885**	0.632	0.449	0.572
MD6	0.349	0.411	0.379	0.425	0.443	0.437	0.455	0.719	**0.776**	0.379	0.454
MD9	0.450	0.449	0.427	0.505	0.476	0.470	0.481	0.492	**0.836**	0.551	0.596
MD10	0.437	0.489	0.478	0.537	0.525	0.520	0.544	0.524	**0.865**	0.597	0.618
RC1	0.482	0.470	0.488	0.536	0.498	0.490	0.491	0.428	0.559	**0.870**	0.587

续表

	CGFE	CGCE	CGGE	RGIE	RGFL	RGSO	RGTR	MDPR	MDEX	RC	OR
RC2	0.495	0.473	0.503	0.555	0.510	0.544	0.530	0.434	0.549	**0.914**	0.638
RC3	0.444	0.458	0.459	0.491	0.478	0.484	0.483	0.421	0.527	**0.911**	0.599
RC4	0.481	0.473	0.467	0.549	0.532	0.537	0.530	0.463	0.568	**0.886**	0.651
OR1	0.516	0.515	0.543	0.585	0.517	0.535	0.571	0.511	0.560	0.589	**0.832**
OR2	0.360	0.442	0.379	0.445	0.461	0.417	0.487	0.452	0.521	0.474	**0.726**
OR3	0.426	0.468	0.426	0.460	0.428	0.433	0.459	0.472	0.529	0.515	**0.784**
OR4	0.463	0.514	0.467	0.534	0.503	0.499	0.514	0.516	0.533	0.579	**0.852**
OR5	0.528	0.557	0.528	0.608	0.598	0.591	0.625	0.542	0.594	0.615	**0.877**
OR6	0.517	0.556	0.482	0.566	0.529	0.571	0.535	0.522	0.559	0.567	**0.838**
OR7	0.504	0.516	0.490	0.541	0.513	0.560	0.533	0.525	0.589	0.623	**0.859**
OR8	0.531	0.494	0.521	0.559	0.517	0.540	0.558	0.511	0.563	0.600	**0.839**

本书的内容效度依照内容效度规范性操作进行控制。在内容效度规范性操作中，研究参与人员清楚地制定了题项要测量的内容域。研究人员全面讨论了指标的覆盖范围，确保穷尽构念定义中形成型变量模型的内容域，构建了全面测量全部概念的测量量表。本书项目契约治理、关系治理、资源重构、团队正念以及组织韧性等概念都来自现有文献，经过理论专家和行业专家的讨论进一步确定了测量模型的内容效度。

二、结构模型检验

在确定了测量模型的信效度达标之后，需要对结构模型进行检验，结构模型的检验参数如表 5.7 所示。这一检验的目的是检验结构模型的预测能力以及各概念之间的关系。本书按照 Hair 等[263]制定的规范化六步检验法来检验结构模型：模型共线性检验、结构模型构念间关系的显著性和相关性检验、R^2 检测、预测指标 f^2 检测以及预测指标 Q^2 检测。

表 5.7 结构模型的检验参数

结构模型检验指标	测量方式
模型预测能力	决定系数（R^2）
预测相关性	f^2 效应量、Q^2 效应量
路径系数的大小和显著性	路径系数的大小、显著性水平
模型拟合	拟合优度、均方根

(一) 共线性诊断

首先进行的是共线性检验，因为结构模型的构建是通过每一个内生变量的前因变量直接关系做普通最小二乘法（ordinary least squares）回归。针对所有题项的共线性诊断，判断方差膨胀因子（variance inflation factor，VIF）是否大于 5。所有测量变量的内部方差膨胀因子（inner VIF）在 1.301 到 4.082 之间，外部方差膨胀因子（outer VIF）在 1.000 到 3.721 之间，均小于 5，因此结构模型不存在共线性问题。

(二) R^2 检验

R^2 是用来评价结构模型路径的主要评估标准之一。这一系数测量的是模型的预测能力，计算的是某一特定内生变量的实际值和预测值的方差，即内生变量由所有外生变量引起变化的总和。R^2 越大模型的解释力越强。如表 5.8 所示，所有内生变量 R^2 值均大于 0.33，说明模型具有中度（moderate）解释力。模型在整体上对于外生潜变量的变化能够很好地解释，对于内生潜变量的影响，总体模型的解释力较强。

表 5.8　结构模型内生潜变量的模型评估指标

内生潜变量	R^2	共同度	冗余	拟合优度
契约治理基本要素 CGFE	0.832	0.537	0.584	0.764
契约治理变更要素 CGCE	0.794	0.462	0.566	0.752
契约治理治理要素 CGGE	0.860	0.541	0.605	0.778
关系治理信息沟通 RGIE	0.788	0.484	0.524	0.724
关系治理关系柔性 RGFL	0.784	0.360	0.608	0.780
关系治理团结 RGSO	0.826	0.526	0.622	0.789
关系治理信任 RGTR	0.884	0.629	0.628	0.792
团队正念觉察当下 MDPR	0.905	0.577	0.629	0.793
团队正念情绪体验 MDEX	0.744	0.358	0.482	0.694
资源重构 RC	0.412	0.613	0.309	0.556
组织韧性 OR	0.459	0.562	0.419	0.647

(三)预测相关性

预测相关性主要包括 f^2 和 Q^2。其中, f^2 测量的是某一特定变量缺省后,对于模型内生潜变量解释力的影响。结构模型内生潜变量的 f^2 解释力如表 5.9 所示。结果显示构念之间的 f^2 解释力都大于门槛值 0.02,表示模型对变量间关系具有解释力。

表 5.9　结构模型内生潜变量的 f^2 解释力

路径	f^2 解释力
CG→MD	0.029
CG→OR	0.035
CG→RC	0.033
CG→RG	2.008
MD→OR	0.158
RC→OR	0.143
RG→MD	0.182
RG→OR	0.030
RG→RC	0.123

第二个预测相关性参数是 Stone-Geisser's Q^2,Q^2 表示在样本外的解释力,即样本外的预测相关性参数。Q^2 通常可以用两种方式进行测量,一种为交叉验证冗余(cross-validated redundancy),另一种为交叉效度共同因子(cross-validated communality)。交叉验证冗余方法是建立在数据预测的结构模型(前因变量的分数)和测量模型(目标内生结构)的路径模型估计的基础上。因此,通过交叉验证的冗余度进行预测完全符合 PLS-SEM 方法。本书利用交叉验证冗余来进行预测相关性验证。Q^2 大于 0 表示模型的预测相关性对某一内生潜变量有解释力。经过 SmartPLS 3.0 的 Blindfolding 检验,结构模型内生潜变量的 Q^2 解释力如表 5.10 所示。结果显示所有的内生潜变量的 Q^2 均大于 0,符合检验的标准值,表示有较好的预测相关性。

表 5.10　结构模型内生潜变量的 Q^2 解释力

内生潜变量	SSO	SSE	Q^2（=1−SSE/SSO）
CG	8 294	8 294.00	—
CGCE	2 262	980.797	0.566
CGFE	3 016	1 256.54	0.583

续表

	SSO	SSE	Q^2 (=1–SSE/SSO)
CGGE	3 016	1 188.33	0.606
MD	6 032	4 650.96	0.229
MDEX	2 262	1 170.95	0.482
MDPR	3 770	1 399.92	0.629
OR	6 032	3 506.16	0.419
RC	3 016	2 082.72	0.309
RG	11 310	6 878.59	0.392
RGFL	1 508	591.199	0.608
RGIE	3 016	1 432.39	0.525
RGSO	2 262	855.891	0.622
RGTR	4 524	1 686.17	0.627

注：SSE 是预测误差的平方和，SSO 是观测值的平方和

对于 PLS 的模型拟合参数主要有两组参数，第一组为 SRMR。SRMR 是 PLS 结构模型中的标准残差平方根（standardized root mean square residual）。本书构建模型的 SRMR 为 0.064，小于 0.08 的标准。第二组为拟合优度，即 GOF（goodness of fit）值介于 0.556~0.792，全部大于高等水平标准值 0.36。本书的 RMStheta（均方根值）为 0.103，小于 0.12 的模型拟合较好的临界值标准[270]。综合上述参数估计结果，可以明确本书的结构模型拟合较好，不存在共线性问题，预测相关性较高，同时模型解释力也较好。

（四）结构模型的路径系数分析

在对模型运行 PLS-SEM 算法之后，本书识别出了结构模型的直接路径系数（path coefficient）。模型直接路径分析用于检验潜变量之间的因果关系假设。标准化的直接路径系数介于 –1 到 +1，表示潜变量之间的正负关系和影响强弱。本书通过计算标准化路径系数、T 值以及 p 值等参数，分析各潜变量之间的内在关系。结构方程模型潜变量间效应值如表 5.11 所示。

表 5.11 结构方程模型潜变量间效应值

假设关系	标准化总效应	样本均值	标准差	T 值	CI	显著性
H1 契约治理对关系治理有正向影响 CG→RG	0.817	0.817	0.018	46.096	[0.780,0.850]	***
H2 契约治理对组织韧性有正向影响 CG→OR	0.128	0.129	0.042	3.022	[0.047,0.212]	**

续表

假设关系	标准化总效应	样本均值	标准差	T 值	CI	显著性
H3 关系治理对组织韧性有正向影响 RG→OR	0.195	0.193	0.053	3.654	[0.091,0.299]	***
H4 契约治理对资源重构有正向影响 CG→RC	0.201	0.204	0.062	3.272	[0.086,0.324]	**
H5 关系治理对资源重构有正向影响 RG→RC	0.467	0.465	0.064	7.280	[0.337,0.586]	***
H6 资源重构对组织韧性有正向影响 RC→OR	0.302	0.303	0.051	5.900	[0.208,0.404]	***
H9 契约治理对团队正念有正向影响 CG→MD	0.124	0.125	0.051	2.440	[0.025,0.225]	*
H10 关系治理对团队正念有正向影响 RG→MD	0.555	0.555	0.051	10.997	[0.452,0.652]	***
H11 团队正念对组织韧性有正向影响 MD→OR	0.324	0.323	0.039	8.404	[0.248,0.399]	***

注：*表示 p 值在 0.05 水平显著；**表示 p 值在 0.01 水平显著；***表示 p 值在 0.001 水平显著

模型中契约治理（CG）对关系治理（RG）的效应值为 0.817（$T=46.096$，$p<0.001$），因此假设 H1 成立，契约治理对关系治理有正向影响。契约治理（CG）对组织韧性（OR）的效应值为 0.128（$T=3.022$，$p<0.01$），因此假设 H2 成立，契约治理对组织韧性有正向影响；关系治理（RG）对组织韧性（OR）的效应值为 0.195（$T=3.654$，$p<0.001$），因此假设 H3 成立，关系治理对组织韧性有正向影响。从资源视角的路径上看，契约治理（CG）对资源重构（RC）的效应值为 0.201（$T=3.272$，$p<0.01$），因此假设 H4 成立，契约治理对资源重构有正向影响；关系治理（RG）对资源重构（RC）的效应值为 0.467（$T=7.280$，$p<0.001$），因此假设 H5 成立，关系治理对资源重构有正向影响；资源重构（RC）对组织韧性（OR）的效应值为 0.302（$T=5.900$，$p<0.001$），因此假设 H6 成立，资源重构对组织韧性有正向影响。从认知视角路径来看，契约治理（CG）对团队正念（MD）的效应值为 0.124（$T=2.440$，$p<0.05$），因此假设 H9 成立，契约治理对团队正念有正向影响；关系治理（RG）对团队正念（MD）的效应值为 0.555（$T=10.997$，$p<0.001$），因此假设 H10 成立，关系治理对团队正念有正向影响；团队正念（MD）对组织韧性（OR）的效应值为 0.324（$T=8.404$，$p<0.001$），因此假设 H11 成立，团队正念对组织韧性有正向影响。

综上所述，假设 H1、H2、H3、H4、H5、H6、H9、H10、H11 得到了验证，关系都显著，且 H1、H3、H5、H6、H10、H11 在 $p<0.001$ 上显著，且对于假设的标准化路径系数的置信区间（confidence interval，95%双侧）都不含 0，因此可以验证以上假设关系，并为进一步进行中介假设的验证提供基础。

三、中介效应检验

（一）简单中介效应检验

中介关系检验主要通过 SmartPLS 3.0 中的 PLS Algorithm 和 Bootstrapping 实现，其中通过 PLS Algorithm 对概念间的路径系数进行测定，其迭代次数设定为 300。Bootstrapping 实现了对概念间的路径系数的显著性测定，样本数设置为 5000。模型中介效应初步检验的路径系数如表 5.12 所示。

表 5.12　模型的中介效应初步检验

路径	间接效应系数	样本均值	标准差	T 值	p 值	置信区间
CG→RC→OR	0.061	0.062	0.022	2.794	**	[0.023,0.107]
RG→RC→OR	0.141	0.142	0.033	4.225	***	[0.082,0.211]
CG→MD→OR	0.040	0.040	0.017	2.353	*	[0.008,0.076]
RG→MD→OR	0.180	0.180	0.028	6.370	***	[0.127,0.237]
CG→RG→OR	0.159	0.158	0.044	3.646	***	[0.074,0.244]
CG→RG→RC	0.381	0.380	0.052	7.335	***	[0.276,0.478]
CG→RG→MD	0.454	0.453	0.043	10.546	***	[0.367,0.539]

注：*表示 p 值在 0.05 水平显著；**表示 p 值在 0.01 水平显著；***表示 p 值在 0.001 水平显著

经检验，资源视角路径下，资源重构（RC）在契约治理（CG）与组织韧性（OR）间的间接效应系数为 0.061（$T = 2.794$，$p<0.01$），所以假设 H7 成立；资源重构（RC）在关系治理（RG）与组织韧性（OR）间的间接效应系数为 0.141（$T = 4.225$，$p<0.001$），所以假设 H8 成立，且上述间接效应假设置信区间都不含 0。

在认知视角路径下，团队正念（MD）在契约治理（CG）与组织韧性（OR）间的间接效应系数为 0.040（$T = 2.353$，$p<0.05$），所以假设 H12 成立；团队正念（MD）在关系治理（RG）与组织韧性（OR）间的间接效应系数为 0.180（$T = 6.370$，$p<0.001$），所以假设 H13 成立，且上述间接效应假设置信区间都不含 0。

在项目治理互动视角下，关系治理（RG）在契约治理（CG）与组织韧性（OR）间的间接效应系数为 0.159（$T = 3.646$，$p<0.001$），所以假设 H14 成立；关系治理（RG）在契约治理（CG）与资源重构（RC）间的间接效应系数为 0.381（$T = 7.335$，$p<0.001$），所以假设 H15 成立；关系治理（RG）在契约治理（CG）与团队正

念（MD）间的间接效应系数为 0.454（$T=10.546$，$p<0.001$），所以假设 H16 成立，且上述间接效应假设置信区间都不含 0。

（二）链式中介效应

为检验中介模型中的二阶段链式中介效应，本书模型中针对两条链式中介路径（契约治理与组织韧性之间，关系治理与资源重构的链式中介作用；契约治理与组织韧性之间，关系治理与团队正念的链式中介作用）进行了分析。链式中介效应检验结果如表 5.13 所示。

表 5.13 链式中介效应检验

路径	总/间接效应系数	样本均值	标准差	T 值	p 值
CG→OR（间接）	0.523	0.522	0.034	15.319	***
CG→RG→RC→OR	0.115	0.116	0.027	4.257	***
占总效应比值	21.99%				
CG→RG→MD→OR	0.147	0.147	0.023	6.290	***
占总效应比值	28.11%				

注：***表示 p 值在 0.001 水平显著

由检验结果可知，在"项目契约治理对组织韧性影响的二阶链式中介模型中"，总效应值为 0.523（$T=15.319$，$p<0.001$）；其中，契约治理经过关系治理、资源重构对组织韧性的链式中介效应为 0.115（$T=4.257$，$p<0.001$），占总效应的 21.99%。可见，链式中介成立，关系治理与资源重构在契约治理对组织韧性间各自单独中介效应显著，进一步验证了假设 H15 和 H8。另外，契约治理经过关系治理、团队正念对组织韧性的链式中介效应为 0.147（$T=6.290$，$p<0.001$），占总效应的 28.11%。同时，为了强化检验效果，将模型中的 CG→RG→RC→OR 中的两个链式中介变量（RG→RC）逆序排列，形成检验链 CG→RC→RG→OR 的逆序中介链并检验，系数和显著性水平都降低，效应值为 0.027（$T=2.505$，$p<0.05$）。因此，证明原链式中介关系 CG→RG→RC→OR 成立，再次验证了该链式中介的结果。同理，再对 CG→RG→MD→OR 成立中两个链式中介变量（RG→MD）逆序排列，形成检验链 CG→MD→RG→OR 的逆序中介链并检验，系数和显著性水平都降低，效应值为 0.031（$T=2.999$，$p<0.05$）。因此，证明原链式中介关系 CG→RG→MD→OR 成立，再次验证了该链式中介的结果。可见，链式中介成立，关系治理与团队正念在契约治理对组织韧性间各自单独中介效应显著，进一步验证了假设 H16 和 H13。

(三) 中介效应对比

本书在资源视角和认知视角两种不同视角下，将项目治理对组织韧性的影响作用进行对比，并对两条视角下路径效应值进行分析。契约治理和关系治理都存在资源和认知两条作用路径，契约治理与关系治理对组织韧性的间接效应检验结果如表 5.14 所示。

表5.14 契约治理与关系治理对组织韧性的间接效应

视角	路径	效应比例	间接效应系数	样本均值	标准差	T值	p值
契约治理对组织韧性 CG→OR（间接）			0.523	0.522	0.034	15.319	***
资源	CG→RC→OR	11.66%	0.061	0.062	0.022	2.794	**
	CG→RG→RC→OR	21.98%	0.115	0.116	0.027	4.257	***
	两条路径	33.64%					
认知	CG→MD→OR	7.65%	0.040	0.040	0.017	2.353	*
	CG→RG→MD→OR	28.10%	0.147	0.147	0.023	6.290	***
	两条路径	35.75%					
关系治理对组织韧性 RG→OR（间接）			0.321	0.321	0.041	7.863	***
资源	RG→RC→OR	43.93%	0.141	0.142	0.033	4.225	***
认知	RG→MD→OR	56.07%	0.180	0.180	0.028	6.370	***

注：*表示 p 值在 0.05 水平显著；**表示 p 值在 0.01 水平显著；***表示 p 值在 0.001 水平显著

契约治理对组织韧性的总间接效应为 0.523（$T=15.319$，$p<0.001$）。在资源视角下，契约治理通过资源重构对组织韧性有两条作用路径：CG→RC→OR 和 CG→RG→RC→OR，效应值分别为 0.061（$T=2.794$，$p<0.01$）和 0.115（$T=4.257$，$p<0.001$）。两条路径共占契约治理对组织韧性间接效应的 33.64%。而在资源视角下，关系治理通过资源重构对组织韧性有一条作用路径：RG→RC→OR，效应值为 0.141（$T=4.225$，$p<0.001$），占关系治理对组织韧性间接效应的 43.93%。

在认知视角下，契约治理通过团队正念对组织韧性有两条作用路径：CG→MD→OR 和 CG→RG→MD→OR，两条路径分别对应效应值为：0.040（$T=2.353$，$p<0.05$）和 0.147（$T=6.290$，$p<0.001$）。两条路径共占契约治理对组织韧性间接效应的 35.75%。而在认知视角下，关系治理通过团队正念对组织韧性有一条作用路径，效应值为 0.180（$T=6.370$，$p<0.001$），占关系治理对组织韧性间接效应的 56.07%。

经过对比发现，认知视角下的契约治理对组织韧性（35.75%）和关系治理对组织韧性（56.07%）比资源视角下的契约治理对组织韧性（33.64%）和关系治理对组织韧性（43.93%）的效应值比例更大。综上所述，在项目治理对组织韧性的影响路径中，认知视角下团队正念的作用比资源视角下资源重构能力的效应值更大。

（四）假设检验结果汇总

本书基于 PLS-SEM 假设检验的步骤，针对项目契约治理和关系治理、资源重构、团队正念以及组织韧性的研究假设进行了逐一检验，16 条假设均得到了验证（表 5.15）。

表 5.15 研究假设检验结果汇总

序号	假设陈述	检验结果
H1	契约治理对关系治理有正向影响	通过
H2	契约治理对组织韧性有正向影响	通过
H3	关系治理对组织韧性有正向影响	通过
H4	契约治理对资源重构有正向影响	通过
H5	关系治理对资源重构有正向影响	通过
H6	资源重构对组织韧性有正向影响	通过
H7	资源重构在契约治理与组织韧性的关系间起中介作用	通过
H8	资源重构在关系治理与组织韧性的关系间起中介作用	通过
H9	契约治理对团队正念有正向影响	通过
H10	关系治理对团队正念有正向影响	通过
H11	团队正念对组织韧性有正向影响	通过
H12	团队正念在契约治理与组织韧性的关系间起中介作用	通过
H13	团队正念在关系治理与组织韧性的关系间起中介作用	通过
H14	关系治理在契约治理与组织韧性的关系间起中介作用	通过
H15	关系治理在契约治理与资源重构的关系间起中介作用	通过
H16	关系治理在契约治理与团队正念的关系间起中介作用	通过

本章基于项目契约治理和关系治理、资源重构、团队正念以及组织韧性概念模型，对假设关系进行了逐项检验，并最终构成了如图 5.2 所示的最终检验概念模型。

第三节　结果分析与讨论

本书在第四章假设模型的基础之上，通过变量间关系的大样本检验，对涉及项目契约治理、关系治理、资源重构、团队正念和组织韧性的 16 条假设进行了检

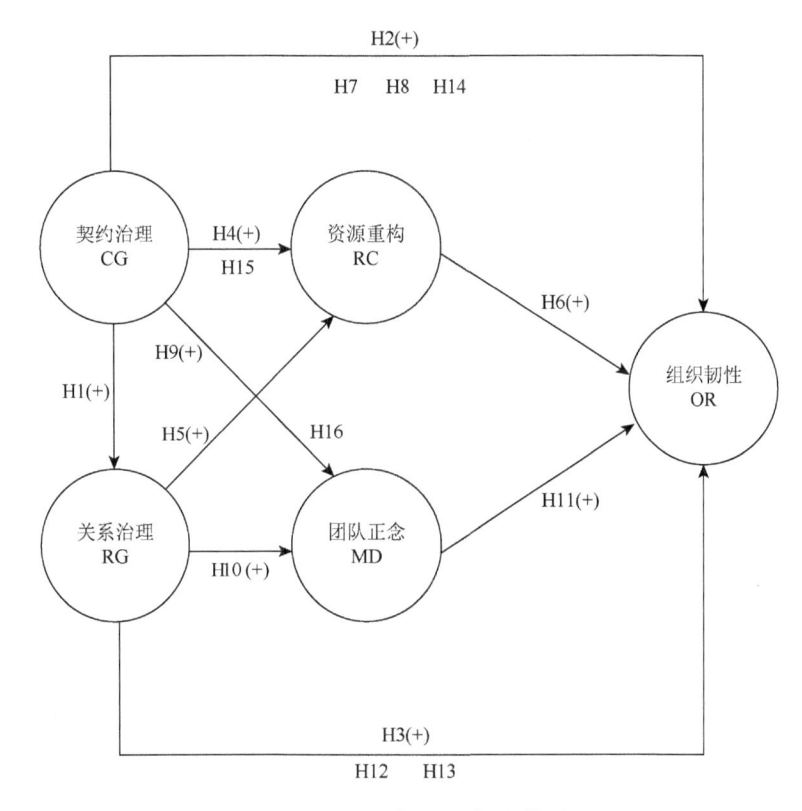

图 5.2　本书最终检验概念模型

验。经过样本数据的 PLS-SEM 分析，尽管路径的系数和显著性水平存在差异但所有假设都能够达到测量模型和结构模型检验的基本标准，并得到了验证，通过了检验。因此，本节在验证假设关系的基础之上，结合各潜变量的理论内涵，与现有理论进行对比和分析，针对检验结果进一步进行讨论。

一、关系治理在项目契约治理与组织韧性之间的中介作用

本书的实证结果显示，在契约治理、关系治理和组织韧性这条路径上，首先，项目契约治理对关系治理有着显著正向影响（$\beta = 0.817$，$p<0.001$），假设 H1 成立。该研究结论与现有研究针对项目情境下项目契约与关系治理的结论一致，与 Haq 等[165]的结论一致，项目契约治理对关系治理有着正向影响。本书认为项目契约治理与关系治理存在顺序影响关系[170]，这一结论与邓娇娇[156]的观点关系治理是项目契约治理的前因存在差异，原因可能有两点，一是邓娇娇的关系治理维度中包含的变量维度与本书关注的内涵维度存在差异，二是本书中工程项目契约治理是通过契约手段先行建立关系，即契约治理手段先于工程项目中利益相关者的

互动过程,本书中验证的是项目契约治理对关系治理有赋能作用,因此项目契约治理对关系治理有着显著正向影响。

其次,契约治理对组织韧性有着显著的正向影响($\beta = 0.128$,$p<0.01$),假设 H2 成立。该研究结论表明契约治理能够对构建组织韧性产生直接促进作用。结合现有理论,契约治理通过构建基本要素、变更要素和治理要素的相关规则,为工程组织中的利益相关者构建了角色系统。这一规则明确了利益相关者在面临危机时,应该承担的责任和义务,减少职责出现混乱的情况。在工程项目情境下,契约治理作为项目临时性组织内正式的制度,能够约束彼此的行为[223],并影响组织的危机应对表现,这一发现与 Lu 等[14]在项目情境下的研究发现一致。

再次,关系治理对组织韧性也有着显著的正向影响($\beta = 0.195$,$p<0.001$),假设 H3 成立,即关系治理通过信任、关系范式机制如信息沟通、团结和关系柔性等关系治理机制,构建了项目临时性组织的非正式制度,协调了利益相关者之间的关系联结。这一研究结论与严玲等[163]的研究结论相似,关系治理机制能够降低交易成本,减少合作中的障碍,产生激励效应和减少信息不对称,提升组织应对危机和适应危机的能力。这一结论也与 Haq 等[165]的研究结论相近,在项目情境下,关系治理机制中信任和关系范式要素能够显著提升项目的绩效,并能应对需求变化带来的影响。

最后,项目关系治理在项目契约治理与组织韧性之间存在部分中介作用($\beta = 0.159$,$p<0.001$),假设 H14 成立。结合现有理论,本书结论支持了 Benítez-Ávila 等[170]的契约治理需要通过关系治理对项目产生影响的基本观点。Benítez-Ávila 等[170]的研究认为项目契约治理对项目绩效不存在直接影响,本书结论补充了这一观点,即项目契约治理对组织韧性可能存在直接的正向影响。因此,可以推断组织韧性体现项目临时性组织应对危机、适应危机、快速恢复的能力,与项目实现成功实施的能力存在较大差异,且项目韧性与项目绩效之间可能存在其他变量影响。本书结论指出项目契约治理对组织韧性存在直接的促进关系。即项目契约治理不仅通过项目中的关系治理手段提升组织应对内外部不利因素的能力,且项目契约条款中的基本要素、治理要素和变更要素也有助于工程项目临时性组织中的利益相关者形成合理分配的角色系统,提升工程项目的组织韧性[4]。

从路径系数上来看,项目契约治理对组织韧性的直接作用($\beta = 0.128$,$p<0.01$)与项目关系治理对组织韧性的直接作用($\beta = 0.195$,$p<0.001$)相比,两者对于组织韧性的作用强度存在差异,关系治理对组织韧性的作用强度强于契约治理的影响。存在差异可能是因为:①关系治理机制始终建立在工程项目利益相关者的互动的基础之上,在工程项目实施过程中,利益相关者的信任水平、关系范式水平,如信息沟通的频率与质量、团结一致的氛围和柔性的关系状态对于利益相关者在

危机情况下的反应和行为有着更直接和更密切的影响，关系治理是构建工程项目中利益相关者关系联结的重要手段，通过非正式的手段维持彼此关系。而契约治理机制作为规范、奖惩和应对变化的制度规范，落实在项目的初始阶段，确定利益相关者的权责利分配，在项目韧性表现过程中相对较弱。②项目契约治理对于组织韧性的影响，需要通过信任、团结、柔性关系、信息沟通等关系治理的手段对组织韧性产生作用（CG→RG→OR 路径，$\beta = 0.159$，$p<0.001$），因此契约治理也需要通过关系治理手段才能影响组织韧性（占契约治理对组织韧性间接影响的 30.4%）。

二、资源视角下资源重构在项目治理与组织韧性之间的中介作用

在资源视角下，本书的概念模型构建了项目治理、资源重构和组织韧性的关系，即项目契约治理和关系治理通过资源重构影响组织韧性。首先，本书实证结果证明契约治理对资源重构有着积极的影响（$\beta = 0.201$，$p<0.01$），假设 H4 成立。这一观点之前在工程项目情境下尚未得到过验证，现有研究多关注契约对资源安排以及资源使用的影响，对于资源重构的影响验证不足。本书与 Mayer 和 Salomon[271]的观点一致，即当组织面临交易风险时，会改变契约手段，并在交易过程中改变资源的使用策略。本书结论验证了项目契约治理对资源重构的内在作用机制，即构建资源调动结构。也就是说，契约治理能够实现对资源调动能力的提前配置，为资源调动和重组提供框架基础。如一位受访者所述："我们的合同中规定了，在遇到意外情况时，他们（合作方）应该给予必要的帮助，就是出现故障情况下，他们应该给我们提供备用设备，解决现场的设备使用问题。"

其次，本书实证结果证明关系治理对资源重构有着积极的作用（$\beta = 0.467$，$p<0.001$），假设 H5 成立。这一观点在工程项目情境下的相关研究较少，尚未有直接的实证检验。本书与 Wang 和 Wei[272]的观点一致，关系治理机制对组织中的信息流动有着重要的作用，且促进利益相关者之间维持柔性关系。同时也与 Wang 和 Zajac[273]的资源与关系互动的观点一致，即跨组织的合作需要资源的互补性和相似性，如果要整合资源则需要组织间具备关系治理能力以实现信息沟通和彼此了解，实现对于资源的获取[274]。项目关系治理机制通过信任、关系范式等手段，实现激励资源协调动机，以促进资源在工程项目利益相关者之间的资源的动态分配、更新、整合和重新配置。也就是说，关系治理能够维持工程项目内资源处于激活和时刻准备的状态，为资源调动和重组提供润滑机制。如一位受访者所说："我们（和分包商）之间有一个后评价的机制和良好的合作关系，他们也需要积极地配合我们的要求，所以在调动人员这方面他们还是比较有动力。"

再次，本书验证了资源重构对组织韧性的积极作用（$\beta = 0.302$，$p<0.001$），

假设 H6 成立。这一发现与 Ambulkar 等[17]的观点一致，即资源重构能够提升组织应对内外部不利因素的能力。尤其当组织面临较高的不确定性和风险情况时，资源重构的能力对于工程项目组织中利益相关者的合作很重要。资源本身并不具备提升组织抗击危机的能力，能够合理利用和重构资源才能有效提升组织韧性。资源重构提高了组织资源的应变能力，这是一种反应式能力[22]，为响应外界的冲击和变化提供了重组、更新和整合资源的能力，例如在项目利益相关者范围内，评估现有项目资源储备、临时增加新的资源或者对现有资源进行重组和整合。如一位受访者所说："不是所有的资源都同等重要，不同情况需要不同的处理方式，解决整平船问题（碎石整平船技术调整），虽然我们自己有研发，但还是需要跟 L 大学合作，由于涉及海况条件，他们在这方面比较专业，而且研发很快。"

最后，本书验证了资源重构在契约治理和组织韧性之间起到中介作用（$\beta = 0.061$，$p < 0.01$），假设 H7 成立。这一结论验证了契约治理对组织韧性之间的资源视角路径。可以解释为，资源重构作为构建组织韧性中反应式的内在机制，其实现过程需要通过利益相关者之间的契约约束。在工程项目合同中需要明确规定在遇到危机情况下，利益相关者的资源应该如何服从统一调配，实现资源共享、互补、整合，以系统地、有目的性地解决项目中的紧急事项。工程项目临时性组织中，利益相关者之间分工明确，当遇到危机情况，会同时影响多个利益相关者，而每一方所持有的资源都是路径依赖且内生性较强的[275]，需要通过异质性资源互补形成新的竞争优势。而危机的影响和类型的不确定性，要求资源需要临时性、按需求进行重新配置和构建。因此，契约治理通过构建资源调动结构，形成反应式的资源应对能力，提升工程项目的组织韧性。同时，资源重构在关系治理和组织韧性之间起到中介作用（$\beta = 0.141$，$p < 0.001$），假设 H8 成立。这一结论验证了关系治理对组织韧性之间的资源视角路径。这一结论与 Aldrich 和 Meyer[142]的观点一致，在面临危机的情况下，个人和组织在社会资本网络中可以接触到各种资源，包括信息、援助、物质资源等，能够提高资源调动能力，联合应对危机。在工程项目临时性组织中，彼此之间通过社会互动形成的社会资本，激励资源在项目内的协调动机。信任、信息沟通、团结及柔性关系等关系治理机制促进利益相关者之间克服短期利益驱使[276]，形成共同应对组织危机的反应式资源重构能力。对比假设 H7 和假设 H8 的路径系数可知，关系治理对资源重构的影响比契约治理的影响更大，即资源重构更依赖于关系治理机制的影响。这一研究发现也与 Aldrich 和 Meyer[142]的观点吻合，在面临危机情况下，正式的援救策略和条款与社区中的组织和个体的非正式联结不同，后者更容易形成对于可用资源的快速响应和配置。这些关系治理的手段在工程项目临时性组织内部能够帮助利益相关者创造和获取资源[116]，达到及时应对危机的目的。

三、认知视角下团队正念在项目治理与组织韧性之间的中介作用

在认知视角下，本书的概念模型构建了项目治理、团队正念和组织韧性的关系，即项目契约治理和关系治理通过团队正念影响组织韧性。首先，本书实证检验了契约治理对团队正念有着积极的影响（$\beta = 0.124$，$p < 0.05$），假设 H9 成立。这一假设虽然通过验证，但实际的效应以及显著性水平较低，说明契约治理对于团队正念的直接影响较小。但契约治理对组织韧性的总效应较高（$\beta = 0.578$，$p < 0.001$）。通过对比模型中的直接路径效应和总效应可知，契约治理对组织韧性的直接影响较小，这与现实中工程项目利益相关者的觉察当下和情绪体验的程度，与组织中签订合同的约束之间的直接联系较少。这一结论与 You 等[277]的观点一致，在项目情境下，契约控制对行为的不确定性和环境不确定性存在直接控制关系，可以减弱两者之间的联系，以促进对内外部不利因素的及时、准确应对。契约治理对团队正念构建了稳定认知结构，这种认知结构会影响项目利益相关者在遇到问题时明确应该咨询或者求助的对象。如一位受访者所述："我们有完善的应急管理规则，针对火灾、环境污染、防汛防暑等都有专项预案，明确具体的负责人，对这些大家都比较清楚，主要目的还是有序地组织应急管理工作。"

其次，本书验证了关系治理对团队正念有着正向影响（$\beta = 0.555$，$p < 0.001$），假设 H10 成立。这一结论与 Beck 等[278]的观点一致，即组织间的关系知识、试错学习、权利关系、多渠道沟通等多种非正式的治理机制对组织中正念氛围有着促进作用。也就是说，关系治理通过集体氛围、信息交流、关系构建，提升团队成员觉察当下和情绪体验的集体状态。本书的结论回答了 Milch 和 Laumann[279]提出的如何在跨组织的情境之中实现团队正念，尤其是当组织中存在跨组织复杂性（interorganizational complexity）特征的情况下，实证验证了关系治理营造团队共识氛围促进团队正念的内在机制。也就是说在工程项目临时性组织中，利益相关者通过相互之间建立信任、促进信息沟通以及构建团结氛围和保持灵活关系，在项目利益相关者之间形成共识氛围，促进团队成员能够保持对正在发生事情的关注。在团队共识氛围的作用下，利益相关者能够克服危机带来的负面情绪，保持情绪体验的工作状态。如一位受访者所述："在项目上，大家关系都很融洽，没有什么大的矛盾冲突，大家都是为了把事情做好，所以能够集中注意力解决问题。"

再次，本书验证了团队正念对组织韧性有着正向影响（$\beta = 0.324$，$p < 0.001$），假设 H11 成立。这一观点与现有多个研究一致，包括团队层面的 Oeij 等[50]，提出项目团队的正念对组织韧性是正向前因变量。在组织层面，Albert[250]以及 Ogliastri 和 Zúñiga[280]的研究结论也指出团队正念对组织韧性有促进作用。因此，本书在项

目管理情境下，用大样本数据验证了团队正念对组织韧性的作用。团队正念对组织韧性的影响是通过提升认知适应能力实现的，提升认知适应能力为组织韧性提供了主动式能力，形成了识别危机、主动适应危机的变化，并调整注意力，战略性地重建组织功能[5]。如一位受访者所述："在这件事儿（施工危机）上，大家（各利益相关者）都能保持客观冷静的态度，没有出现推诿扯皮或者互相指责的情况。可以说是群策群力，各显神通，在很短的时间内就修复了隐患，并针对粉沙地层重点区域进行了全面系统的隐患排查，没有影响后续轨道建设。"

最后，本书验证了团队正念在契约治理与组织韧性之间起到中介作用（$\beta = 0.040$，$p<0.05$），假设 H12 成立。本书结论印证了认知作用存在于契约治理对组织韧性的影响路径之中。本书认为契约治理通过构建认知结构促进团队正念状态，这与 Milch 和 Laumann[279]提到的稳定的认知结构（cognitive infrastructure）概念一致，稳定的认知结构是创造团队正念的认知基础。不确定性较高状态下的员工的认知状态不利于形成集体正念，容易形成负面情绪冲突或者概念化的处理现象。同时，本书也验证了团队正念在关系治理与组织韧性之间起到中介作用（$\beta = 0.180$，$p<0.001$），假设 H13 成立。本书的结论也与 Powley[135]的观点一致，社会机制中通过界限拓展（liminal suspension）、同情关注（compassionate witnessing）、关系冗余（relational redundancy）等机制，构建了集体正念的组织状态，并通过对于当下事件的关注以及减少概念性处理提升应对内外部危机的主动机制。在工程项目中，关系治理、团队正念与组织韧性构成的影响路径的核心在于组织能否通过项目中社会资本的积累，在利益相关者之间形成对于未料事件的持续的、专注的觉察状态，以防止危机恶化为难以挽回的困境[18]。

本书发现团队正念在关系治理与组织韧性之间的作用，要远大于其在契约治理与组织韧性之间的中介作用，即关系治理在认知视角下对组织韧性的作用，大于契约治理的作用。本书的研究结论表明，对于工程项目组织而言，构建团队正念提升了组织认知适应能力，为组织发现风险、适应危机以及重建功能提供了主动性能力基础。而这一主动性能力主要依靠关系治理，即信任、信息沟通、团结、关系柔性等关系治理手段实现。契约治理只为团队正念提供认知的基础结构，其作用小于关系治理带来的影响。对于工程项目临时性组织，提升团队正念主要通过构建良好的团队应急管理氛围、营造重视危机、重视安全的基本共识、构建互信的基本人际关系状态，形成对于任务的关注与对风险的敏感。

四、资源与认知对比视角下的项目治理与组织韧性之间路径对比

中介效应的数据对比分析表明，认知视角下的契约治理对组织韧性（35.75%）

和关系治理对组织韧性（56.07%）比资源视角下的契约治理对组织韧性（33.64%）和关系治理对组织韧性（43.93%）的效应值比例更大。即项目治理对组织韧性的影响路径中，认知视角下团队正念的作用比资源视角下资源重构能力的效应值更大。现有研究存在对资源视角下的组织韧性研究[17]，也有认知视角下的组织韧性研究[280]，但对两种视角的对比分析较少。本书的实证数据验证了认知视角中的团队正念——作为一种主动式适应能力，对于组织韧性的作用大于资源视角下的资源重构——一种被动式反应能力。

资源视角下资源重构的核心功能是为组织韧性的提升提供被动式反应能力，这一能力在项目运行过程中遇到问题时被边界条件触发，通过调用已备好的策略资源库来实现危机的应对。被动式反应能力帮助系统在受到干扰时，快速恢复到正常的状态，因为它允许项目临时性组织以一种适应性的方式做出反应。这种能力赋能利益相关者对外界的刺激形成反应，当危机开始兑现时，形成快速调用储备资源、灵活整合现有资源、提倡快速响应、抑制危机蔓延、减少混乱状况，以实现组织的弹性与脆性的平衡。

认知视角下组织韧性的核心功能是为组织韧性的提升提供主动式适应能力，这一能力的核心在于通过稳定的认知结构和团队共识氛围的构建，形成一种对项目实施过程中流程、任务、风险等关键要素的持续关注和非概念式体验。这种能力赋能利益相关者围绕项目实施过程，形成经常性的质疑系统和系统稳定运行的前提条件，培养反思的习惯、重视细致思考、吸收不同意见、认真对待瑕疵，以实现组织的稳健性与灵活性的平衡。

从模型整体情况视角出发，所有的假设都通过了检验。进一步通过综合比较资源和认知两条路径以及契约治理与关系治理的作用机制，本书模型中契约治理比关系治理的影响效用更低，说明关系治理在危机应对的情况下的积极作用更为明显；而认知视角下的团队正念比资源视角下的资源重构效用更高，因此说明认知要素在危机情况下对组织韧性的积极作用更为突出。综合比较各条路径的效用可以明确，由非正式关系构成的关系治理，在跨组织临时性项目中会对团队正念情况产生重要积极影响，进而形成对组织韧性的关键促进作用。这条路径探索并验证了现有研究中，社会资本对危机应对和组织韧性的影响，是通过提升团队正念状态实现的，且这一路径的作用要比涉及资源重构和契约治理的路径角色更为重要。

第四节 本章小结

本章首先基于概念模型以及现有文献，对研究变量、自变量以及中介变量进行测量量表的系统梳理、选定、调整和使用，通过预调研形成最终问卷，并通过正式调研收集实证分析所需的大样本统计数据，采用 SPSS 25.0 和 SmartPLS 3.0 数据分析软件，分别开展 PLS-SEM 结构方程模型的测量与结构模型检验，并通过 Bootstrap 分析，对概念模型以及理论假设进行检验，最终基于检验数据结合现有文献进行结果讨论。

结果显示，本书概念模型中的 16 条假设虽然呈现出差异化的显著性水平，但都得到验证。具体来看，①项目契约治理与项目关系治理对组织韧性有着正向显著影响。项目关系治理在项目契约治理与组织韧性之间起着部分中介作用；②项目契约治理与项目关系治理分别对资源重构和团队正念都有着显著正向影响；③资源重构在项目契约治理与组织韧性之间起着部分中介作用。资源重构在项目关系治理与组织韧性之间起着部分中介作用。团队正念在项目契约治理与组织韧性之间起着部分中介作用。团队正念在项目关系治理与组织韧性之间起着部分中介作用；④项目关系治理在项目契约治理和资源重构之间起着部分中介作用，项目关系治理在项目契约治理与团队正念之间起着部分中介作用。⑤关系治理与资源重构，在与项目契约治理与组织韧性形成的 CG→RG→RC→OR 链条中起着链式中介作用。关系治理与团队正念，在与项目契约治理与组织韧性形成的 CG→RG→MD→OR 链条中起着链式中介作用。上述结论深化了项目契约与关系治理与组织韧性的关系研究，解构了概念间的内在作用机理，对比了资源视角与认知视角的作用关系，同时也进一步剖析了"项目治理—资源要素/关系要素—组织韧性"的内在联系。

第六章 结论与展望

第一节 研究结论与建议

一、研究结论

（一）工程项目治理对组织韧性的影响机理研究的结论

本书拟解决的第一个关键研究问题是工程项目治理对组织韧性的影响机理。本部分通过定性多案例研究，探索了在资源和认知视角下，工程项目治理对组织韧性的影响机理，识别了工程项目契约治理、资源和认知要素以及组织韧性之间的彼此联系。研究结果显示工程项目契约治理和关系治理、资源重构和团队正念以及组织韧性之间彼此联系，存在多种作用机制，进而形成项目治理对组织韧性影响的三条路径。

具体而言，①项目契约治理和关系治理，分别通过构建角色系统和协调角色间关系两种机制来影响组织韧性；②在资源视角下，项目契约治理和关系治理，分别通过构建资源调动结构和激励资源协调动机两种机制来影响资源重构，且资源重构通过提升资源应变能力来影响组织韧性；③在认知视角下，项目契约治理和关系治理，分别通过构建稳定认知结构和营造团队共识氛围两种机制来影响团队正念，且团队正念通过提升认知适应能力来影响组织韧性。因此，从项目契约治理和关系治理到组织韧性，存在三条作用路径，一条路径为"项目契约治理和关系治理—组织韧性"路径，资源视角的"项目契约治理和关系治理—资源重构—组织韧性"路径，以及认知视角的"项目契约治理和关系治理—团队正念—组织韧性"路径。

（二）工程项目治理与组织韧性的概念模型构建研究的结论

本书拟解决的第二个研究问题是从工程项目临时性组织视角，构建工程治理与组织韧性的概念模型。通过系统文献综述方法，本书分别对工程项目临时性组织理论视角下的组织韧性特征进行了识别，同时结合资源基础观和注意力理论对资源重构和团队正念的组织韧性构建机理进行了分析，并建立了工程项目治理与组织韧性的概念模型。研究结论表明，项目契约治理和关系治理在影响组织韧性的作用路径上，资源重构和团队正念的功能存在差异，认知视角下的团队正念为组织韧性提供主动适应式能力，资源视角下的资源重构为组织韧性提供被动反应式能力。

具体而言，工程项目作为临时性组织存在以下特征：①项目多利益相关者带来制度逻辑复杂性和跨组织项目特征；②工程项目临时性组织韧性表现基于利益相关者的协调与配合。另外，本书对资源基础观视角进行了文献综述与分析，明确了在资源基础观视角下，①工程项目中资源的系统储备和灵活调动需要利益相关者之间的权责利配置和关系协调；②工程项目组织韧性依靠资源冗余机制提供资源基础和资源重构能力；③资源视角下的资源重构通过构建被动反应式能力来影响组织韧性。注意力理论视角下，①工程项目组织韧性依赖于注意力配置和注意力的质量；②注意力配置取决于利益相关者的责任分配，注意力的质量取决于利益相关者的团队关系状态。系统分配的高质量注意力为组织提供预判能力和专注能力；③认知视角下的团队正念通过构建主动适应能力来影响组织韧性。

（三）项目契约治理、关系治理、资源重构、团队正念与组织韧性影响关系研究的结论

本书拟解决的第三个关键问题是验证项目契约治理、关系治理、资源重构、团队正念与组织韧性之间的内在关联与影响关系。实证结果显示，项目契约治理和关系治理通过资源重构和团队正念对组织韧性产生影响，项目契约治理和关系治理对组织韧性既有直接影响，又有间接影响。同时，团队正念在项目契约治理和关系治理对组织韧性的影响路径中的作用大于资源重构的作用。

具体而言，①项目契约治理与项目关系治理对组织韧性有着正向显著影响。项目关系治理在项目契约治理与组织韧性之间起着部分中介作用；②项目契约治理与项目关系治理分别对资源重构和团队正念都有着显著正向影响；③资源重构在项目契约治理与组织韧性之间起着部分中介作用，资源重构在项目关系治理与组织韧性之间起着部分中介作用，团队正念在项目契约治理与组织韧性之间起着部分中介作用，团队正念在项目关系治理与组织韧性之间起着部分中介作用；④项目关系治理在项目契约治理和资源重构之间起着部分中介作用，项目关系治理在项目契约治理与团队正念之间起着部分中介作用。

二、研究建议

（一）建立多方共同协议与合作氛围，强化共同危机应对

本书的结果表明，在工程项目中契约治理和关系治理手段对组织韧性提升有

显著正向作用，且存在资源视角下和认知视角下的影响路径。因此，工程项目中多利益相关者，在面对不断变化的内外部环境情况下，需要建立涉及多个利益相关者的共同契约和合作协议，以及构建项目内部的团结互信的合作氛围，构建围绕项目任务的制度环境。一方面，本书建议在现有双边协议模式基础上，对多个利益相关者同时签订合同或协议，形成正式的项目临时性组织，规定参与方基本职责，尤其是针对未来可能出现的风险，提前明确各方的权责利分配，共同应对危机，并通过合同建立激励和惩罚手段对利益相关者形成集体的约束，为后续项目实施过程构建稳定的角色系统。另一方面，项目各方应该增进彼此信任、加强信息沟通、构建共识文化。项目中的主要和次要利益相关者都应该纳入关系网络，形成项目整体的互信、互通、共赢的文化和关系氛围，并通过提高风险关注、安排应急演练、提高安全意识等手段促进利益相关者形成危机处理的共识，在日常情况下快速识别风险，在危机情况下快速适应危机，并从危机中迅速恢复功能。

（二）重视资源重构能力，提升危机响应能力

本书结果表明，工程项目利益相关者的资源重构能力对提升危机响应能力有显著正向影响，且受到利益相关者的契约治理和关系治理的正向影响，是关键的中介变量。因此，本结论有助于从资源角度在工程项目实施过程中减少项目中止、项目失败或者危机应对失误的情况出现。项目中的核心参与者要重视备用资源的配置，为可能出现的人力、物料、财力资源情况做好布局；要充分了解资源的内部使用情况和外部可拓展情况，为随时增加新资源做好准备；要做好资源筛选，减少陈旧或者无效资源；要优化现有资源配置，包括人力与物料配置、人力与财力配置，实现资源使用效率、效果的提升。危机造成的损失可能给项目临时性组织带来的损失是破坏性的、未料的、非结构化的，因此需要对资源进行顺序变化、分解组合、重新匹配、吐故纳新以适应危机带来的新的资源使用要求。这需要项目的核心参与者对项目范围内的资源有充分的了解，在面对危机情况时，提前通过协议和关系手段做好其他利益相关者的资源储备，并且用奖励和惩罚的机制激励项目利益相关者重新整合资源。

（三）重视团队正念状态，提升组织先动能力

本书结果表明，工程项目利益相关者的团队正念状态对提升危机响应能力有显著正向影响，且受到利益相关者的契约治理和关系治理的正向影响，是关键的中介变量。因此，本书建议项目中的主要和次要利益相关者都需要保持对内外部

压力的系统的、持续的关注。一方面,项目中的核心参与者要通过合同手段对项目利益相关者的注意力进行系统配置,明确参与方应该关注的重要事项。同时,构建一个对风险和危机的认知结构,提升利益相关者对关键风险的共同意识和认识,减少注意力配置盲区。另一方面,要通过信息沟通和团队氛围促进项目参与者针对风险,尤其是微小问题的关注和处理并形成学习总结。减少项目团队成员对于事件的形式化、象征性、应付式的处理态度,减少项目团队成员之间的负面、对立情绪,提高对关键事项、未料事件的共同聚焦和持续关注。

现有工程项目多关注资源储备和基本安全意识,但对于项目利益相关者的集体注意力统筹安排和注意力质量提升关注较少。本书结果表明,认知在危机应对方面比资源更为有效,且非正式治理手段比正式治理手段更有效。因此,需要在重视资源重构能力的基础之上,进一步提高团队正念水平。要通过信任关系和团队文化,形成对于内外部不利因素的主动处理,积极关注流程和任务中出现的差异化的内容,主动提升组织预判危机的能力;同时保持开放学习的事项处理态度、减少负面对立情绪,保持利益相关者对于问题的关注,并迅速采取行动,减少危机带来的影响;在危机发生后,保持利益相关者的注意力协调统一,以达到快速恢复运营和重建功能的目的。

三、研究主要创新点

本书通过案例研究、文献系统综述和定量实证方法,探索并验证了工程项目情境中,在资源和认知视角下,项目治理对组织韧性的影响和内在作用路径。首先,研究在充分考虑工程项目临时性组织的情境特殊性的基础上,进一步解析了"项目治理—资源要素/关系要素—组织韧性"的作用机制,识别了项目契约治理和关系治理对组织韧性的影响机理;其次,研究在基于项目临时性组织情境的基础上,从资源基础观和注意力理论视角,识别资源重构和团队正念在项目契约治理和关系治理对组织韧性影响路径中的功能差异,构建工程项目治理对组织韧性的概念模型。最后,研究在基于关系假设的基础上,通过实证数据检验,深入揭示资源重构和团队正念在工程项目契约治理和关系治理对组织韧性影响的中介作用,对比了资源和认知视角下的机制效应强度差异,进一步明确了项目治理对组织应对危机的重要意义。本书的创新点主要体现在以下几个方面。

创新点 1:从工程项目情境入手,探索了制度、资源、认知要素对组织韧性的影响,通过项目治理与组织韧性之间的机制分析,补充了组织视角下工程项目韧性研究。

现有有关工程项目韧性研究较为有限,项目韧性相关研究主要从工程视角[241]、技术视角[281]出发,采用启发式或者指标测量方式,聚焦工程项目作为工程系统视

第六章 结论与展望

角下的项目危机应对表现,而缺乏组织视角下针对工程项目作为社会系统的组织应对危机能力的研究[4]。但在工程实践中,工程项目需要应对不同种类的危机,因此,项目中社会因素和组织因素对组织韧性表现至关重要。

鉴于此,本书从组织视角出发,探究工程项目情境中,制度、资源、认知要素等对工程项目韧性的影响,通过多案例探索性分析,对契约治理、关系治理、资源重构、团队正念等要素对组织韧性之间的作用机理进行了深入探索,识别了"项目治理—资源要素/关系要素—组织韧性"的直接与间接的三条作用路径,建立了概念间的理论联系,探索了工程项目中制度要素通过资源要素、认知要素影响组织韧性的内在机理,进一步丰富了组织视角下的工程项目韧性研究,即工程项目中的契约治理和关系治理对组织韧性存在影响,且存在资源和认知等多条作用路径和差异化的影响机制。

创新点 2:基于契约和关系两种项目治理机制,识别并检验了资源重构和团队正念在项目治理与组织韧性之间的作用机制和要素间关系,丰富了治理机制与组织韧性之间的关系研究。

组织韧性的相关研究,已有研究主要关注其概念内涵[1]和组织行为对组织韧性影响的内在机理[282],对于制度层面的治理机制对组织韧性的影响研究较少,忽视了制度环境和治理手段对组织韧性的内在作用。本书在治理机制对组织韧性影响路径解构的过程中,基于项目契约治理和关系治理机制,从资源和认知二维研究视角出发,通过案例探索内在机制,以及综合已有的相关理论成果,提出认知视角下的团队正念为组织韧性提供主动适应式能力,资源视角下的资源重构为组织韧性提供被动反应式能力,解释了资源和认知视角下工程项目临时性组织韧性的构建机理,丰富了治理机制对组织韧性影响的作用路径识别,深化了治理机制与组织韧性之间的关系研究。

现有组织韧性尽管强调了制度逻辑冲突可能带来的韧性考验[4,6],但项目临时性组织情境中多利益相关者构成的临时性项目组织的韧性表现与一般组织韧性研究存在差异。本书在基于项目临时性组织情境特征基础上,基于契约和关系两种项目治理机制,从资源和认知的视角,连接了相对独立的项目治理研究和组织韧性研究,基于资源基础观和注意力理论,构建了工程项目治理对组织韧性影响的概念模型,从资源和认知两个维度揭示了二者之间的内在联系,丰富了治理机制与组织韧性之间的关系研究。

创新点 3:从资源和认知对比视角,深入揭示并对比了资源重构和团队正念在项目治理对组织韧性影响的中介作用以及路径效应强度,明确了项目治理对组织危机应对的重要意义。

现有组织韧性研究多从单一视角进行研究,其对组织韧性的解释存在一定的局限性,难以形成对组织应对危机的系统深入的认识,以及对组织韧性的影响机制的多维探讨。本书选取了资源视角和认知视角进行对比，在治理对组织韧性影响概念模型的基础上，实证检验了概念间关系，明确了资源重构在项目契约治理和关系治理对组织韧性之间的中介作用，以及团队正念在项目契约治理和关系治理对组织韧性之间的中介作用，丰富了现有研究对项目治理和组织韧性之间作用路径研究，从资源和认知二元视角弥补了现有单一视角研究的片面性研究缺陷，深化了多维对比视角下的制度机制与组织危机应对研究。

此外，本书将资源基础观和注意力理论作为分析治理机制对组织韧性影响的双元视角，同时构建了资源重构与团队正念两种能力作为研究的切入点，对比了两种不同理论视角下两种要素的作用机制差异，发现团队正念在项目契约治理和关系治理对组织韧性的影响的路径中大于资源重构的作用，关系治理对组织韧性的影响大于契约治理的作用。因此，本书通过模型构建和路径检验打开了项目治理对组织韧性的内在作用机理的"黑箱"，量化比较了不同影响路径的效用差异，同时细化了资源和认知视角下项目治理对组织韧性影响的内在机制，丰富了项目治理对组织韧性影响研究，拓展了不同视角下危机应对能力的比较研究，对于资源基础观和注意力理论的理论适用性和解释力也具有一定的启示作用。

第二节　研究局限与展望

一、研究局限

本书仍存在以下几点不足，主要体现为：

（1）本书第三、四、五章中的数据和理论讨论主要来源于工程项目领域和中国本土情境。中国的工程项目的特征明显且国企参与程度较高，其对安全和风险的意识程度也较高，同时中国情境特征也较为明显，如政府参与程度和政府专业性因素等，因此对于机理的解释和关系的验证可能包含情境调节因素，在不同的项目情境或者国情下可能存在不同的作用机理和路径。

（2）本书重点关注的是工程项目利益相关者之间的契约和关系治理机制，并按照一般的项目治理研究范式，将利益相关者进行统一处理。没有针对不同类型和不同参与程度的利益相关者的特征进行具体分类讨论，可能存在针对某一特定类型的利益相关者的契约治理或关系治理机制的效果差异。

（3）本书重点关注了资源视角和认知视角下工程项目治理对组织韧性的影响以及两视角之间影响对比。本书没有检验资源和认知路径的交互影响以及其他可能影响组织韧性的前因变量。资源基础观视角下的资源重构和认知视角下的团队正念可能存在交互效应，且受其他前因变量，如资源冗余、风险导向[17]等因素的影响。

二、研究展望

（1）针对工程项目的情境问题以及中国本土情境问题，后续可以进行研究情境拓展，检验概念间关系和理论模型在软件项目、服务项目等其他项目领域关系机制的有效性和不同作用路径。并且未来研究可以进一步拓展数据收集范围，纳入海外工程项目、其他外国项目等进行多源数据比较，提升模型的适应性。

（2）针对工程项目的多利益相关者的不同类型，如政府、业主方、承包商等可能存在不同的价值需求和个体特征[126]，未来研究可以针对某一特定类型利益相关者进行深入的案例分析，探索项目临时性组织中某一利益相关者主体的韧性水平与项目组织韧性水平的影响关系，进一步理解项目情境下组织韧性的形成机理。

（3）针对资源视角下和认知视角下的交互效应，以及其他可能影响工程项目组织韧性的前因变量，未来研究可以通过定性比较分析，梳理概念间交互作用，系统分析如资源冗余、风险导向等其他变量的共同影响，进一步拓展工程项目临时性组织韧性的相关理论。

参 考 文 献

[1] Williams T A, Gruber D A, Sutcliffe K M, et al. Organizational response to adversity: fusing crisis management and resilience research streams[J]. Academy of Management Annals, 2017, 11 (2): 733-769.

[2] PMI. Governance of Portfolios, Programs, and Projects: a Practice Guide[M]. Newtown Square: Project Management Institute, 2016.

[3] Sydow J, Braun T. Projects as temporary organizations: an agenda for further theorizing the interorganizational dimension[J]. International Journal of Project Management, 2018, 36 (1): 4-11.

[4] Naderpajouh N, Yu D J, Aldrich D P, et al. Engineering meets institutions: an interdisciplinary approach to the management of resilience[J]. Environment Systems and Decisions, 2018, 38 (3): 306-317.

[5] Hamel G, Välikangas L.The quest for resilience[J]. Harvard Business Review, 2003, 81 (9): 52-63.

[6] Qiu Y M, Chen H Q, Sheng Z H, et al. Governance of institutional complexity in megaproject organizations[J]. International Journal of Project Management, 2019, 37 (3): 425-443.

[7] Wang A M, Pitsis T S. Identifying the antecedents of megaproject crises in China[J]. International Journal of Project Management, 2020, 38 (6): 327-339.

[8] Zheng X, Lu Y J, Chang R D. Governing behavioral relationships in megaprojects: examining effect of three governance mechanisms under project uncertainties[J]. Journal of Management in Engineering, 2019, 35 (5): 1-16.

[9] Thomé A M T, Scavarda L F, Scavarda A, et al. Similarities and contrasts of complexity, uncertainty, risks, and resilience in supply chains and temporary multi-organization projects[J]. International Journal of Project Management, 2016, 34 (7): 1328-1346.

[10] Ansar A, Flyvbjerg B, Budzier A, et al. Big is fragile: an attempt at theorizing scale[C]. Flyvbjerg B.The Oxford Handbook of Megaproject Management. Oxford: Oxford University Press, 2016: 60-95.

[11] Aldrich D P. Building Resilience: Social Capital in Post-Disaster Recovery[M]. Chicago: the University of Chicago Press, 2012.

[12] Choi J, Deshmukh A, Naderpajouh N, et al. Dynamic relationship between functional stress and strain capacity of post-disaster infrastructure[J]. Natural Hazards, 2017, 87 (2): 817-841.

[13] Leflar J J, Siegel M H. Organizational Resilience: Managing the Risks of Disruptive Events-a Practitioner's Guide[M]. Boca Raton: CRC Press, 2013.

[14] Lu P, Guo S P, Qian L M, et al. The effectiveness of contractual and relational governances in

constructions projects in China[J]. International Journal of Project Management, 2015, 33（1）: 212-222.

[15] Khallaf R, Naderpajouh N, Hastak M. Modeling three-party interactional risks in the governance of public-private partnerships[J]. Journal of Management in Engineering, 2018, 34（6）: 1-14.

[16] Müller R. Governance and Governmentality for Projects[M]. New York: Routledge, 2016.

[17] Ambulkar S, Blackhurst J, Grawe S. Firm's resilience to supply chain disruptions: scale development and empirical examination[J]. Journal of Operations Management, 2015, 33/34: 111-122.

[18] Weick K E, Sutcliffe K M, Obstfeld D. Organizing for high reliability: processes of collective mindfulness[J]. Research in Organizational Behavior, 1999, 21: 81-123.

[19] Hollnagel E, Woods D D, Leveson N. Resilience Engineering: Concepts and Precepts[M]. London: CRC Press, 2006.

[20] Bruneau M, Chang S E, Eguchi R T, et al. A framework to quantitatively assess and enhance the seismic resilience of communities[J]. Earthquake Spectra, 2003, 19（4）: 733-752.

[21] Vogus T J, Sutcliffe K M. Organizational resilience: towards a theory and research agenda[R]. Montreal: IEEE International Conference on Systems, 2007.

[22] Giustiniano L, Clegg S R, Cunha M P E, et al. Elgar Introduction to Theories of Organizational Resilience[M]. Northampton: Edward Elgar Pub., 2018.

[23] Hadida A L, Tarvainen W, Rose J. Organizational improvisation: a consolidating review and framework[J]. International Journal of Management Reviews, 2015, 17（4）: 437-459.

[24] 陈悦, 陈超美, 刘则渊, 等. CiteSpace 知识图谱的方法论功能[J]. 科学学研究, 2015, 33（2）: 242-253.

[25] 侯剑华, 胡志刚. CiteSpace 软件应用研究的回顾与展望[J]. 现代情报, 2013, 33（4）: 99-103.

[26] Baccarini D. The concept of project complexity—a review[J]. International Journal of Project Management, 1996, 14（4）: 201-204.

[27] Tatikonda M V, Rosenthal S R. Technology novelty, project complexity, and product development project execution success: a deeper look at task uncertainty in product innovation[J]. IEEE Transactions on Engineering Management, 2000, 47（1）: 74-87.

[28] Geraldi J, Maylor H, Williams T. Now, let's make it really complex (complicated): a systematic review of the complexities of projects[J]. International Journal of Operations & Production Management, 2011, 31（9）: 966-990.

[29] Bryde D, Broquetas M, Volm J M. The project benefits of building information modelling (BIM)[J]. International Journal of Project Management, 2013, 31（7）: 971-980.

[30] Li Y K, Lu Y J, Cui Q B, et al. Organizational behavior in megaprojects: integrative review and directions for future research[J]. Journal of Management in Engineering, 2019, 35（4）: 1-11.

[31] Müller R, Jugdev K. Critical success factors in projects: Pinto, Slevin, and Prescott-the elucidation of project success[J]. International Journal of Managing Projects in Business, 2012, 5（4）: 757-775.

[32] Project Management Institute. Project Management Body of Knowledge (PMBoK) [M]. Upper Darby: Project Management Institute, 1987.

[33] Shokri-Ghasabeh M, Kavousi-Chabok K. Generic project success and project management success criteria and factors: literature review and survey[J]. WSEAS Transactions on Business and Economics, 2009, 6 (8): 456-468.

[34] Bos-de Vos M, Volker L, Wamelink H. Enhancing value capture by managing risks of value slippage in and across projects[J]. International Journal of Project Management, 2019, 37 (5): 767-783.

[35] Chih Y Y, Zwikael O, Restubog S L D. Enhancing value co-creation in professional service projects: the roles of professionals, clients and their effective interactions[J]. International Journal of Project Management, 2019, 37 (5): 599-615.

[36] Sabini L, Muzio D, Alderman N. 25 years of 'sustainable projects'. What we know and what the literature says[J]. International Journal of Project Management, 2019, 37 (6): 820-838.

[37] Hueskes M, Verhoest K, Block T. Governing public - private partnerships for sustainability: an analysis of procurement and governance practices of PPP infrastructure projects[J]. International Journal of Project Management, 2017, 35 (6): 1184-1195.

[38] 尹贻林, 穆昭荣, 高天, 等. PPP 项目再谈判触发事件验证研究[J]. 项目管理技术, 2019, 17 (7): 37-42.

[39] 严玲, 郭亮, 韩亦凡. 工程总承包情境下承包人尽善履约行为形成机理的实证研究——基于计划行为理论[J]. 软科学, 2019, 33 (6): 126-134.

[40] 乌云娜, 杨益晟, 冯天天. 大型复杂项目宏观质量链构建及协同优化研究[J]. 软科学, 2013, 27 (7): 1-6.

[41] 乐云, 李永奎, 胡毅, 等. "政府—市场"二元作用下我国重大工程组织模式及基本演进规律[J]. 管理世界, 2019, 35 (4): 17-27.

[42] 严玲, 王智秀, 邓娇娇. 建设项目承包人履约行为的结构维度与测量研究——基于契约参照点理论[J]. 土木工程学报, 2018, 51 (8): 105-117.

[43] 尹贻林, 肖婉怡, 郑江飞. 基于 WBS 的工程总承包项目里程碑支付节点划分研究[J]. 项目管理技术, 2019, 17 (6): 52-58.

[44] 何清华, 王剑锋. BIM 技术与精益建造技术在 IPD 模式中的应用研究[J]. 工程管理学报, 2018, 32 (2): 7-11.

[45] Flyvbjerg B. What you should know about megaprojects and why: an overview[J]. Project Management Journal, 2014, 45 (2): 6-19.

[46] 罗岚, 何清华, 杨德磊, 等. 复杂建设项目的复杂性差异特征分析[J]. 科技管理研究, 2017, 37 (22): 199-207.

[47] 何清华, 范道安, 谢坚勋, 等. 重大工程实施主体组织模式演化与博弈[J]. 同济大学学报 (自然科学版), 2016, 44 (12): 1956-1961.

[48] Lewis J M, Beavers W B, Gosset J T, et al. No Single Thread: Psychological Health in Family Systems[M]. New York: Brunner/Mazel, 1976.

[49] Hind P, Frost M, Rowley S. The resilience audit and the psychological contract[J]. Journal of Managerial Psychology, 1996, 11 (7): 18-29.

[50] Oeij P, van Vuuren T, Dhondt S, et al. Mindful infrastructure as antecedent of innovation

resilience behaviour of project teams[J]. Team Performance Management, 2018, 24 (7/8): 435-456.

[51] Yu L T, Zellmer-Bruhn M. Introducing team mindfulness and considering its safeguard role against conflict transformation and social undermining[J]. Academy of Management Journal, 2018, 61 (1): 324-347.

[52] Duit A, Galaz V, Eckerberg K, et al. Governance, complexity, and resilience [J]. Global Environmental Change, 2010, 20 (3): 363-368.

[53] Biggs R, Schlüter M, Biggs D, et al. Toward principles for enhancing the resilience of ecosystem services[J]. Annual Review of Environment and Resources, 2012, 37: 421-448.

[54] Park J, Seager T P, Rao P S C, et al. Integrating risk and resilience approaches to catastrophe management in engineering systems[J]. Risk Analysis, 2013, 33 (3): 356-367.

[55] Miles S B, Chang S E. Modeling community recovery from earthquakes[J]. Earthquake Spectra, 2006, 22 (2): 439-458.

[56] 樊博, 聂爽. 应急管理中的"脆弱性"与"抗逆力": 从隐喻到功能实现[J]. 公共管理学报, 2017, (4): 129-140, 159.

[57] 周丹. "资源整合"与"资源重构"两大构念比较——基于资源观视角[J]. 外国经济与管理, 2012, 34 (8): 18-25.

[58] 王勇. 组织韧性的构念、测量及其影响因素[J]. 首都经济贸易大学学报, 2016, 18 (4): 120-128.

[59] 王林, 杨勇, 王琳, 等. 管理者韧性对企业-员工共同感知的影响机制研究[J]. 管理学报, 2019, 16 (6): 857-866.

[60] Ahola T, Ruuska I, Artto K, et al. What is project governance and what are its origins?[J]. International Journal of Project Management, 2014, 32 (8): 1321-1332.

[61] Bredillet C, Tywoniak S. Call for papers—special issue on uncertainty, risk & opportunity, resilience & anti-fragility[J]. International Journal of Project Management, 2014, 32 (2): 363-364.

[62] Biygautane M, Neesham C, Al-Yahya K O. Institutional entrepreneurship and infrastructure public-private partnership (PPP): unpacking the role of social actors in implementing PPP projects[J]. International Journal of Project Management, 2019, 37 (1): 192-219.

[63] 严玲, 尹贻林, 范道津. 公共项目治理理论概念模型的建立[J]. 中国软科学, 2004, (6): 130-135.

[64] 杨飞雪, 汪海舰, 尹贻林. 项目治理结构初探[J]. 中国软科学, 2004, (3): 80-84.

[65] 王华, 尹贻林. 基于委托-代理的工程项目治理结构及其优化[J]. 中国软科学, 2004, (11): 93-96.

[66] 严玲, 张笑文, 严敏, 等. 中国建设项目治理研究发展路径的全景透视[J]. 科技管理研究, 2016, 36 (14): 191-199.

[67] 丁荣贵, 高航, 张宁. 项目治理相关概念辨析[J]. 山东大学学报 (哲学社会科学版), 2013, (2): 132-142.

[68] Kahn W A, Barton M A, Fisher C M, et al. The geography of strain: organizational resilience as a function of intergroup relations[J]. Academy of Management Review, 2018, 43 (3): 509-529.

[69] Song J B, Hu Y B, Feng Z. Factors influencing early termination of PPP projects in China[J]. Journal of Management in Engineering, 2018, 34（1）: 05017008.

[70] DiMaggio P J, Powell W W. The iron cage revisited-institutional isomorphism and collective rationality in organizational fields[J]. American Sociological Review, 1983, 48（2）: 147-160.

[71] Scott W R. Institutions and Organizations[M]. Thousand Oaks: Sage Publications, 1995.

[72] 杜运周, 尤树洋. 制度逻辑与制度多元性研究前沿探析与未来研究展望[J]. 外国经济与管理, 2013, 35（12）: 2-10, 30.

[73] Aldrich H E, Fiol C M. Fools rush in? the institutional context of industry creation[J]. Academy of Management Review, 1994, 19（4）: 645-670.

[74] Kostova T, Roth K, Dacin M T. Institutional theory in the study of multinational corporations: a critique and new directions[J]. Academy of Management Review, 2008, 33（4）: 994-1006.

[75] Greenwood R, Oliver C, Lawrence T, et al. The SAGE Handbook of Organizational Institutionalism[M]. 2nd edition. Thousand Oaks: Sage Publications, 2017.

[76] Lounsbury M. A tale of two cities: competing logics and practice variation in the professionalizing of mutual funds[J]. Academy of Management Journal, 2007, 50（2）: 289-307.

[77] Thornton P H, Ocasio W, Lounsbury M. The Institutional Logics Perspective: A New Approach to Culture, Structure, and Process[M]. Oxford: Oxford University Press, 2012.

[78] Thornton P H, Ocasio W. Institutional logics[M]//Royston G, Christine O, Roy S, et al. The Sage Handbook of Organizational Institutionalism. Thousand Oaks: Sage Publications, 2008: 99-129.

[79] 张明, 蓝海林, 陈伟宏. 企业注意力基础观研究综述——知识基础、理论演化与研究前沿[J]. 经济管理, 2018, 40（9）: 189-208.

[80] Simon H A. Administrative Behavior: A Study of Decision Making Processes in Administrative Organization[M]. New York: Macmillan Co., 1947.

[81] Ocasio W. Towards an attention-based view of the firm[J]. Strategic Management Journal, 1997, 18: 187-206.

[82] 吴建祖, 王欣然, 曾宪聚. 国外注意力基础观研究现状探析与未来展望[J]. 外国经济与管理, 2009, 31（6）: 58-65.

[83] Ocasio W. Attention to attention[J]. Organization Science, 2011, 22（5）: 1286-1296.

[84] Joseph J, Wilson A J. The growth of the firm: an attention-based view[J]. Strategic Management Journal, 2018, 39（6）: 1779-1800.

[85] Weick K E, Sutcliffe K M. Mindfulness and the quality of organizational attention[J]. Organization Science, 2006, 17（4）: 514-524.

[86] Kamboj S, Goyal P, Rahman Z. A resource-based view on marketing capability, operations capability and financial performance: an empirical examination of mediating role[J]. Procedia-Social and Behavioral Sciences, 2015, 189: 406-415.

[87] Feng H, Morgan N A, Rego L L. Firm capabilities and growth: the moderating role of market conditions[J]. Journal of the Academy of Marketing Science, 2017, 45: 76-92.

[88] Othman R, Arshad R, Aris N A, et al. Organizational resources and sustained competitive advantage of cooperative organizations in Malaysia[J]. Procedia-Social and Behavioral Sciences, 2015, 170: 120-127.

[89] Barney J. Firm resources and sustained competitive advantage[J]. Journal of Management,

1991, 17 (1): 99-120.
- [90] Mallak L. Putting organizational resilience to work[J]. Industrial Management, 1998, 40: 8-13.
- [91] Peteraf M A. The cornerstones of competitive advantage: a resource-based view[J]. Strategic Management Journal, 1993, 14 (3): 179-191.
- [92] Tan K, Cross J. Influence of resource-based capability and inter-organizational coordination on SCM[J]. Industrial Management & Data Systems, 2012, 112 (6): 929-945.
- [93] Matinheikki J, Artto K, Peltokorpi A, et al. Managing inter-organizational networks for value creation in the front-end of projects[J]. International Journal of Project Management, 2016, 34 (7): 1226-1241.
- [94] Lim B T H, Loosemore M. The effect of inter-organizational justice perceptions on organizational citizenship behaviors in construction projects[J]. International Journal of Project Management, 2017, 35 (2): 95-106.
- [95] Teece D J, Pisano G, Shuen A. Dynamic capabilities and strategic management[J]. Strategic Management Journal, 1997, 18 (7): 509-533.
- [96] Williamson O E. Transaction cost economics: how it works; where it is headed[J]. De Economist, 1998, 146 (1): 23-58.
- [97] Adler T, Scherer R F, Barton S, et al. An empirical test of transaction cost theory: validating contract typology[J]. Journal of Applied Management Studies, 1998, 7 (2): 185-200.
- [98] Müller R, Turner J R. The impact of principal-agent relationship and contract type on communication between project owner and manager[J]. International Journal of Project Management, 2005, 23 (5): 398-403.
- [99] de Schepper S, Haezendonck E, Dooms M. Understanding pre-contractual transaction costs for public-private partnership infrastructure projects[J]. International Journal of Project Management, 2015, 33 (4): 932-946.
- [100] Boin A. The new world of crises and crisis management: implications for policymaking and research[J]. Review of Policy Research, 2009, 26 (4): 367-377.
- [101] Meyer A D. Adapting to environmental jolts[J]. Administrative Science Quarterly, 1982, 27 (4): 515-537.
- [102] Drabek T E, Hoetmer G J. Emergency Management: Principles and Practice for Local Government[M]. Washington, DC: International City Management Association, 1991.
- [103] Lagadec P. Crisis management in the twenty-first century: "unthinkable" events in "inconceivable" contexts[M]//Rodríguez H, Quarantelli E L, Dynes R R. Handbook of Disaster Research. New York: Springer, 2007: 489-507.
- [104] Roux-Dufort C. Delving into the roots of crises: the genealogy of surprise[M]//Schwarz A, Seeger M W, Auer C.The Handbook of International Crisis Communication Research. Hoboken: John Wiley & Sons, Inc, 2016: 24-33.
- [105] Turner B A. The organizational and interorganizational development of disasters[J]. Administrative Science Quarterly, 1976, 21 (3): 378-397.
- [106] Gundel S. Towards a new typology of crises[J]. Journal of Contingencies and Crisis Management, 2005, 13: 106-115.
- [107] Rosenthal U. September 11: public administration and the study of crises and crisis

management[J]. Administration & Society, 2003, 35（2）: 129-143.
[108] Hermann C F. Some consequences of crisis which limit the viability of organizations[J]. Administrative Science Quarterly, 1963, 8（1）: 61-82.
[109] Pearson C M, Mitroff I I. From crisis prone to crisis prepared: a framework for crisis management[J]. Academy of Management Perspectives, 1993, 7（1）: 48-59.
[110] James E H, Wooten L P, Dushek K. Crisis management: informing a new leadership research agenda[J]. Academy of Management Annals, 2011, 5（1）: 455-493.
[111] Topper B, Lagadec P. Fractal crises-a new path for crisis theory and management[J]. Journal of Contingencies and Crisis Management, 2013, 21（1）: 4-16.
[112] Roux-Dufort C. Is crisis management（only）a management of exceptions? [J]. Journal of Contingencies and Crisis Management, 2007, 15（2）: 105-114.
[113] Boin A, McConnell A. Preparing for critical infrastructure breakdowns: the limits of crisis management and the need for resilience[J]. Journal of Contingencies and Crisis Management, 2007, 15（1）: 50-59.
[114] Cobb J A, Wry T, Zhao E Y. Funding financial inclusion: institutional logics and the contextual contingency of funding for microfinance organizations[J]. Academy of Management Journal, 2016, 59: 2103-2131.
[115] Cunha M P E, Clegg S R, Kamoche K. Surprises in management and organization: concept, sources and a typology [J]. British Journal of Management, 2006, 17（4）: 317-329.
[116] Sutcliffe K, Vogus T. Organizing for Resilience[M]//Cameron K S, Dutton J E, Quinn R E. Positive Organizational Scholarship: Foundations of a New Discipline. San Francisco: Berrett-Koehler, 2003: 94-110.
[117] Staw B M, Sandelands L E, Dutton J E. Threat rigidity effects in organizational behavior: a multilevel analysis[J]. Administrative Science Quarterly, 1981, 26（4）: 501-524.
[118] Wildavsky A. Searching for Safety[M]. New York: Routledge, 1988.
[119] Lengnick-Hall C A, Beck T E. Adaptive fit versus robust transformation: how organizations respond to environmental change[J]. Journal of Management, 2005, 31（5）: 738-757.
[120] Lengnick-Hall C A, Beck T E, Lengnick-Hall M L. Developing a capacity for organizational resilience through strategic human resource management[J]. Human Resource Management Review, 2011, 21（3）: 243-255.
[121] Comfort L K, Boin A, Demchak C C. Designing Resilience: Preparing for Extreme Events[M]. Pittsburgh: University of Pittsburgh Press, 2010.
[122] Kossek E E, Perrigino M B. Resilience: a review using a grounded integrated occupational approach[J]. Academy of Management Annals, 2016, 10（1）: 729-797.
[123] Linnenluecke M K. Resilience in business and management research: a review of influential publications and a research agenda[J]. International Journal of Management Reviews, 2017, 19（1）: 4-30.
[124] Luthans F, Church A H. Positive organizational behavior: developing and managing psychological strengths[J]. Academy of Management Executive, 2002, 16（1）: 57-75.
[125] Christopher M, Peck H. Building the resilient supply chain[J]. The International Journal of Logistics Management, 2004, 15（2）: 1-14.

[126] Sitkin S B, Pablo M L. Reconceptualizing the determinants of risk behavior [J]. Academy of Management Review, 1992, 17 (1): 9-38.

[127] Weick K E, Roberts K H. Collective mind in organizations: heedful interrelating on flight decks[J]. Administrative Science Quarterly, 1993, 38 (3): 357-381.

[128] Weick K E, Sutcliffe K M. Managing the Unexpected: Assuring high performance in an age of complexity [M]. San Francisco: Jossey-Bass, 2001.

[129] Coutu D L. How resilience works[J]. Harvard Business Review, 2002, 80 (5): 46-50,52,55.

[130] Ong A D, Bergeman C S, Bisconti T L, et al. Psychological resilience, positive emotions, and successful adaptation to stress in later life[J]. Journal of Personality and Social Psychology, 2006, 91 (4): 730-749.

[131] Luthans F, Avey J B, Patera J L. Experimental analysis of a web-based training intervention to develop positive psychological capital[J]. Academy of Management Learning & Education, 2008, 7 (2): 209-221.

[132] Sheffi Y. The Resilient Enterprise: Overcoming Vulnerability for Competitive Advantage[M]. Cambridge: The MIT Press, 2005.

[133] Ponomarov S Y, Holcomb M C. Understanding the concept of supply chain resilience[J]. The International Journal of Logistics Management, 2009, 20 (1): 124-143.

[134] Pettit T J, Fiksel J, Croxton K L. Ensuring supply chain resilience: development of a conceptual framework[J]. Journal of Business Logistics, 2010, 31 (1): 1-21.

[135] Powley E H. Reclaiming resilience and safety: resilience activation in the critical period of crisis[J]. Human Relations, 2009, 62 (9): 1289-1326.

[136] Klibi W, Martel A, Guitouni A. The design of robust value-creating supply chain networks: a critical review[J]. European Journal of Operational Research, 2010, 203 (2): 283-293.

[137] Perrow C. Normal Accidents: Living with High-risk Technologies[M]. Princeton: Princeton University Press, 1984.

[138] Kleindorfer P R, Saad G H. Managing disruption risks in supply chains[J]. Production and Operations Management, 2009, 14 (1): 53-68.

[139] Bhamra R, Dani S, Burnard K. Resilience: the concept, a literature review and future directions[J]. International Journal of Production Research, 2011, 49 (18): 5375-5393.

[140] Pal R, Torstensson H, Mattila H. Antecedents of organizational resilience in economic crises—an empirical study of Swedish textile and clothing SMEs[J]. International Journal of Production Economics, 2014, 147 (B): 410-428.

[141] Weick K E. The collapse of sensemaking in organizations: the Mann Gulch disaster[J]. Administrative Science Quarterly, 1993, 38 (4): 628-652.

[142] Aldrich D P, Meyer M A. Social capital and community resilience[J]. American Behavioral Scientist, 2015, 59 (2): 254-269.

[143] Fassoula E D. Transforming the supply chain[J]. Journal of Manufacturing Technology Management, 2006, 17 (6): 848-860.

[144] Ostrom E. A behavioral approach to the rational choice theory of collective action: presidential address, American political science association, 1997 [J]. American Political Science Review, 1998, 92 (1): 1-22.

[145] OECD. Governance in the 21st Century[M]. Paris：OECD Publishing，2001.

[146] OGC 组织. PRINCE2—成功的项目管理[M]. 薛岩，欧立雄，译. 北京：机械工业出版社，2005.

[147] Winch G M. The governance of project coalitions—towards a research agenda[M]//Lowe D. Commercial Management of Projects：Defining the Discipline. London：Blackwell Publishing，2006：324-343.

[148] Davis J H，Schoorman F D，Donaldson L. Toward a stewardship theory of management[J]. The Academy of Management Review，1997，22（1）：20-47.

[149] Freeman R E. Strategic Management：A Stakeholder Approach[M]. Boston：Pitman Publishing，1984.

[150] Müller R，Martinsuo M. The impact of relational norms on information technology project success and its moderation through project governance[J]. International Journal of Managing Projects in Business，2015，8（1）：154-176.

[151] Eweje J，Turner R，Müller R. Maximizing strategic value from megaprojects：the influence of information-feed on decision-making by the project manager[J]. International Journal of Project Management，2012，30（6）：639-651.

[152] 骆亚卓. 项目契约治理与关系治理研究现状与评述[J]. 人民论坛·学术前沿，2017，（24）：104-107.

[153] Reuer J J，Ariño A. Strategic alliance contracts：dimensions and determinants of contractual complexity[J]. Strategic Management Journal，2007，28（3）：313-330.

[154] Cuppen E，Bosch-Rekveldt M G C，Pikaar E，et al. Stakeholder engagement in large-scale energy infrastructure projects：revealing perspectives using Q methodology[J]. International Journal of Project Management，2016，34（7）：1347-1359.

[155] Winch G. The construction firm and the construction project：a transaction cost approach[J]. Construction Management and Economics，1989，7（4）：331-345.

[156] 邓娇娇. 公共项目契约治理与关系治理的整合及其治理机理研究[D]. 天津：天津大学，2013.

[157] 国际咨询工程师联合会. FIDIC 土木工程施工分包合同条款[M]. 中国工程咨询协会译. 北京：中国建筑工业出版社，1999.

[158] Ouchi W G. A conceptual framework for the design of organizational control mechanisms[J]. Management Science，1979，25（9）：833-848.

[159] Heide J B，John G. Do norms matter in marketing relationships？[J]. Journal of Marketing，1992，56（2）：32-44.

[160] Goo J，Kishore R，Rao H R，et al. The role of service level agreements in relational management of information technology outsourcing：an empirical study[J]. MIS Quarterly，2009，33：119-145.

[161] Biesenthal C，Wilden R. Multi-level project governance：trends and opportunities[J]. International Journal of Project Management，2014，32（8）：1291-1308.

[162] Abdi M，Aulakh P S. Locus of uncertainty and the relationship between contractual and relational governance in cross-border interfirm relationships[J]. Journal of Management，2017，43（3）：771-803.

[163] 严玲，史志成，严敏，等. 公共项目契约治理与关系治理：替代还是互补？[J]. 土木工程学报，2016，49（11）：115-128.

[164] Ju M, Gao G Y. Relational governance and control mechanisms of export ventures: an examination across relationship length[J]. Journal of International Marketing, 2017, 25（2）: 72-87.

[165] Haq S U, Gu D X, Liang C Y, et al. Project governance mechanisms and the performance of software development projects: moderating role of requirements risk[J]. International Journal of Project Management, 2019, 37（4）: 533-548.

[166] Cao Z, Lumineau F. Revisiting the interplay between contractual and relational governance: a qualitative and meta-analytic investigation[J]. Journal of Operations Management, 2015, 33/34: 15-42.

[167] Zhu F, Wang L, Yu M, et al. Transformational leadership and project team members' silence: the mediating role of feeling trusted[J]. International Journal of Managing Projects in Business, 2019, 12（4）: 845-868.

[168] Mayer R C, Davis J H, Schoorman F D. An integrative model of organizational trust[J]. Academy of Management Review, 1995, 20（3）: 709-734.

[169] Schoorman F D, Mayer R C, Davis J H. An integrative model of organizational trust: past, present, and future[J]. Academy of Management Review, 2007, 32（2）: 344-354.

[170] Benítez-Ávila C, Hartmann A, Dewulf G, et al. Interplay of relational and contractual governance in public-private partnerships: the mediating role of relational norms, trust and partners' contribution[J]. International Journal of Project Management, 2018, 36（3）: 429-443.

[171] Zhang S B, Zhang S J, Gao Y, et al. Contractual governance: effects of risk allocation on contractors' cooperative behavior in construction projects[J]. Journal of Construction Engineering and Management, 2016, 142: 040160056.

[172] 严玲，刘柳，曾诚. 合同风险分担条款对承包人公平感知的影响——基于多元参照点的实验研究[J]. 北京理工大学学报（社会科学版），2019，21（2）：67-77.

[173] Kor Y Y, Mahoney J T. How dynamics, management, and governance of resource deployments influence firm-level performance[J]. Strategic Management Journal, 2005, 26（5）: 489-496.

[174] Sundaramurthy C. Corporate governance within the context of antitakeover provisions[J]. Strategic Management Journal, 1996, 17（5）: 377-394.

[175] Penrose E. The Theory of the Growth of the Firm[M]. 3rd ed. Oxford: Oxford University Press, 1995.

[176] Kor Y Y, Mahoney J T. Penrose's resource-based approach: the process and product of research creativity[J]. Journal of Management Studies, 2000, 37（1）: 109-140.

[177] Wang H C, He J Y, Mahoney J T. Firm-specific knowledge resources and competitive advantage: the roles of economic-and relationship-based employee governance mechanisms[J]. Strategic Management Journal, 2009, 30（12）: 1265-1285.

[178] Verona G, Ravasi D. Unbundling dynamic capabilities: an exploratory study of continuous product innovation[J]. Industrial and Corporate Change, 2003, 12（3）: 577-606.

[179] Eisenhardt K M, Martin J A. Dynamic capabilities: what are they? [J]. Strategic Management Journal, 2000, 21（1）: 1105-1121.

[180] Wei H L, Wang E T G. The strategic value of supply chain visibility: increasing the ability to reconfigure[J]. European Journal of Information Systems, 2010, 19 (2): 238-249.

[181] Galunic D C, Rodan S. Resource recombinations in the firm: knowledge structures and the potential for Schumpeterian innovation[J]. Strategic Management Journal, 1998, 19 (12): 1193-1201.

[182] Karim S. Business unit reorganization and innovation in new product markets[J]. Management Science, 2009, 55 (7): 1237-1254.

[183] Karim S, Mitchell W. Path-dependent and path-breaking change: reconfiguring business resources following acquisitions in the U.S. medical sector, 1971995[J]. Strategic Management Journal, 2000, 21 (10/11): 1061-1081.

[184] Bowman C, Ambrosini V. How the resource-based and the dynamic capability views of the firm inform corporate-level strategy[J]. British Journal of Management, 2003, 14 (4): 289-303.

[185] Birkinshaw J, Lingblad M. Intrafirm competition and charter evolution in the multibusiness firm[J]. Organization Science, 2005, 16 (6): 674-686.

[186] Good D J, Lyddy C J, Glomb T M, et al. Contemplating mindfulness at work: an integrative review[J]. Journal of Management, 2016, 42 (1): 114-142.

[187] Kudesia R S. Mindfulness as metacognitive practice[J]. Academy of Management Review, 2017, 44 (2): 405-423.

[188] Davidson R J, Kaszniak A W. Conceptual and methodological issues in research on mindfulness and meditation[J]. American Psychologist, 2015, 70 (7): 581-592

[189] Smallwood J, Schooler J W. The science of mind wandering: empirically navigating the stream of consciousness[J]. Annual Review of Psychology, 2015, 66: 487-518.

[190] Weick K E, Putnam T. Organizing for mindfulness: eastern wisdom and western knowledge[J].Journal of Management Inquiry, 2006, 15 (3): 275-287.

[191] Archer M, Bhaskar R, Collier A, et al. Critical Realism: Essential Readings[M]. London: Routledge, 1998.

[192] Bhaskar R, Hartwig M. Enlightened Common Sense: the Philosohy of Critical Realism[M]. London: Routledge, 2016.

[193] Alvesson M, Sköldberg K. Reflexive Methodology[M]. 2nd ed. London: SAGE Publications, 2009.

[194] Eisenhardt K M. Building theories from case-study research[J]. Academy of Management Review, 1989, 14 (4): 532-550.

[195] Walker H, Chicksand D, Radnor Z, et al. Theoretical perspectives in operations management: an analysis of the literature[J]. International Journal of Operations & Production Management, 2015, 35 (8): 1182-1206.

[196] Flyvbjerg B. Five misunderstandings about case-study research[J]. Qualitative Inquiry, 2006, 12 (2): 219-245.

[197] Mok K Y, Shen G Q, Yang R J, et al. Investigating key challenges in major public engineering projects by a network-theory based analysis of stakeholder concerns: a case study[J]. International Journal of Project Management, 2017, 35 (1): 78-94.

[198] Eisenhardt K M. Building theories from case study research[J]. Academy of Management

Review, 1989, 14（4）: 532-550.

[199] 吕力. 归纳逻辑在管理案例研究中的应用：以 AMJ 年度最佳论文为例[J]. 南开管理评论, 2014, 17（1）: 151-160.

[200] Yin R K. Case Study Research: Design and Methods[M]. 4th ed. Thousand Oaks: SAGE Publications, 2009.

[201] 吕力, 邹颖, 李倩. 管理案例研究资料分析技术——以 Eisenhardt 范文为例[J]. 管理案例研究与评论, 2014, 7（1）: 34-45.

[202] Corbin J, Strauss A. Basics of Qualitative Research: Techniques and Procedures for Developing Grounded Theory[M]. Thousand Oaks: Sage Publications, 1998.

[203] Lundin R A, Söderholm A. A theory of the temporary organization[J]. Scandinavian Journal of Management, 1995, 11（4）: 437-455.

[204] Turner J R, Müller R. On the nature of the project as a temporary organization[J]. International Journal of Project Management, 2003, 21（1）: 1-8.

[205] DeFillippi R, Sydow J. Project networks: governance choices and paradoxical tensions[J]. Project Management Journal, 2016, 47（5）: 6-17.

[206] Bechky B A. Gaffers, gofers, and grips: role-based coordination in temporary organizations[J]. Organization Science, 2006, 17（1）: 3-21.

[207] Braun T, Ferreira A I, Sydow J. Citizenship behavior and effectiveness in temporary organizations[J]. International Journal of Project Management, 2013, 31（6）: 862-876.

[208] McGonigal J. Building resilience by wasting time[J]. Harvard Business Review, 2012, 90(10): 38.

[209] Park H, Kim K, Kim Y W, et al. Stakeholder management in long-term complex megaconstruction projects: the saemangeum project[J]. Journal of Management in Engineering, 2017, 33（4）: 05017002.

[210] 周伟宏. 资源约束下的海外工程项目进度风险因素分级研究[J]. 工程管理学报, 2019, 33（3）: 116-121.

[211] D'Aveni R A, MacMillan I C. Crisis and the content of managerial communications: a study of the focus of attention of top managers in surviving and failing firms[J]. Administrative Science Quarterly, 1990, 35（4）: 634-657.

[212] Thomas J B, Clark S M, Gioia D A. Strategic sensemaking and organizational performance: linkages among scanning, interpretation, action, and outcomes[J]. Academy of Management Journal, 1993, 36（2）: 239-270.

[213] Yu Y, Ni D. Individual mindfulness and team mindfulness: the role of team member interaction frequency[J]. Academy of Management Proceedings, 2018, （1）: 13819.

[214] Kalnins A, Mayer K J. Relationships and hybrid contracts: an analysis of contract choice in information technology[J]. The Journal of Law, Economics, and Organization, 2004, 20（1）: 207-229.

[215] Poppo L, Zenger T. Do formal contracts and relational governance function as substitutes or complements? [J]. Strategic Management Journal, 2002, 23: 707-725.

[216] Larson A. Network dyads in entrepreneurial settings-a study of the governance of exchange relationships[J]. Administrative Science Quarterly, 1992, 37（1）: 76-104.

[217] Cannon J P, Achrol R S, Gundlach G T. Contracts, norms, and plural form governance[J]. Journal of the Academy of Marketing Science, 2000, 28（2）: 180-194.
[218] Ferguson R J, Paulin M, Bergeron J. Contractual governance, relational governance, and the performance of interfirm service exchanges: the influence of boundary-spanner closeness[J]. Journal of the Academy of Marketing Science, 2005, 33（2）: 217-234.
[219] Lee Y K, Cavusgil S T. Enhancing alliance performance: the effects of contractual-based versus relational-based governance[J]. Journal of Business Research, 2006, 59（8）: 896-905.
[220] Yu C M J, Liao T J, Lin Z D. Formal governance mechanisms, relational governance mechanisms, and transaction-specific investments in supplier-manufacturer relationships[J]. Industrial Marketing Management, 2006, 35（2）: 128-139.
[221] Hoetker G, Mellewigt T. Choice and performance of governance mechanisms: matching alliance governance to asset type[J]. Strategic Management Journal, 2009, 30（10）: 1025-1044.
[222] Ryall M D, Sampson R C. Formal contracts in the presence of relational enforcement mechanisms: evidence from technology development projects[J]. Management Science, 2009, 55（6）: 906-925.
[223] Liu Y, Luo Y D, Liu T. Governing buyer-supplier relationships through transactional and relational mechanisms: evidence from China[J]. Journal of Operations Management, 2009, 27（4）: 294-309.
[224] Li J J, Poppo L, Zhou K Z. Relational mechanisms, formal contracts, and local knowledge acquisition by international subsidiaries[J]. Strategic Management Journal, 2009, 31: 349-370.
[225] Huber T L, Fischer T A, Dibbern J, et al. A process model of complementarity and substitution of contractual and relational governance in IS outsourcing[J]. Journal of Management Information Systems, 2013, 30（3）: 81-114.
[226] Carson S J, Madhok A, Wu T. Uncertainty, opportunism, and governance: the effects of volatility and ambiguity on formal and relational contracting[J]. Academy of Management Journal, 2006, 49（5）: 1058-1077.
[227] Wu A H, Wang Z, Chen S. Impact of specific investments, governance mechanisms and behaviors on the performance of cooperative innovation projects[J]. International Journal of Project Management, 2017, 35（3）: 504-515.
[228] Cao L, Mohan K N, Ramesh B, et al. Evolution of governance: achieving ambidexterity in IT outsourcing[J]. Journal of Management Information Systems, 2013, 30（3）: 115-140.
[229] Yu D J, Qubbaj M R, Muneepeerakul R, et al. Effect of infrastructure design on commons dilemmas in sociological system dynamics[J]. Proceedings of the National Academy of Sciences of the United States of America, 2015, 112（43）: 13207-13212.
[230] North D C. Institutions[J]. Journal of Economic Perspectives, 1991, 5（1）: 97-112.
[231] van de Graaff R R. A multilevel study of structural resilience in interfirm collaboration: a network governance approach[J]. Management Decision, 2016, 54（1）: 248-266.
[232] Christensen, T, Lægreid P, Rykkja L H. Organizing for crisis management: building governance capacity and legitimacy[J]. Public Administration Review, 2016, 76（6）: 887-897.
[233] Bristow G, Healy A. Crisis response, choice and resilience: insights from complexity thinking[J]. Cambridge Journal of Regions, Economy and Society, 2015, 8（2）: 241-256.

[234] Nguyen T H D, Chileshe N, Rameezdeen R, et al. External stakeholder strategic actions in projects: a multi-case study[J]. International Journal of Project Management, 2019, 37 (1): 176-191.

[235] 陈伟, 吴宗法, 徐菊. 价值共毁研究的起源、现状与展望[J]. 外国经济与管理, 2018, (6): 44-58.

[236] 周颖. 基于BIM的铁路建设项目数字化协同管理体系研究[D]. 北京: 北京交通大学, 2017.

[237] Altay N, Gunasekaran A, Dubey R, et al. Agility and resilience as antecedents of supply chain performance under moderating effects of organizational culture within the humanitarian setting: a dynamic capability view[J]. Production Planning & Control, 2018, 29 (14): 1158-1174.

[238] Sapienza H J, Autio E, George G, et al. A capabilities perspective on the effects of early internationalization on firm survival and growth[J]. Academy of Management Review, 2006, 31 (4): 914-933.

[239] Gilbert C G. Unbundling the structure of inertia: resource versus routine rigidity[J]. Academy of Management Journal, 2005, 48 (5): 741-763.

[240] Patriarca R, Bergström J, Di Gravio G, et al. Resilience engineering: current status of the research and future challenges[J]. Safety Science, 2018, 102: 79-100.

[241] Doz Y, Kosonen M. The dynamics of strategic agility: Nokia's rollercoaster experience[J]. California Management Review, 2008, 50 (3): 95-118.

[242] Tax S S, Brown S W. Recovering and learning from service failure[J]. Sloan Management Review, 1998, 40 (1): 75-88.

[243] Caza B B, Milton L P. Resilience at work: building capability in the face of adversity[C]//Spreitzer G M, Cameron K S. The Oxford Handbook of Positive Organizational Scholarship. New York: Oxford University Press, 2012: 895-908.

[244] Lundin R, Arvidsson N, Brady T, et al. Managing and Working in Project Society: Institutional Challenges of Temporary Organizations[M]. Cambridge: Cambridge University Press, 2015.

[245] Pache A C, Santos F. Inside the hybrid organization: selective coupling as a response to competing institutional logics[J]. Academy of Management Journal, 2013, 56 (4): 972-1001.

[246] Biesenthal C, Clegg S, Mahalingam A, et al. Applying institutional theories to managing megaprojects[J]. International Journal of Project Management, 2018, 36 (1): 43-54.

[247] Chandler D, Hwang H. Learning from learning theory: a model of organizational adoption strategies at the microfoundations of institutional theory[J]. Journal of Management, 2015, 41 (5): 1446-1476.

[248] Oeij P R, Dhondt S, Gaspersz J. Mindful infrastructure as an enabler of innovation resilience behaviour in innovation teams[J]. Team Performance Management, 2016, 22 (7/8): 334-353.

[249] Kalkman J P, de Waard E J. Inter-organizational disaster management projects: finding the middle way between trust and control[J]. International Journal of Project Management, 2017, 35 (5): 889-899.

[250] Albert S. Mindfulness, an important concept for organizations: a book review essay on the work of Ellen Langer[J]. Academy of Management Review, 1990, 15 (1): 154-159.

[251] 刘生敏, 信欢欢. 组织管理领域的正念研究: 基于多层次视角[J]. 中国人力资源开发,

2019，（7）：37-53，93.

[252] Turner N, Kutsch E, Leybourne S A. Rethinking project reliability using the ambidexterity and mindfulness perspectives[J]. International Journal of Managing Projects in Business, 2016, 9（4）：845-864.

[253] Slagter H A, Davidson R J, Lutz A. Mental training as a tool in the neuroscientific study of brain and cognitive plasticity[J]. Frontiers in Human Neuroscience, 2011, 5: 17.

[254] Brown K W, Ryan R M, Creswell J D. Mindfulness: theoretical foundations and evidence for its salutary effects[J]. Psychological Inquiry, 2007, 18（4）：211-237.

[255] Kross E, Grossmann I. Boosting wisdom: distance from the self enhances wise reasoning, attitudes, and behavior[J]. Journal of Experimental Psychology: General, 2012, 141（1）：43-48.

[256] Sutcliffe K M, Vogus T J, Dane E. Mindfulness in organizations: a cross-level review[J]. Annual Review of Organizational Psychology and Organizational Behavior, 2016, 3: 55-81.

[257] Brown K W, Ryan R M. The benefits of being present: mindfulness and its role in psychological well-being[J]. Journal of Personality and Social Psychology, 2003, 84（4）：822-848.

[258] Henseler J, Hubona G S, Ray P A. Using PLS path modeling in new technology research: updated guidelines[J]. Industrial Management and Data Systems, 2016, 116（1）：2-20.

[259] Luo Y D. Contract, cooperation, and performance in international joint ventures[J]. Strategic Management Journal, 2002, 23（10）：903-919.

[260] Griffith D A, Myers M B. The performance implications of strategic fit of relational norm governance strategies in global supply chain relationships[J]. Journal of International Business Studies, 2005, 36（3）：254-269.

[261] Pinto J K, Slevin D P, English B. Trust in projects: an empirical assessment of owner/contractor relationships[J]. International Journal of Project Management, 2009, 27（6）：638-648.

[262] Churchill Jr G A. A paradigm for developing better measures of marketing constructs[J]. Journal of Marketing Research, 1979, 16（1）：64-73.

[263] Hair J, Hult G, Ringle C. A Primer on Partial Least Squares Structural Equation Modeling (PLS-SEM) [M]. 2nd ed.Thousand Oaks: Sage Publications, 2016.

[264] 朱海腾，李川云. 共同方法变异是"致命瘟疫"吗？——论争、新知与应对[J]. 心理科学进展，2019，27（4）：587-599.

[265] Podsakoff P M, MacKenzie S B, Podsakoff N P. Sources of method bias in social science research and recommendations on how to control it[J]. Annual Review of Psychology, 2012, 63: 539-569.

[266] 孙晓军,周宗奎. 探索性因子分析及其在应用中存在的主要问题[J]. 心理科学,2005,(6): 162-164, 170.

[267] Kaiser H F. Index of factorial simplicity[J]. Psychometrika, 1974, 39（1）：31-36.

[268] Ringle C M, Sarstedt M, Straub D. A critical look at the use of PLS-SEM in MIS Quarterly[J]. MIS Quarterly, 2012, 36（1）：3-14.

[269] Tavakol M, Dennick R. Making sense of Cronbach's alpha[J]. International Journal of Medical Education, 2011, 2: 53-55.

[270] Henseler J, Ringle C M, Sarstedt M. A new criterion for assessing discriminant validity in variance-based structural equation modeling[J]. Journal of the Academy of Marketing Science, 2015, 43 (1): 115-135.

[271] Mayer K J, Salomon R M. Capabilities, contractual hazards, and governance: integrating resource-based and transaction cost perspectives[J]. Academy of Management Journal, 2006, 49 (5): 942-959.

[272] Wang E T G, Wei H L. Interorganizational governance value creation: coordinating for information visibility and flexibility in supply chains[J]. Decision Sciences, 2007, 38 (4): 647-674.

[273] Wang L H, Zajac E J. Alliance or acquisition? A dyadic perspective on interfirm resource combinations[J]. Strategic Management Journal, 2007, 28 (13): 1291-1317.

[274] Moran P. Structural vs. relational embeddedness: social capital and managerial performance[J]. Strategic Management Journal, 2005, 26 (12): 1129-1151.

[275] 苏晓华, 张书军, 姜晨. 资源互补型战略联盟的风险及其防范——基于资源观视角的分析[J]. 科技管理研究, 2005, 25 (8): 91-93, 96.

[276] Ho S P, Levitt R, Tsui C W, et al. Opportunism-focused transaction cost analysis of public-private partnerships[J]. Journal of Management in Engineering, 2015, 31 (6).

[277] You J Y, Chen Y Q, Wang W Q, et al. Uncertainty, opportunistic behavior, and governance in construction projects: the efficacy of contracts[J]. International Journal of Project Management, 2018, 36 (5): 795-807.

[278] Beck R, Schott K, Gregory R W. Mindful management practices in global multivendor ISD outsourcing projects[J]. Scandinavian Journal of Information Systems, 2011, 23 (2): 5-28.

[279] Milch V, Laumann K. Sustaining safety across organizational boundaries: a qualitative study exploring how interorganizational complexity is managed on a petroleum-producing installation[J]. Cognition, Technology & Work, 2018, 20 (2): 179-204.

[280] Ogliastri E, Zúñiga R. An introduction to mindfulness and sensemaking by highly reliable organizations in Latin America[J]. Journal of Business Research, 2016, 69 (10): 4429-4434.

[281] Ma Z Z, Xiao L, Yin J L. Toward a dynamic model of organizational resilience[J]. Nankai Business Review International, 2018, 9 (3): 246-263.

[282] Zhu F W, Sun M X, Wang L Z, et al. Value conflicts between local government and private sector in stock public-private partnership projects: a case of China[J]. Engineering, Construction and Architectural Management, 2019, 26 (6): 907-926.

附录 A 案例研究开放式访谈提纲

一、基本信息

企业名称：_____　　　　　职　位：_____
项目经验：_____（年）　　　职　责：_____
项目类型：_____　　　　　　其　他：_____

二、题项：

1. 企业在生产经营的过程中，有没有遇到过一些较大的困难，包括一些令人措手不及的突发事件，以及对企业运营造成破坏性影响的事件？（可以是大的方面比如经济不景气造成的，可以是中观的比如竞争对手纠纷导致的，可以是小的比如某一环节质量把控不过关导致的，可以是企业内部的比如同事关系出现问题导致的，还可以是企业外部影响比如外部不可抗力导致的）？您能否回忆起最近发生的一个典型事件或者您印象最深刻的一个事件？这个事情当时涉及哪些人员、利益相关者？影响范围有多大？发生的周期有多长？当时造成了哪些后果？当时可能出现的最坏的结果是什么？（危机事件的基本信息–引导进入访谈状态）

2. 造成企业这段经历的根本原因是什么？属于企业外部因素，还是企业内部因素？属于企业哪个部门的管辖范围？（危机事件起因–引导分析）

3. 这个事情有没有什么被事先发觉到？有没有什么前期征兆？是否在准备/应急预案的设想范围之内？（韧性表现–危机预警）

4. 事件发生后，企业在多久之后采取了行动？采取了哪些行动？当时还有没有其他备选方案？（韧性表现–危机应对）

5. 这个事件最后有没有得到妥善处理？都取得了什么成果？（韧性表现–危机适应）

6. 这个事件发生时，企业正常的生产经营有没有受到影响？有没有采取一定方式恢复生产？（韧性表现–恢复功能）

7. 这个事件发生后，企业有没有总结经验教训，或者总结一些宝贵经验？（韧性表现–更高水平的韧性）

8. 在项目开展之前，有没有设想可能会发生的影响项目实施的不确定性事件？针对这些不确定性事件，有没有制定一些相关的预案？这个事件在发生之前，有没有提前想到这种情况发生的潜在可能？有没有针对这种潜在可能的应急预案？有没有在不同的情境下如何调整业务的预案？（组织韧性的反思）

9. 这个事情的发生，对大家的情绪有没有什么影响？大家当时工作状态怎么样？大家对危机处理的投入程度如何？有没有因为负面情绪等影响到正常的工作？（团队正念机制）

10. 在应对这个事件的过程中，组织利用手头现有的资源和既定的流程就足以解决问题了吗？有没有调动其他资源或者重组资源？调动了哪些人力、物力、财力资源？有没有重新调整企业相关流程？（资源重构机制）

11. 这个事情在处理的时候，相互之间的合同约束有没有起作用？合同条款有没有涉及您提到的危机事件？对于危机，项目上有没有规章制度可循？这些规章制度的适用性如何？有没有产生效果？涉及的利益相关者之间有没有针对这类事情的书面约定？是否在合同的约束范围之内？在处理事件的过程中哪些做法是有据可循的？利益相关者的合同中是否划分这类事件的权责利关系？这些合同和规则对资源调动的影响是什么？对团队正念有什么影响？（契约治理机制）

12. 这个事情在处理的时候，整体氛围是什么样的？各个利益相关者之间有没有信任？相互之间是不是经常进行沟通和交流？有没有要一同积极应对的态度？涉及的人员之间有没有相互推脱责任，撇清关系的行为？当时对处理该事件的相关人员有没有产生过担心其能力能否胜任的问题？参与处理事情的各方有没有及时沟通事件处理的进展？涉及的利益相关者是否存在彼此信任的问题？利益相关者是否及时地通知了彼此，交换了有用的信息？这些关系模式和信任对资源调动的影响是什么？对团队正念有什么影响？（关系治理机制）

13. 你觉得一个企业为了抵抗各种内外部挑战和风险所应该具备的最核心的能力是什么？（开放思维-弥补缺漏）

附录 B 工程项目治理对组织韧性影响调查问卷

尊敬的先生/女士：

您好！感谢您对我们的问卷调查的支持与协助。本问卷与您的项目工作经历紧密相关，旨在研究项目治理如何影响组织韧性（即组织应对危机和快速恢复的能力）。您的作答将对我们的研究起到重要帮助，请您基于问卷中的问题选出最符合实际情况的选项。

本问卷的填写采用无记名方式，答案无对错之分，所有资料仅用于学术研究，绝不进行个别处理或公开发表，资料绝对保密，请您安心作答。谢谢支持！

背景资料：

项目的多个利益相关者构成了以项目为共同目标、进行分工协作的临时性项目组织（图 1），其彼此之间关系需要通过项目治理手段来进行约束，并在出现内外部危机时能够应对危机，并快速恢复到原先状态。

项目治理：通过合同和关系的方式，约束项目参与者的权责利关系、行为规范，并建立信任。

项目相关方：监理单位、分包方、承包方、施工方、设计方、地方政府、业主单位、银行金融机构、材料设备供应商等。

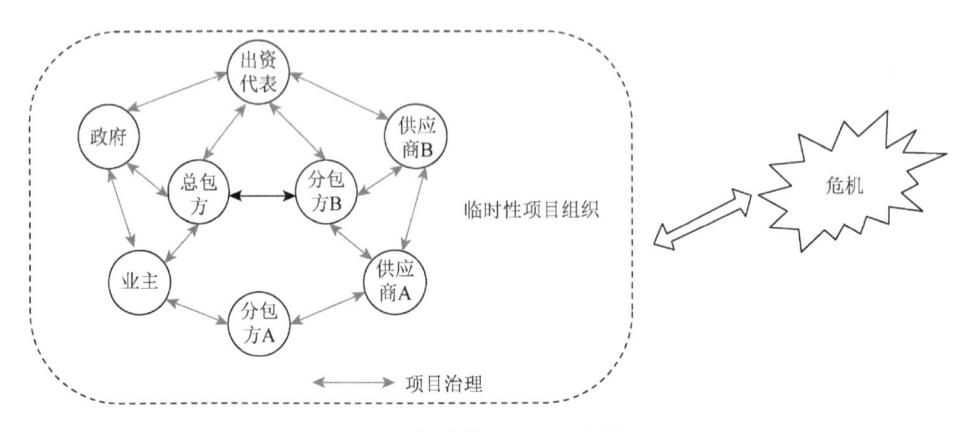

图 1 临时性项目组织韧性

一、基本信息

（请在合适的选项上打"√"或在空白处填上合适的内容）

1.您的性别：
□男　　　　　　　　　　　□女

2.您的受教育程度：
□高中及以下　　　　□大专　　　　　　□本科
□硕士（含 MBA）　　□博士

3.您的年龄：
□30 岁（不含）以下　　　　　□30 岁（含）以上，不满 35 岁
□35 岁（含）以上，不满 40 岁　□40 岁（含）以上

4.您的工作年限：_____年

5.您所在企业的性质：
□国有企业　　　　　□国有控股企业　　　　□外资企业
□合资企业　　　　　□私营企业/民营企业

6.您所在企业所处的行业：

二、调研题项

请您回想近三年内，您参与过的、给您印象最深的项目。在项目中曾经发生过的一次危机事件是_____，是因为项目内部原因还是项目外部原因？
□来自项目内部　　　　　□来自项目外部

以下题目描述了您在项目参与过程中，作为临时性项目组织中的一员，对于项目利益相关者关系的体验与感受，请在最符合您的实际情况的选项上打"√"。

（1：非常不同意；2：不同意；3：不确定；4：同意；5：非常同意）

序号	题项	非常不同意	不同意	不确定	同意	非常同意
1	项目相关方之间角色和关系在合同中都有明确的表述。	1	2	3	4	5
2	合同对项目相关方责权利的规定是明确的。	1	2	3	4	5
3	合同中对于项目实施的时间、地点以及履约方式的表述清晰明确。	1	2	3	4	5

续表

序号	题项	非常不同意	不同意	不确定	同意	非常同意
4	合同清晰明确地规定了安全、质量、价格、付款方式等具体事项。	1	2	3	4	5
5	合同规定了当出现未预料到的事件时,项目相关方的应对原则。	1	2	3	4	5
6	合同规定了当出现未预料到的事件时,项目相关方可以采用的替代方案。	1	2	3	4	5
7	依据合同规定的变更程序,我们可以快速响应业主变化的需求。	1	2	3	4	5
8	合同规定了违约的表现和惩罚措施。	1	2	3	4	5
9	合同规定了导致合同终止的情形。	1	2	3	4	5
10	合同规定了当出现争议时,项目相关方应当采取的措施。	1	2	3	4	5
11	合同明确约定了对项目相关方的奖励条款。	1	2	3	4	5
12	项目相关方之间的信息交流频繁。	1	2	3	4	5
13	项目相关方及时互相通报可能影响其他各方的事件或变化。	1	2	3	4	5
14	项目相关方建立了良好的联系,避免了可能的误解。	1	2	3	4	5
15	我们相互之间会共享可能给对方带来帮助的信息。	1	2	3	4	5
16	项目相关方对项目有着共同的目标和期望。	1	2	3	4	5
17	项目各方会共享项目总体规划和实施方案。	1	2	3	4	5
18	项目相关方将彼此视为主要合作伙伴。	1	2	3	4	5
19	如果出现意外情况,项目相关方愿意合作解决。	1	2	3	4	5
20	项目相关方希望能够根据环境变化,灵活调整彼此之间的角色和关系。	1	2	3	4	5
21	在整个项目周期内,项目相关方彼此信赖,可以履行承诺。	1	2	3	4	5
22	项目相关方都很诚实诚信。	1	2	3	4	5
23	我们相信其他项目相关方在技术方面能够满足项目的要求。	1	2	3	4	5
24	我们相信项目相关者能够履行合同协议。	1	2	3	4	5
25	我们相信其他项目相关方有能力完成他们的任务。	1	2	3	4	5
26	我们相信其他项目相关方在管理方面能够满足项目的要求。	1	2	3	4	5

以下题目描述了您在项目参与过程中，作为项目中的一员，对于项目相关方合作状态的体验与感受，请在最符合您的实际情况的选项上打"√"。

（1：非常不同意；2：不同意；3：不确定；4：同意；5：非常同意）

序号	题项	非常不同意	不同意	不确定	同意	非常同意
27	项目团队很难将注意力持续地集中到正在发生的事情上。	1	2	3	4	5
28	项目团队并没有用心而是草草完成了任务。	1	2	3	4	5
29	在项目沟通中，项目团队成员有时并未认真听他人说话，还同时在做其他事情。	1	2	3	4	5
30	项目团队经常会纠结过去或担心未来，而不是聚焦于当下的事情。	1	2	3	4	5
31	项目团队不能够将精力集中在做事上。	1	2	3	4	5
32	一些项目成员总有负面情绪。	1	2	3	4	5
33	带有负面情绪的成员会受到项目团队的批评。	1	2	3	4	5
34	个人的不良情绪不会影响到项目团队的决策。	1	2	3	4	5
35	即便是出现问题，大家仍友好相待。	1	2	3	4	5
36	尽管有时紧张忙碌，大家仍能保持平和的心态。	1	2	3	4	5
37	我们会根据环境变化来改变资源使用的顺序。	1	2	3	4	5
38	我们会根据环境变化对资源与工作内容进行重新匹配。	1	2	3	4	5
39	我们会根据环境变化将现有资源重新分解组合。	1	2	3	4	5
40	我们会根据变化的业务环境来吸纳新的资源。	1	2	3	4	5

以下题目描述了您在项目参与过程中，由于内外部危机事件引起的可能经历过的体验与感受，请在最符合您的实际情况的选项上打"√"。

（1：非常不同意；2：不同意；3：不确定；4：同意；5：非常同意）

序号	题项	非常不同意	不同意	不确定	同意	非常同意
41	我们有能力处置危机事件。	1	2	3	4	5
42	我们能够很容易地适应危机事件。	1	2	3	4	5
43	由于我们的有效应对，危机对项目造成的影响不大。	1	2	3	4	5
44	我们能够很快速地响应危机事件。	1	2	3	4	5
45	危机能够被及时控制。	1	2	3	4	5
46	我们能够对环境的变化保持警惕。	1	2	3	4	5
47	危机过后，我们能够迅速恢复到正常工作状态。	1	2	3	4	5
48	面对危机，我们能够维持项目的主要功能。	1	2	3	4	5